Ursula Schmitz

Das Bilderbuch in der Erziehung

Ein Ratgeber für Erzieher/innen,
Unterrichtende und alle,
die Kinder und Bilderbücher lieben

W0065174

Ⓐ Auer Verlag GmbH

Für Horst und Julia

Gedruckt auf umweltbewußt gefertigtem, chlorfrei gebleichtem
und alterungsbeständigem Papier.

2., durchgesehene und erweiterte Auflage. 1997
© by Auer Verlag GmbH, Donauwörth
Alle Rechte vorbehalten
Umschlagentwurf: Josef Kinzelmann, Bäumenheim
Gesamtherstellung: Ludwig Auer GmbH, Donauwörth
ISBN 3-403-02314-1

Inhalt

Vorwort

Dieses Buch ist für Erzieherinnen, Lehrerinnen und Lehrer, Eltern, Großeltern und alle anderen gedacht, die sich für Bilderbücher interessieren. Bilderbücher begleiten Kinder über viele Jahre hinweg und sind sehr wichtig für ihre Entwicklung. Und Bilderbücher machen Spaß. Sie verdienen es deshalb, daß man sich näher mit ihnen befaßt.

Die ausführlich besprochenen Buchbeispiele sollen den Erzieherinnen – und allen anderen – helfen, die Botschaften eines Bilderbuches herauszuarbeiten, seine Bedeutung für Kinder zu erkennen und seine Wirkung auf sie einzuschätzen.

Ich habe deshalb Beispiele ausgewählt, die entweder viele typische Merkmale einer bestimmten Bilderbuchgattung enthalten, oder solche, von denen ich weiß, daß es vielen Erwachsenen schwer fällt, deren Eignung für Kinder zu beurteilen. Teilweise habe ich Bilderbücher mit ähnlichen Themen besprochen, um zu zeigen, wie unterschiedlich ein kindliches Problem dargestellt werden kann, und wie trotz gleicher Thematik die Wirkung jedes Buches doch ein wenig anders ist.

Die ausführliche Darstellung dieser Buchbeispiele macht es dem Leser leichter, andere Bilderbücher besser zu beurteilen.

Es war mir auch wichtig, die Theorie, ohne die man natürlich nicht auskommen kann, mit möglichst vielen praktischen Beispielen aufzulokkern. Das Lesen fällt dadurch leichter und man kann sich alles besser vorstellen.

Sich mit Bilderbüchern zu beschäftigen macht nicht nur Kindern Spaß. Auch Erwachsene betrachten sie oft mit viel Vergnügen und bedauern sogar manchmal, daß es diese vielen schönen Bücher nicht schon in ihrer Kindheit gegeben hat. Ich wünsche deshalb den Lesern dieses Buches genauso viel Freude bei der Beschäftigung mit diesem lohnenswerten Thema, wie ich sie seit vielen Jahren habe und wie ich sie auch beim Schreiben dieses Buches hatte.

Ursula Schmitz

---

* Die Verfasserin gebraucht in diesem Buch immer die Bezeichnung „Erzieherin", denn in den meisten Fällen sind es Frauen, denen Kinder im „Bilderbuchalter" anvertraut sind. Selbstverständlich sind auch Männer angesprochen, die mit der Erziehung von Kindern dieser Altersgruppe befaßt sind.

Zur 2. Auflage

Die vorliegende Auflage wurde um ausführlichere Erörterungen zum Problembilderbuch, um das Kapitel „Bilderbücher gehören auch in die Grundschule" und um Analysen aktueller Bilderbücher ergänzt.

Ursula Schmitz

1. Grundsatzfragen

1.1 Comenius, Hoffmann und ein paar Gedanken als Vorspeise

Bilderbücher spielen in unserer Zeit eine große Rolle. Zweimal jährlich, im Frühjahr und im Herbst, veröffentlichen die Verlage ihre Neuproduktionen, und wer sich mit all diesen Neuerscheinungen vertraut machen wollte, hätte viel zu tun.

Viele namhafte Autoren und Künstler gestalten heute Bilderbücher und fürchten nicht, damit ihr Gesicht zu verlieren. Das Bilderbuch, obwohl es sich „nur" an Kinder wendet, ist künstlerisch und literarisch anerkannt, und das wirkt sich auch auf die Qualität der Bilderbücher aus. Das war durchaus nicht immer so.

Schon früh gab es illustrierte Fabeln auf einzelnen Blättern und mit Holzschnitten versehene „Zuchtbüchlein" (= Benimmbüchlein und moralische Leitfäden), die vor allem in Klosterschulen zur Erziehung der Kinder aus der Oberschicht und den Adelshäusern dienten.

Befaßt man sich mit der Geschichte des eigentlichen Bilderbuches, so steht sehr häufig der Name Comenius am Beginn der Betrachtung. Und das sicher zurecht. Sein „Orbis Sensualium Pictus" (= Die sichtbare Welt in Bildern), erschienen 1658, kann wohl als das erste Bilderbuch für Kinder betrachtet werden – obwohl wir es heute eher als illustriertes Buch bezeichnen würden, da der Text doch eindeutig im Vordergrund steht.

Der „Orbis Pictus" – wie das Buch meistens verkürzt bezeichnet wird – war das erste Buch, das die Bedürfnisse der lernenden Kinder berücksichtigte. Durch die Gegenüberstellung des lateinischen und des deutschen Textes und die ergänzenden Illustrationen konnten die Kinder in spielerischer Weise sowohl Wissen erwerben und wichtige Zusammenhänge aus ihrer Umwelt erfassen, als auch die lateinische und die deutsche Sprache erlernen. Durch die kindgerechte Gestaltung und Sprache konnten sich die Kinder auch allein mit diesem Buch beschäftigen.

Man kann den „Orbis Pictus" als Vorläufer des Sachbilderbuches bezeichnen, denn daß er der Wissensvermittlung dienen soll, wird bereits aus dem

ersten Satz deutlich, mit dem Comenius dieses Buch beginnt: „Der Un-
wissenheit Arzneymittel ist die Kunst der Lehre/welche den Gemütern in
den Schulen sol beygebracht werden . . .“

Außerdem war der „Orbis Pictus" auch Vorbild für viele ABC-Bilderbü-
cher, deren Produktion bis in unser Jahrhundert reicht und die sich nach
wie vor allgemeiner Beliebtheit erfreuen.

Ein weiterer Meilenstein in der Geschichte des Bilderbuches ist sicher der
„Struwwelpeter" von Dr. Heinrich Hoffmann, der 1845 erschien.

Der Verfasser dieses auf der ganzen Welt bekannten Bilderbuches wollte
seinem kleinen, dreijährigen Sohn ein Bilderbuch als Weihnachtsge-
schenk kaufen. Doch was er fand, erschien ihm allzu belehrend oder zu
moralisierend.

In einem Artikel, erschienen in der „Gartenlaube" Nr. 46, Jahrgang 1871,
schreibt er:

„. . . Aber was fand ich? Lange Erzählungen oder alberne Bildersammlun-
gen, moralische Geschichten, die mit ermahnenden Vorschriften begannen und schlossen, wie:,Das brave Kind muß wahrhaft sein'; oder:,Brave
Kinder müssen sich reinlich halten' etc. – Als ich nun gar endlich ein
Foliobuch fand, in welchem eine Bank, ein Stuhl, ein Topf und vieles
andere, was wächst oder gemacht wird . . . und wo bei jedem Bild fein
säuberlich zu lesen war: die Hälfte, ein Drittel oder ein Zehntel der
natürlichen Größe, da war es mit meiner Geduld zu Ende. Einem Kind,
dem man eine Bank zeichnet, und das sich daran erfreuen soll, ist dies
eine Bank, eine wirkliche Bank. Und von der wirklichen Lebensgröße der
Bank, hat und braucht das Kind gar keinen Begriff zu haben. Abstrakt
denkt ja das Kind noch gar nicht, und die allgemeine Warnung:,Du sollst
nicht lügen'; hat wenig ausgerichtet im Vergleich mit der Geschichte:
,Fritz, Fritz, die Brücke kommt! . . .'"

Aus den Worten Hoffmanns wird deutlich, was er für sein Kind wollte:
eine kindgerechte und vergnügliche Unterhaltung. Daß diese Unterhaltung für das Kind auch nutzbringend sein sollte, entsprach der damals
herrschenden Auffassung von Erziehung. Im Gegensatz zu den angebotenen Büchern wollte Hoffmann diese Belehrung seinem Kind jedoch mehr
nach dem Ursache-Wirkung-Prinzip, also eher indirekt nahe bringen.

Viele Pädagogen kritisieren heute Hoffmanns drohenden Zeigefinger.
Walter Scherf – langjähriger Direktor der Internationalen Jugendbiblio-
thek in München und Kenner der Kinder- und Jugendliteratur wie wenige
dieses Metiers – entgegnete einmal Kritikern des „Struwwelpeters":
„Was bliebe noch von seiner Eindringlichkeit, würde man die deutliche

Moral verschleiern und die drastischen Folgen lindern? Wo bliebe seine Anziehungskraft, würde man alles ins Positive wenden, aus dem Struwwelpeter den ordentlichen Peter, aus dem unfolgsamen Paulinchen ein artiges Kind machen? Das ‚So sollst du nicht handeln!' scheint das kindliche Interesse heftiger anzuziehen als das ‚Schau her, so sind brave Kinder'..."

Sicher ist nach unseren heutigen pädagogischen und psychologischen Kenntnissen vieles an der Kritik des Struwwelpeters berechtigt, vor allem auch, wenn man die völlig veränderten Lebensbedingungen unserer Kinder in Betracht zieht. Andererseits kommt man nicht umhin, auch als Kritiker dieses Buches seine ungebrochene Beliebtheit bei vielen (nicht bei allen) Kindern und Erwachsenen zu sehen. Es sind viele kluge Dinge für und wider dieses Buchs geschrieben worden. Ich glaube, daß „Der Struwwelpeter" (ausgenommen sei davon die Geschichte mit dem daumenlutschenden Konrad) Charme hat, daß die Verse reizvoll sind und daß die Kinder, wenn sie psychisch nicht belastet sind, spüren, daß der Geist dieses Buches von Zuneigung und Verständnis für Kinder geprägt ist.

Die Geschichte des Bilderbuches ließe sich in beliebiger Ausführlichkeit fortsetzen. Ende des 19. und Anfang des 20. Jahrhunderts z. B. entstanden Bilderbögen, wie der „Münchner Bilderbogen" oder der in Stuttgart gedruckte „Deutsche Bilderbogen", die für Kinder und Jugendliche gemacht wurden und die Begebenheiten aus der Gegenwart und der jüngeren Geschichte darstellen.

Da das vorliegende Buch sich vorwiegend mit der Wirkung des heute aktuellen Bilderbuches auf das Kind befaßt, soll der Hinweis auf Comenius und Hoffmann genügen, da sie für die Bilderbuchentwicklung wichtige Impulse gegeben haben.

Der Wunsch, Bilder zu gestalten und auch zu betrachten, ist ein Grundbedürfnis des Menschen, von den Höhlenmalereien primitiver Kulturen bis zu den Werken der Bildenden Kunst, aber auch bis zu den Comics und zur alltäglichen Zeitungskarikatur.

Für den Erwachsenen haben Bilder jedoch eine andere Bedeutung als für Kinder. Bei den meisten Erwachsenen steht bei einer Bildbetrachtung oft der Intellekt im Vordergrund, man läßt sich erst in zweiter Linie gefühlsmäßig auf das Bild ein, während es beim Kind – im Vorschulalter, also dem „Bilderbuchalter", zumindest – meistens genau umgekehrt ist.

Viele Erwachsene hatten als Kinder Lieblingsbilderbücher. Oft verliert man diese Bücher dann aus den Augen, bis man sich wieder dafür interessiert, weil man selbst Kinder hat. Meist stellt der erwachsene Betrachter dann fest, daß er die Bilder viel wunderbarer und lebendiger in Erinnerung hat, als er sie jetzt erlebt. Das liegt an eben dieser unterschiedlichen Wahrnehmung der Kinder und der Erwachsenen.

Für Kinder wird das, was sie auf dem Bild sehen, lebendig, sie denken eigene Wünsche und Erlebnisse hinzu und so kommt es, daß das Bild als „reicher" empfunden wird, als es der Erwachsene sehen kann. Dies ist bei der Beurteilung und Auswahl von Bilderbüchern stets zu beachten. Allerdings ist es sicher, vor allem für den ungeübten Erwachsenen, nicht ganz einfach, beim Angebot von Bilderbüchern diese andere Bildwahrnehmung richtig einzuschätzen.

Die den Kindern im Bilderbuchalter eigene Bildrezeption ist auch der Grund, warum andere Bildmedien das Bilderbuch nicht verdrängen können, wenn den Kindern eine geeignete Auswahl angeboten wird.

Es ist unbestritten, daß Kinder heute einer Vielfalt von optischen Einflüssen ausgesetzt sind. Allein die Gestaltung vieler Kinderzimmer läßt das Auge kaum zur Ruhe kommen: bunte Tapeten, Bilder an den Wänden, bunt gemusterte Bettwäsche mit Pumuckl, Elefanten, Bären, Schlümpfen etc. Auch die Umwelt der Kinder – vor allem in den Städten – enthält eine Vielzahl optischer Reize wie Reklamewände, Schaufenster, Lichtreklamen usw.

Diese Reizüberflutung im visuellen Bereich beeinflußt die Wahrnehmungsfähigkeit der heutigen Kinder sicher beträchtlich und muß daher bei der Wahl der Bilderbücher auch berücksichtigt werden.

Den größten Anteil an dieser Fülle von optischen Reizen, mit denen unsere Kinder heute fertig werden müssen, hat sicher das Fernsehen. Daß schon kleine Kinder oft viel fernsehen, ist für viele Pädagogen ein großes Problem und veranlaßt sie u. a. zu einer sehr pessimistischen Einstellung, was das Interesse an Büchern betrifft. Daß der häufige Konsum von oft auch noch ungeeigneten Fernsehsendungen ein Problem darstellt, ist unbestritten.

Wenn Kindern Bilderbücher angeboten werden, die sie interessieren, die ihre Bedürfnisse und ihr Welterleben widerspiegeln, die ihre Gefühle ansprechen, die Antworten auf ihre Fragen geben, die unterhaltsam sind und schön oder lustig anzuschauen, dann werden sie von der Konkurrenz Fernsehen nicht verdrängt werden. Der Umgang mit Bilderbüchern ist für Kinder – wenn ihnen die Erwachsenen diese Möglichkeit erschließen – häufig sehr viel befriedigender, als der Fernsehkonsum. Eine Sendung im Fernsehen läuft ab, ob das Kind alles begriffen hat oder nicht. Untersuchungen haben ergeben, daß Kinder im Vorschulalter häufig nur Bruchstücke der betrachteten Sendungen aufnehmen, also Zusammenhänge gar nicht, oder nur ungenau erfassen können. Auch auf die momentanen Interessen und Bedürfnisse eines jeden Kindes kann natürlich eine solche Sendung nicht eingehen.

Das Bilderbuch steht immer zur Verfügung. Da es sich nicht verändert, kann ein und dieselbe Situation, die das Kind interessiert, immer wieder betrachtet werden; und es kann sich nach den momentanen Bedürfnissen in das Buch vertiefen, es mit seiner Phantasie umspielen und zu einem ganz eigenen Erleben machen, was bei einer Fernsehsendung in der Regel nicht möglich ist.

Das Bilderbuch zwingt dem Kind nicht eine bestimmte Geschwindigkeit bei der Betrachtung auf, wie das Fernsehen, und außerdem ist es transportabel. Das Kind kann sein Lieblingsbuch überall mit hinnehmen: es verkürzt ihm die Autofahrt und das Warten bei einem Arztbesuch, beim Einschlafen kann es tröstend sein und noch vieles mehr.

Da die Bilder beim Bilderbuch stehenbleiben, können Kinder und Erwachsene oder auch Kinder miteinander darüber ins Gespräch kommen. Der Erwachsene kann so über die Denkweise und Wünsche der Kinder etwas erfahren, und evtl. auch umgekehrt. Wenn Kinder miteinander Bilderbücher betrachten, erfahren sie, daß es unterschiedliche Gesichtspunkte gibt, eine bestimmte Situation zu interpretieren. Ein Gespräch über eine Fernsehsendung ist sehr viel schwieriger, da die Bilder nicht mehr präsent sind und (wie oben bereits erwähnt) die Handlung oft nur bruchstückhaft aufgenommen wurde.

Bilderbücher können auch Spielauslöser sein. Entweder kann die erzählte Geschichte von den Kindern nachgespielt werden oder Grundlage für eigene Spielideen sein oder das Bilderbuch bietet selbst Möglichkeiten, damit spielerisch umzugehen, wie etwa das Spiel „Ich sehe was, was Du nicht siehst".

Die Kreativität der Kinder kann durch das Bilderbuch angeregt werden, indem sie z. B. Personen oder Ausschnitte aus dem Inhalt mit unterschiedlichen Materialien und Techniken nachgestalten.

Das Bilderbuch hat gute Chancen, sich gegen seine Konkurrenten durchzusetzen. Es liegt an den Erwachsenen, den Kindern dieses für sie in so vielfältiger Weise wichtige Medium zur Verfügung zu stellen und erschließen zu helfen.

1.2 Die Bedeutung der Bilderbücher in der Lebenswelt der Kinder

Hier soll in einem Überblick erläutert werden, wie vielfältig die Bedeutung des Bilderbuches für Kinder sein kann und wie groß sein Wirkungsspektrum ist.

Umweltklärende Bedeutung

Wie bereits im vorangegangenen Kapitel deutlich wurde, sind Kinder heute einer Fülle von Eindrücken und Reizen ausgesetzt, die sie ohne Hilfe nicht einordnen und verarbeiten können.

Die Wirklichkeit ist in ständigem Wandel begriffen. Veränderungen vollziehen sich so rasch, daß selbst Erwachsene Mühe haben, sie zu begreifen und mit ihnen Schritt zu halten. Für Kinder – speziell im Vorschulalter –, die ja noch nicht über einen entsprechenden Erfahrungshintergrund verfügen – ist dies noch um ein Vielfaches schwieriger.

Hier erweisen sich Bilderbücher als zuverlässige und beständige Partner der Kinder. Sie stehen immer zur Verfügung. Der in ihnen enthaltene Ausschnitt aus der Wirklichkeit bleibt unverändert und läßt eine der individuellen Situation und den Bedürfnissen des einzelnen Kindes angemessene Auseinandersetzung zu. In Ruhe kann das Kind Schritt für Schritt die Wirklichkeit, die es – in der Realität – schon erlebt hat, oder erleben wird, erfassen und begreifen.

Das macht die Umwelt für das Kind durchschaubar und zum verstandenen Bestandteil seiner Existenz. Es lernt, sich in Beziehung zu dieser Umwelt zu setzen und seinen Platz in ihr zu finden.

Es sei jedoch noch einmal darauf hingewiesen, daß diese Wirkung des Bilderbuches auf das Kind sich zunächst nur mit Hilfe des Erwachsenen erschließt.

Bedeutung für die intellektuelle Entwicklung

In allen Bilderbüchern sind in irgendeiner Form Informationen enthalten; so wird Wissen vermittelt oder erweitert; Zusammenhänge müssen erfaßt werden und oft muß der Ablauf einer Geschichte verstanden werden. Alle diese Vorgänge fördern die intellektuelle Entwicklung des Kindes. Von Bilderbüchern gehen Impulse aus, die Denkprozesse bei Kindern auslösen und so ihre intellektuellen Fähigkeiten erweitern.

Durch wiederholtes Betrachten und durch Wiedererkennen von bereits Bekanntem wird außerdem das Gedächtnis geschult.

Bedeutung für die sprachliche Entwicklung

Da die Sprache das Denken formt, ist die intellektuelle Entwicklung des Kindes eng mit seiner sprachlichen Entwicklung verknüpft. Obwohl in vielen Bilderbüchern das Bild im Vordergrund steht, spielt die Sprache bei allen Arten – auch bei den textlosen – eine bedeutende Rolle.

Die Kinder erkennen in den Bildern vertraute Begriffe wieder und lernen neue. Sie werden durch die Bilder angeregt, selbst zu sprechen und üben und entwickeln so ihre sprachlichen Fähigkeiten.

Sie lernen, einen geschriebenen Text – also einen mehr oder weniger künstlerisch gestalteten Text, der sich von der Umgangssprache, die den Kindern vertraut ist, unterscheidet – zu hören und zu verstehen, wodurch ihr Wortschatz erweitert wird und auch ein Gefühl für die Sprache und ihre Struktur entsteht.

Viele Bilderbücher enthalten einen Text in Reim- und Gedichtform. Ein so gestalteter Text ist bei Kindern nicht nur außerordentlich beliebt, sondern vermittelt ihnen auch die Schönheit der gebundenen Sprache und die schöpferische Kraft, die in ihr steckt.

Bedeutung für die Entwicklung der Phantasie und Kreativität

Die Phantasie der Kinder wird durch Bilderbücher auf vielfältige Weise angeregt. Wenn auch bereits Bilder vorgegeben sind, so regen diese die Vorstellungskraft der Kinder dennoch an. Die Darstellung wird für die Kinder lebendig und nach individuellen Wünschen und Bedürfnissen ausgeschmückt. In der Phantasie des Kindes wird das Geschehen im Buch weitergesponnen. Je phantasievoller die Geschichte und je wunderbarer die Darstellung, desto mehr wird die eigene Vorstellungskraft gefordert und gefördert.

Durch das in Bilderbüchern Gesehene und „Erlebte" werden häufig die schöpferischen Kräfte der Kinder geweckt und können sich entfalten. Ob sie nun spielen, malen, mit verschiedenen Materialien gestalten, eigene Geschichten oder musikalische Untermalung dazu erfinden, Hörspiele gestalten und vieles andere, immer sind Phantasie und Kreativität gefragt und die Lust der Kinder, die eben genannten Fähigkeiten zu gebrauchen und zu entwickeln, wird geweckt, bleibt erhalten und wird ausgebaut.

Erzieherische Bedeutung

Hört man den Begriff „erzieherische Bedeutung", so denkt man sofort an den pädagogischen oder moralischen Zeigefinger, der das Kind mehr oder weniger direkt darauf hinweist, was es tun darf und was nicht. Diese „moralischen" Bilderbücher – zu denen der „Struwwelpeter" gehört – sind in den letzten Jahren entsprechend den veränderten pädagogischen Vorstellungen immer weniger geworden.

Dennoch haben Bilderbücher nach wie vor große erzieherische Bedeutung. Es werden in Bilderbüchern verschiedene Verhaltensmodelle gezeigt, denen bestimmte, in unserer Gesellschaft verbindliche, Normen und Werte zugrunde liegen. Sie werden von den Kindern rezipiert und eingeordnet, ohne daß der pädagogische Zeigefinger erhoben wird. Aber, entsprechend der pluralistischen Gesellschaft, in der wir leben, werden auch unterschiedliche Wertvorstellungen angeboten, die das Kind kennenlernen kann. Es lernt eigene Erfahrungen vergleichend zu reflektieren und diese anderen Vorstellungen selbst zu bewerten und einzuordnen. Kritik- und Urteilsfähigkeit, aber auch Toleranz und Verständnis können entwickelt werden. Das Kind erwirbt soziale Kompetenz; die Entstehung einer eigenständigen Persönlichkeit wird unterstützt.

Aber nicht nur Bilderbücher, die sich mit Verhaltensmodellen, Wertvorstellungen u. a. befassen, wirken erzieherisch. Auch Sachbilderbücher können diese Wirkung haben. Kinder, die Wissen über einen Gegenstand erwerben, werden damit gleichzeitig auch in ihrem Verhalten geprägt. Vermittelt man ihnen z. B. wesentliche Zusammenhänge aus der Natur, können sie diese Natur bewußter wahrnehmen, Ehrfurcht vor ihren Wundern entwickeln und entsprechend sorgfältiger mit ihr umgehen.

Nicht zuletzt lassen Bilderbücher eine Auseinandersetzung mit typischen Rollenklischees von Mann und Frau, bzw. von Jungen und Mädchen zu. Es gibt in den letzten Jahren schon immer häufiger Bilderbücher, in denen sich nicht nur die Mutter im Haushalt betätigt, sondern auch der Vater und in denen auch Mädchen aktiv und Buben sensibel dargestellt werden. Aber es sind eben auch noch sehr viele Beispiele zu finden, in denen die traditionellen Rollen fixiert sind.

Es bleibt die Aufgabe und das Recht der Erzieherin, dieses Problem mit den Kindern zu thematisieren, um eine Auseinandersetzung damit zu ermöglichen, den Ausstieg aus der Prägung durch Klischees frühzeitig zu fördern.

Psychische Bedeutung

Die Bedeutung eines Bilderbuches für die Psyche des Kindes ist sicher sehr individuell, d. h. sie ist abhängig von der psychischen Konstitution des Kindes, von seinem Entwicklungsstand und von seiner momentanen Lebenssituation. Es ist deshalb nicht möglich, die Wirkung eines Bilderbuches auf die Psyche der Kinder zu verallgemeinern. Dennoch kann man davon ausgehen, daß bei vielen Bilderbüchern die psychische Bedeutung für viele Kinder ähnlich ist, da sie vielfach im gleichen Alter sind und auch ihre Entwicklungs- und Lebenssituation sich oft gleicht.

Bilderbücher bieten den Kindern oft eine Bestätigung ihres „So-Seins". Sie finden sich in ihnen wieder und erleben, daß andere genauso handeln und denken wie sie, daß es so, wie sie sind, richtig ist, daß sie so sein dürfen. Diese Erfahrung stärkt das Selbstwertgefühl der Kinder; Selbstvertrauen und Sicherheit werden entwickelt.

In vielen Bilderbüchern werden in realistischer oder phantastischer Form Probleme und deren mögliche Lösung behandelt. Das Kind erhält die Gelegenheit, Problembewußtsein zu entwickeln; es erfährt, daß es mit seinen Problemen nicht allein ist, daß andere auch welche – oder die gleichen – haben, und vor allem erkennt es, daß es Lösungsmöglichkeiten gibt, und man oft auch selbst dazu beitragen kann, ein Problem zu bewältigen. Alle diese Erfahrungen sind für die Psyche des Kindes von immenser – fast könnte man sagen lebenswichtiger – Bedeutung. Sie verhindern das Gefühl, dem Leben hilflos ausgeliefert zu sein, sie unterstützen den Glauben an die eigenen Fähigkeiten und lassen Zuversicht und eine optimistische Weltsicht entstehen, ohne die eine positive psychische Entwicklung der Kinder nicht möglich ist.

In diesem Zusammenhang ist vor allem das Problem Angst hervorzuheben. Angst ist ein fester Bestandteil jedes Kinderlebens und man kann auch bei optimalen Entwicklungsbedingungen ihre Entstehung nicht verhindern. Um so wichtiger ist es, die Kinder zu befähigen, mit ihrer Angst umgehen zu lernen und sie so zu bewältigen, daß nicht Lebensfreude und Lebensfähigkeit unter ihr leiden. Bilderbücher können dazu – wie oben dargestellt – einen wichtigen Beitrag leisten.

Wie im Märchen so werden auch in Bilderbüchern oft kindliche Wünsche erfüllt. So verschafft sich die von allen verlachte kleine Maus in *„Ich bin ein Riese"* von Tino Anerkennung; oder man denke an die vielen phantastischen Bilderbücher, in denen die Grenzen der Wirklichkeit aufgehoben sind, in denen alles möglich ist, wie in *„Bimbo und sein Vogel"* von Martin

Auer und Simone Klages, in dem ein Junge mit seinem Schwan auf ganz verrückte und amüsante Weise mehr Selbstbewußtsein erlangt. Auf diese Weise werden die Wünsche der Kinder wenigstens stellvertretend von Identifikationsfiguren erfüllt und es wird wichtigen psychischen Bedürfnissen Rechnung getragen.

Wie an anderen Stellen ausgeführt wird, kann dieser positive Einfluß auf die Psyche des Kindes häufig nur dann wirksam werden, wenn der Erwachsene das Kind bei der Auseinandersetzung mit einem Bilderbuch begleitet und unterstützt.

Emotionale Bedeutung

Bilderbücher sprechen fast immer intensiv die Gefühle der Kinder an. Ebenso wie die psychische Bedeutung – die mit der emotionalen Bedeutung natürlich eng verknüpft ist und hier nur aus Gründen der Übersichtlichkeit getrennt dargestellt wird – ist auch die emotionale Bedeutung für Kinder individuell verschieden. Die Sensibilität eines Kindes spielt dabei eine erhebliche Rolle.

Durch das Hineinschlüpfen in die Bilderbuchpersonen und das Nachvollziehen der Handlung werden auch die unterschiedlichsten Gefühle, die im Text beschrieben oder auf dem Bild sichtbar werden, vom betrachtenden Kind miterlebt. Auf diese Weise können eigene Gefühle bewußter gemacht werden. Zudem werden Gefühle im Kind angeregt und das Gefühlsspektrum erweitert. Es werden emotionale Bedingungszusammenhänge erfaßt, da die Gefühle verschiedener Personen dargestellt werden und gezeigt wird, wie sich diese Gefühle gegenseitig bedingen.

Da trotz der Identifikation mit den Bilderbuchpersonen im Kind eine gewisse Distanz erhalten bleibt, und die dargestellten Gefühle auch intellektuell erfaßt werden können, trägt dies zu einer differenzierteren und sensibleren Wahrnehmung der eigenen und der Gefühle anderer bei. Diese Prozesse unterstützen die emotionale Entwicklung der Kinder.

Die Gefühle der Kinder werden aber in Bilderbüchern nicht nur angeregt; die Bücher gestatten ihnen auch, ihre Gefühle auszuleben. Ein schon klassisches Beispiel dafür ist das Bilderbuch *„Wo die wilden Kerle wohnen"* von Maurice Sendak. Der kleine Max, der seinen „Wolfspelz" trug und ganz schrecklich wild war, wird von seiner Mutter ohne Essen ins Bett geschickt und begibt sich auf eine weite Reise zu den wilden Kerlen. Er wird ihr König und als er genug vom „Wildsein" hat, kehrt er nach Hause zurück. Dort wartet das Essen auf ihn „und es war noch warm", denn die

Mutter ist nun auch nicht mehr böse auf ihn. Kinder können so ihre aggressiven Impulse ausleben und sich trotzdem verstanden und akzeptiert fühlen.

Viele Bilderbücher verschaffen den Kindern auch die Möglichkeit, sich beim Betrachten wohl und geborgen zu fühlen, weil sie eine Welt darstellen, wie die Kinder sie sich wünschen. Dieses Wohlbefinden und Sich-Geborgen-Fühlen wirkt sich auf die Psyche des Kindes stabilisierend aus, auch die emotionale Entwicklung ist positiv davon betroffen. Ebenso wie der Inhalt eines Bilderbuches Wohlbehagen und Geborgenheit auslösen kann, können diese Empfindungen aber auch entstehen, wenn das Kind mit einer vertrauten Person in einer gemütlichen und entspannten Atmosphäre ein Bilderbuch betrachtet. So bietet das Bilderbuch nicht nur direkte, sondern auch indirekte emotionale Bereicherung.

Kunsterzieherische Bedeutung

Die Bildgestaltung der Bilderbücher ist so vielfältig wie die Themenbereiche, die in ihnen behandelt werden. Wie bereits erwähnt, ist die künstlerische Gestaltung der Illustrationen in den letzten Jahrzehnten immer anspruchsvoller geworden. Alle künstlerischen Techniken, ob Aquarelltechnik, Collagen, Reißtechnik und auch andere, sind auf dem Bilderbuchmarkt zu finden.

Neben den vielen künstlerisch qualitativ hochstehenden Darstellungen gibt es natürlich auch Bilderbücher, deren Illustratoren und Autoren ihre „Täterschaft" aus sehr naheliegenden Gründen schamhaft verschweigen. Die Geschichten in diesen Bilderbüchern sind oft anspruchslos bis dümmlich, die Darstellung ist zum Teil unsäglich kitschig, und die Farbenauswahl beleidigt das Auge des erwachsenen Betrachters. Aber, eben nur des erwachsenen Betrachters: Bei Kindern lösen gerade solche für den Erwachsenengeschmack schauderhaften Bilderbücher helles Entzücken aus. Kinder lieben Kitsch. Davon können viele Eltern, die von ihren Kindern beschenkt werden, ein Lied singen.

Was tun? Entziehen wir den Kindern kategorisch diese minderwertigen Bilderbücher und bieten ihnen nur die künstlerisch wertvollen an? Das wäre sicher nicht der richtige Weg.

Kategorien wie „künstlerisch" und „kitschig" sind für Kinder irrelevant. Für sie sind bei der Betrachtung von Bildern andere Dinge wichtig als für den Erwachsenen und deshalb finden Kinder manches schön, was diesem die Haare zu Berge stehen läßt.

Der Geschmack der Kinder ist noch unentwickelt und das ist mit ein Grund, warum ihnen diese wenig differenzierte und oft grelle Darstellung gefällt. Wie zu beobachten ist, sprechen viele dieser kitschigen Bilderbücher außerdem das Gefühl der Kinder stark an. Man denke nur an Bilderbücher, in denen Englein in der Himmelswerkstatt Spielzeug und andere Weihnachtsgeschenke für Kinder basteln. Welcher Erwachsene hat diese Bücher nicht auch als Kind geliebt und bekommt heute noch glänzende Augen, wenn er davon erzählt.

Man kann davon ausgehen, daß der Konsum dieser Bilderbücher keine negativen Auswirkungen auf die ästhetische Entwicklung der Kinder hat, wenn sie nicht ausschließlich derartige Bücher angeboten bekommen, sondern ihnen das ganze Spektrum unterschiedlich gestalteter Bilderbücher zur Verfügung steht.

Die Kinder sollen die Chance erhalten, ihren eigenen Geschmack zu entwickeln und Vorlieben für bestimmte Kunstrichtungen zu entdecken. Die nach Meinung der Erwachsenen künstlerisch minderwertigen Bilderbücher behindern diesen Prozeß sicher nicht, sie können ihn im Gegenteil eher unterstützen, denn auch Kinder werden – wenn man ihnen die Gelegenheit bietet – im Laufe ihrer Entwicklung lernen, Qualitätsunterschiede zu erkennen.

In diesem Zusammenhang ist vielleicht auch noch wichtig zu erwähnen, daß es Bilderbücher gibt, die für bibliophile Erwachsene ein Genuß sind und von ihnen auch gesammelt werden. Für Kinder sind diese in Wort und Bild anspruchsvollen Kunstwerke oft gar nicht, oder wenn, dann nur für einen kleinen Kreis, im künstlerischen Bereich besonders geschulter und empfänglicher Kinder geeignet.

Zusammenfassend läßt sich feststellen, daß Bilderbücher zur ästhetischen Formung in unserer bildergesättigten Welt sicher einen wichtigen Beitrag leisten, daß aber die kunsterzieherische (wie auch die literaturpädagogische) Bedeutung gegenüber den anderen Bedeutungsaspekten im Konfliktfall zurücktreten muß. Ein Bilderbuch, dessen Botschaft es für Kinder ungeeignet macht, wird durch anspruchsvolle graphische oder sprachliche Gestaltung nicht akzeptabler.

Literaturpädagogische Bedeutung

Bilderbücher sind die erste Begegnung des Kindes mit Literatur in Buchform. Die Einstellung zum Buch und damit zur Literatur werden durch diese ersten Erfahrungen nicht unwesentlich mitgeprägt. Deshalb sollte diese erste Begegnung mit dem Medium Buch so positiv wie möglich verlaufen, damit das Interesse des Kindes am Buch geweckt wird und auch in Zukunft erhalten bleibt.

Bilderbücher können im übrigen auch die Freude am Lesenlernen positiv beeinflussen.

1.3 Bilderbuchbetrachtung
Wie denn? Wo denn? Wann denn?

Wie denn?

Auswahl von Bilderbüchern

Bei der Auswahl von Bilderbüchern für eine Kindergruppe oder für das einzelne Kind muß sich die Erzieherin eine Reihe von Fragen stellen:

Warum bietet die Erzieherin den Kindern/dem Kind ein Bilderbuch an?

- In vielen Bilderbüchern werden die unterschiedlichsten Probleme der Kinder dargestellt und beschrieben. Treten nun solche Probleme, wie z. B. Angst, Eifersucht, Aggressivität bei Kindern auf, bietet ein Bilderbuch, das die entsprechende Problematik beinhaltet, für Kinder und Erzieherin eine gute Möglichkeit, sich mit diesem Problem und den aus ihm entstehenden Schwierigkeiten zu befassen und fertig zu werden.
- Häufig arbeiten Kindergärten nach einem bestimmten Thema (wie „Wachsen und Werden" oder „Unsere Umwelt"), nach den Jahreszeiten, nach bestimmten, im Verlauf eines Jahres wiederkehrenden Festen. Entsprechende Bilderbücher sind ein nicht wegzudenkendes Medium bei der Bearbeitung solcher Rahmenthemen.
- Interessen und Fragen der Kinder können für die Erzieherin Anlaß sein, ein bestimmtes Bilderbuch zu suchen und anzubieten. Manchmal benützt die Erzieherin auch ein Bilderbuch, um die Neugierde der Kinder für ein Thema zu wecken.
- Oft will man einfach den Kindern mit einem Bilderbuch Freude bereiten und sie unterhalten.

Für welche Kinder eignet sich welches Bilderbuch?

- Bei der Auswahl eines Bilderbuches ist neben dem Alter der Kinder ihr Entwicklungsstand zu beachten.

● Um den Kindern gerecht zu werden und sie weder zu über- noch zu unterfordern, muß man bei der Bilderbuchwahl die Vorerfahrungen der Kinder berücksichtigen. Es ist z. B. zu bedenken, ob man es mit Kindern zu tun hat, die schon bilderbucherfahren sind oder solchen, für die dieses Medium Neuland darstellt.

● Auch die Gruppenzusammensetzung und Gruppensituation (Mädchen/Jungen-Verhältnis, Altersstruktur, Vertrautheit/Fremdheit zwischen den Gruppenmitgliedern, Milieuunterschiede, Konzentrationsfähigkeit) müssen bei der Wahl des Bilderbuches beachtet werden.

● Für das Gelingen einer Bilderbuchbetrachtung ist die Gruppengröße von Bedeutung. Viele Bilderbücher eignen sich nicht für die ganze Kindergartengruppe. Wenn z. B. ein Bilderbuch kleiner als DIN A 4 ist und die Bilder sehr viele Details enthalten, muß die Zahl der Kinder, mit denen man ein solches Bilderbuch betrachtet, auf etwa vier bis sechs Kinder begrenzt bleiben.

Aber nicht nur die Illustrationen und die Größe eines Bilderbuches sollten für die Gruppenstärke ausschlaggebend sein, sondern auch sein Inhalt. Besonders Bilderbücher, die sich mit Problemen wie Krankheit, Alter, Tod und Angst befassen, sind nur für eine kleine Kindergruppe geeignet. Hier lassen sich keine allgemeingültigen Zahlen festlegen. Solche Themen berühren die Kinder in der Regel sehr stark und man muß allen die Möglichkeit geben, ihre Gedanken und Empfindungen dazu zu äußern. Dies ist nur in der Kleingruppe möglich.

Viele Kinder haben nämlich nicht den Mut, sich vor der gesamten Kindergartengruppe zu äußern; außerdem ist es aus Zeitgründen kaum möglich, daß 25 Kinder – und von dieser Gesamtgruppenstärke kann man ausgehen – ausreichend zu Wort kommen können.

Zudem erfordern Bilderbücher, die die Emotionen der Kinder stark ansprechen, einen privaten und geborgenen Rahmen, der sich nur für eine Kleingruppe angemessen schaffen läßt.

Wieviele Kinder für die Betrachtung eines Bilderbuches in Frage kommen, muß die Erzieherin in jedem Einzelfall neu entscheiden.

Ziele für eine Bilderbuchbetrachtung

Jedes Bilderbuchangebot an Kinder ist zielgerichtet.
Im Folgenden soll aufgezeigt werden, welche Ziele bei einer Bilderbuchbetrachtung mit Kindern angestrebt werden können und welche mit jedem Bilderbuchangebot verknüpft sind.

1. Allgemeine Ziele:

– Sprach- und Konzentrationsförderung sind mit jeder Bilderbuchbetrachtung verbunden, denn die Kinder hören zu, sprechen und müssen bei der Sache bleiben, um den Inhalt eines Bilderbuches zu erfassen und zu begreifen.
– Die gemeinsame Beschäftigung mit dem Bilderbuch bietet für Kinder die Chance, Sozialverhalten einzuüben. Jeder Beteiligte lernt, einem anderen zuzuhören und selbst zum Gespräch in der Gruppe aktiv beizutragen.
– Jede Bilderbuchbetrachtung ist ein Schritt Hinführung zu Literatur und Kunst.

2. Grobziele:

Diese spielten schon bei der Auswahl eines Bilderbuches eine Rolle und sollen hier nur noch aufgezählt werden.

– Bestätigung des kindlichen So-Seins
– Emotionale Förderung
– Problembewältigung
– Sensibilisierung für eine bestimmte Thematik
– Vermittlung und Vertiefung von Wissen
– Intellektuelle Förderung
– Unterhaltung, Entspannung, Spaß

3. Feinziele

Diese sollten anhand eines konkreten Bilderbuches erarbeitet werden und lassen sich einerseits aus oben genannten Grobzielen und zum andern aus den Botschaften ableiten, die ein Bilderbuch enthält.

Um bei der Entwicklung von Zielvorstellungen den eigenen pädagogischen Vorstellungen und dem Erziehungsauftrag, und zum andern den Bedürfnissen und der Situation der Kinder gerecht zu werden, ist es sehr wichtig, daß die Erzieherin selbst sich intensiv mit dem Bilderbuch auseinandersetzt.
Sie muß die Botschaften, die das Buch enthält, erfassen und die mögliche Wirkung auf die Zielgruppe abschätzen können. Nur dann ist sie auf eventuelle Reaktionen der Kinder entsprechend vorbereitet. Auf diese Weise wird das Bilderbucherlebnis für die Kinder so optimal wie nur möglich.
Man muß allerdings auch in Betracht ziehen, daß sich die Reaktionen der

Kinder nicht immer vorhersagen lassen, und daß die Erzieherin spontan auf unerwartete Beiträge der Kinder reagieren muß. Aber auch eine solche Situation läßt sich leichter meistern, wenn eine gründliche Auseinandersetzung mit einem Bilderbuch vorausgegangen ist.

Es sei hier noch hinzugefügt, daß gerade solche unerwarteten kindlichen Beiträge der Erzieherin oft Aufschluß über die Denkweise, die Gefühle, Wünsche und Ängste von Kindern geben und sie „ihre" Kinder so besser kennenlernen und ihnen im Erziehungsalltag besser gerecht werden kann.

Im Zusammenhang mit der eigenen Vorbereitung ist noch eine weitere Überlegung wichtig. Ein Großteil der Botschaften, die ein Bilderbuch enthält, wird von den Kindern meistens unbewußt, und nur ein Teil davon bewußt wahrgenommen.

In Gesprächen mit den Kindern, während und nach einer Bilderbuchbetrachtung werden solche unbewußt aufgenommenen Impulse oft ins Bewußtsein gerufen. Es empfiehlt sich allerdings, dabei behutsam vorzugehen und nicht alles zu thematisieren und zu zerreden, was in einem Bilderbuch steckt. Viele Botschaften sollten nicht nur mit dem Verstand erfaßt werden, sondern in tiefere Schichten des Bewußtseins gelangen. Um das zu erreichen, genügt es, den Kindern Gelegenheit zu verschaffen, ihre Gefühle und Überlegungen zu artikulieren und nur dort kleine Denkanstöße zu geben, wo man bemerkt, daß die Kinder selbst schon dabei sind, eine Aussage des Bilderbuches zu erfassen und nur noch eine kleine Hilfe brauchen.

Teilt die Erzieherin zu viel von dem mit, was sie in einem Bilderbuch an Bedeutung sieht, besteht leicht die Gefahr, daß der pädagogische Zeigefinger vom „Holzhammer" abgelöst wird. Positive Anregungen, die von einem Bilderbuch ausgehen, können damit unwirksam werden.

Mögliche Methoden für eine Bilderbuchbetrachtung

Es gibt verschiedene Methoden, mit Kindern ein Bilderbuch zu betrachten. Die Wahl der Methode ist abhängig von der Art des ausgewählten Bilderbuches (z. B. Verhältnis von Bild und Text), der Zusammensetzung der Kindergruppe und ihrer augenblicklichen Situation und der Zielsetzung.

1. Methode:

Die Erzieherin zeigt den Kindern die Bilder und gibt ihnen Gelegenheit, ihre spontanen Beobachtungen und Überlegungen mitzuteilen. Es hängt von der Kindergruppe ab, ob sie dazu auffordern muß oder ob die Kinder von sich aus die Bilder erforschen. Während die Kinder sich zu einem Bild äußern oder auch nachdem sie damit fertig sind, stellt die Erzieherin den kleinen Betrachtern vorformulierte, d. h. bei der eigenen Vorbereitung überlegte Fragen. Auf diese Weise können die Kinder eigene Vorstellungen und Ideen zu den Bildern entwickeln und die Erzieherin kann im Laufe der Bilderbuchbetrachtung die Kinder behutsam dahin führen, ihrer Zielvorstellung zu folgen.

So wird Bild für Bild mit den Kindern gemeinsam erarbeitet.

Wichtig ist, daß die Erzieherin sich bei der Formulierung der Fragen überlegt, welches Ziel sie mit der jeweiligen Frage verfolgen will. Will sie den Kindern Spielraum für eigenes Überlegen geben, um ihre Phantasie zu wecken und/oder logisches Denken zu entwickeln, will sie wissen, ob die Kinder einen bestimmten Sachverhalt oder Zusammenhang verstanden haben, möchte sie einen bestimmten Begriff und seine Bedeutung noch einmal deutlich ins Bewußtsein rufen, oder will sie vor allem die sprachliche Ausdrucksfähigkeit der Kinder üben: in allen Fällen sollten die Fragen vorher überlegt werden, damit sie so präzise sind, daß das gewünschte Ziel auch erreicht wird.

Manche Eltern und Erzieherinnen unterschätzen die Kinder und unterfordern sie deshalb auch. Ist das Niveau der Fragen zu niedrig, beginnen sich die Kinder zu langweilen und haben keine Lust mehr, sich an einem Gespräch über ein Bilderbuch zu beteiligen.

Den gleichen Effekt kann man auch mit einem zu hohen Frageniveau erzielen. Die Kinder verstehen nicht, was man meint, es entsteht vielleicht das Gefühl in ihnen, dumm zu sein, und sie ziehen sich zurück. Auch immer gleichlautende Fragen wie: „Was ist das?" oder „Was seht ihr da?" nutzen sich mit der Zeit ab und haben keinen Aufforderungscharakter mehr. Manche Erzieherinnen haben Einwände gegen vorformulierte Fragen. Sie vertreten die Ansicht, daß sie dadurch während der Bilderbuchbetrachtung zu wenig spontan auf die Kinder eingehen können und deshalb deren momentanen Reaktionen und Bedürfnissen zu wenig gerecht werden. Dem ist zu entgegnen, daß die Erzieherin in der Lage sein sollte, sowohl gezielte Fragen zu stellen als auch spontan auf die Reaktionen der Kinder einzugehen. Vor allem der in der Bilderbuchbetrachtung noch ungeübten Erzieherin fallen in der konkreten Situation passende und präzise formulierte Fragen nicht ein und damit entsteht die Gefahr der Unter- oder Überforderung, oder der Gleichförmigkeit mit oben genannten Auswirkungen.

Es ist also notwendig, sich die eigene Zielvorstellung betreffende Fragen vorher zu überlegen. Jede Erzieherin sollte das bei der Vorbereitung auf eine Bilderbuchbetrachtung tun.

Besonders wichtig sind diese Überlegungen jedoch für Erzieherinnen, die in der Bilderbuchbetrachtung noch ungeübt sind.

Der Text eines Bilderbuches sollte bei dieser erarbeitenden Methode einbezogen werden. Wieviel nach der Betrachtung und Besprechung eines jeden Bildes vom Text noch vorgelesen wird, hängt vom Umfang des Textes ab. Man muß dabei auch immer das Alter der Kinder, die Gruppenzusammensetzung (sind alle Kinder im gleichen Alter oder ist die Gruppe altersgemischt?) und ihre Konzentrationsfähigkeit berücksichtigen. Dauert eine Bilderbetrachtung zu lange, schalten die Kinder vorzeitig ab, man erreicht sein Ziel nicht und die Kinder sind unzufrieden, weil sie das Ende der Geschichte nicht mehr richtig erfassen können. Hat man eine altersgemischte Gruppe, muß man selbst möglicherweise einzelne Wörter erklären, bzw. von älteren Kindern erklären lassen.

Bei manchen Bilderbüchern, wie z. B. bei dem bereits erwähnten „*Wo die wilden Kerle wohnen*" von Maurice Sendak, beschränkt sich der Text auf wenige Zeilen je Bild und ist außerdem untrennbar mit den Bildern verknüpft. In der Szene z. B., in der Max zu den wilden Kerlen kommt, heißt es:

„Und als er dort ankam, wo die wilden Kerle wohnen, brüllten sie ihr fürchterliches Brüllen und fletschten ihre fürchterlichen Zähne und rollten ihre fürchterlichen Augen und zeigten ihre fürchterlichen Krallen."

Es bleibt offen, ob der Ort, an dem Max ankommt, eine Insel ist oder Festland, und ein Name wird auch nicht genannt. Man erfährt nur, daß dort die wilden Kerle wohnen. Die Kinder fühlen, daß es ein Ort ist, der sich zuweilen in ihnen selbst befindet. Knapper und besser als es der zitierte Text tut, kann man dies nicht ausdrücken, und mehr zu erzählen, würde die Klarheit der Aussage nur stören.

Die „Fürchterlichkeit" der wilden Kerle – natürlich in Verbindung mit ihrem optischen Eindruck – ist durch die aufzählende Beschreibung ihres Verhaltens und das immer wiederkehrende Adjektivs „fürchterlich" so übertrieben, daß sie nicht schrecklich und böse ist. Wenn man bedenkt, daß diese wilden Kerle ja alle im Kind selbst sitzen, ist das sehr wichtig. Auch dieser Textteil würde in seiner Wirkung durch eine freie Wiedergabe verfälscht. Man würde diesem Buch nicht gerecht, ließe man den Text beiseite und erzählte die Geschichte nur.

Wenn also Bild und Text eine Einheit bilden und der Umfang des Textes es zuläßt, sollte man ihn auf jeden Fall nach der Erarbeitung jedes Bildes vorlesen.

Ist der Text sehr umfangreich, wie z. B. in dem sehr beliebten Bilderbuch *„Das Traumfresserchen"* von Annegert Fuchshuber und Michael Ende, bei dem aber sowohl die Bilder als auch der Text sehr schön sind, kann man bei der Einführung des Bilderbuches die Geschichte mit den Kindern anhand der Bilder erarbeiten und wichtige Textstellen zum Vorlesen auswählen. Bei einem zweiten Durchgang – den man auf jeden Fall machen sollte – kann man den Text dann ganz vorlesen.

Diese Form der Bilderbuchbetrachtung bietet für die Kinder wohl ein optimales Bilderbucherleben. Jedes Kind kann seine eigenen Vorstellungen, Erfahrungen, Wünsche und Ängste mit in das Bilderbuchgeschehen einbringen. Jedes Kind wird sich z. B. mit Prinzessin Schlafittchen aus Schlummerland (*„Traumfresserchen"*) identifizieren können, die abends nicht ins Bett gehen will, weil sie Angst vor bösen Träumen hat. Es gibt wohl kaum ein Kind, das diese Situation nicht kennt. Daß sogar eine Prinzessin – für viele Kinder ist das eine Person, die vom Glück begünstigt ist und die alles hat, was man sich nur erträumen kann – unter bösen Träumen leidet, ist deshalb für ein selbst davon betroffenes Kind sehr tröstlich. Es muß sich mit diesem Problem nicht mehr so allein fühlen.

Daß der König viele verschiedene Personen nach Mitteln gegen böse Träume befragt und sich schließlich selbst auf den Weg macht, um Hilfe für seine Tochter Schlafittchen zu finden, macht deutlich, wie ernst er dieses Problem nimmt und so fühlt sich auch das Kind ernstgenommen. Außerdem kann ein Kind diese liebevolle Besorgtheit des königlichen Vaters auch auf sich selbst übertragen und sich beschützt und geborgen fühlen. Wie ernst das Thema böse Träume in *„Traumfresserchen"* genommen wird, geht auch aus folgender Textstelle hervor:

„... Trotzdem wollte die kleine Prinzessin Schlafittchen abends nie ins Bett gehen und erfand immer neue Vorwände, um noch ein wenig aufzubleiben. Aber in Wirklichkeit fürchtete sie sich vor dem Einschlafen. Und warum fürchtete sie sich so sehr davor? Weil sie dann oft sehr böse Träume hatte. Das ist schon für große Leute schlimm, für kleine ist es noch viel schlimmer, aber am allerschlimmsten ist es für eine kleine Prinzessin, die Schlafittchen heißt und in Schlummerland lebt."

Durch die Steigerung, die hier enthalten ist, bekommt das Problem die Bedeutung, die es für ein Kind wirklich haben kann.

Zum besseren Verständnis dieser Textstelle muß noch erwähnt werden, daß für die Schlummerländer das wichtigste das Schlafen ist:

„Deshalb heißt das Land so. Dabei kommt es ihnen aber nicht so sehr darauf an, wieviel oder wie lange einer schlafen kann, sondern wie gut . . . Wer gut schlafen kann, so meinen die Schlummerländer, der hat ein freundliches Gemüt und einen klaren Kopf. Und deswegen machen sie denjenigen, der am besten schlafen kann, zu ihrem König."

Deshalb ist es natürlich besonders schlimm, daß Schlafittchen, die Tochter des Königs, nicht gut schlafen kann und sich nicht nur König und Königin Sorgen um die Prinzessin machen, sondern ganz Schlummerland.

Auch die intellektuellen Fähigkeiten des Kindes werden durch die erarbeitende Methode gefordert, da es nicht nur der Geschichte folgen muß, sondern auch eigene Überlegungen über die auf den Bildern dargestellten Zusammenhänge von ihm gefordert werden.
Schon kleine Kinder sind heute häufig einer ständigen akustischen und optischen Berieselung ausgesetzt. In vielen Familien läuft den ganzen Tag das Radio und nicht selten hören die Kinder, während sie spielen, nebenbei Cassetten mit Kinderliedern oder auch Sprechcassetten. Auch der Fersehkonsum ist schon im Vorschulalter nicht unbeträchtlich. Die Kinder sind also gewohnt passiv zu konsumieren und sich berieseln zu lassen. Die erarbeitende Methode kann dieser Haltung entgegen wirken. Die Kinder bekommen die Gelegenheit, sich aktiv mit der Bilderbuchgeschichte auseinanderzusetzen. Je mehr sie ein Bilderbuch anspricht, desto eher können sie aus ihrer Passivität gelockt werden. Der Inhalt und auch die Botschaften eines Bilderbuches können vom Kind auf diese Weise intensiver aufgenommen werden.
Wie oben bereits dargestellt, sollte bei dieser Methode der Text in die Bilderbuchbetrachtung mit einbezogen werden.
In vielen Kindergärten ist es Praxis, daß die Erzieherin zwar diese erarbeitende Methode anwendet, die Geschichte eines Bilderbuches aber in eigenen Worten erzählt und den Text nicht vorliest. Man ist der Meinung, daß der Text zu lange ist, daß er für die Kinder zu schwierig ist oder daß die Kinder die Wortwahl der Erzieherin und ihre Art zu formulieren gewohnt sind und so die Geschichte besser verstehen können.
Will man die Kinder in ihrer Entwicklung fördern, muß man sie auch fordern. Dehsalb sollten sie beizeiten lernen, einen – freilich ihrem Alter und Entwicklungsstand angemessenen – geschriebenen Text zu verstehen.

Es erfordert eine andere intellektuelle Leistung, einen gestalteten Text zu begreifen, als eine frei auf die Kindergruppe abgestimmt formulierte Geschichte.

Es sei hier auch angemerkt, daß viele Kinder unbedingt den geschriebenen Text eines Bilderbuches erfahren möchten.

Erzählt man eine Bilderbuchgeschichte in eigenen Worten, wird man es nicht vermeiden können, daß eigene Interpretationen in die Erzählung einfließen. Man wird Schwerpunkte setzen, die einem selbst wichtig sind und damit für die kleinen Zuhörer die Möglichkeiten reduzieren, eine „eigene Geschichte" daraus zu machen.

Folgt der Erzieher dem Text, werden zu persönliche Anteile vermieden und die Kinder können unbeeinflußter das Geschehen in Verbindung mit den Bildern rezipieren. Sicherlich sind im Text – wie auch in den Illustrationen des Künstlers – die Vorstellungen des Autors enthalten. Oft ist der Text jedoch neutraler und beeinflußt die Kinder weniger direkt als die Erzählung der Erzieherin, zu der sie eine intensivere Beziehung haben und die für sie auch Vorbildfunktion hat.

Liest man den Kindern den Text vor, erfahren sie, daß zu einem Buch auch das geschriebene Wort gehört. Die Kinder erfassen den Begriff Buch damit ganzheitlicher. Das ist vor allem für den weiteren Umgang mit der Literatur wichtig, denn es kann den Übergang vom Bilderbuch zum illustrierten Kinderbuch erleichtern.

Ebenso viel Mühe, wie bei einem guten Bilderbuch der Künstler für seine Illustrationen verwendet, gibt sich der Autor – oft sind Illustrator und Autor ein und dieselbe Person, man denke nur an Janosch, Annegert Fuchshuber, Erwin Moser, Erhard Dietl – mit seinem Text. Es ist nicht gerechtfertigt, den Kindern sozusagen nur die Hälfte eines Buches, das ja aus Bild und Text besteht, anzubieten, indem man nur die Bilder zeigt und den Text einfach wegläßt. Häufig ist es auch so, daß der Text die Bilder so gut ergänzt und so treffend und gut formuliert ist, daß das freie Erzählen qualitativ dagegen abfallen muß.

2. Methode:

Die Erzieherin liest den Text vor und die Kinder sehen sich gleichzeitig die Bilder an.

Diese Methode eignet sich vor allem für Bilderbücher, die die Kinder bereits kennen. Die wiederholte Beschäftigung mit einem bereits bekannten Bilderbuch ist besonders wichtig. Kein Kind kann beim ersten Betrachten alle Einzelheiten eines Bilderbuches erfassen und verstehen. Das wiederholte Betrachten der Bilder und das gleichzeitige Hören des begleitenden Textes vertiefen das Verständnis des gemeinsam erarbeiteten Inhalts der Geschichte und die Kinder können ihre eigenen Assoziationen und Gedanken noch einmal ganz für sich erleben und vielleicht neue Erkenntnisse hinzugewinnen. So lernen sie, daß sich Gründlichkeit lohnt. Es gibt auch Bilderbücher, die so gestaltet sind, daß die Kinder ohne den Text den Inhalt nicht verstehen können. Das gilt vor allem für Bilderbücher, bei denen das Verhältnis Bild und Text etwa gleich ist. Auch in so einem Fall kann es sinnvoll sein, den Kindern ein Bild zu zeigen und ihnen währenddessen den Text dazu vorzulesen. Daran sollte sich dann ein Gespräch über Bild und Text anschließen. So kann dann während der ganzen Bilderbuchberatung weiter verfahren werden.

Will man die Kinder einmal nur unterhalten und sie von einer Geschichte durch Text und Bild verzaubern lassen, oder will man sie zur Ruhe bringen, weil sie aus irgendeinem Grund sehr unruhig sind, ist eine Bilderbuchbetrachtung nach dieser Methode gut geeignet.

3. Methode:

Die Erzieherin erzählt die Geschichte frei, während die Kinder die Bilder dazu anschauen und von der Erzieherin immer wieder in ein Gespräch über die Bilder und den Inhalt verwickelt werden.

Trotz der oben ausgeführten Bedeutung des Textes für die Kinder kann auch diese Methode sinnvoll sein, wenn z. B. Bilder und Inhalt eines Bilderbuches durchaus für drei- bis vierjährige Kinder geeignet sind, der Text aber für diese Altersstufe noch etwas zu schwierig und zu umfangreich ist.

Aber auch bei Kindern, die noch bilderbuchunerfahren sind, deren Wortschatz oder Deutschkenntnisse – vielleicht aufgrund ihrer Herkunft – noch nicht so gut entwickelt sind, denen man aber bestimmte Bilderbuchinhalte nahebringen möchte, ist diese Methode zunächst sinnvoll.

4. Methode:

Die Erzieherin erarbeitet, liest vor oder erzählt einen Teil des Bilderbuches, bricht an einer geeigneten Stelle ab und läßt dann die Kinder die Geschichte weiterspinnen und eventuell auch malen. Bei anderer Gelegenheit wird dann die Bilderbuchbetrachtung gemeinsam fortgesetzt, um zu sehen, wie sich Illustrator und Autor den Fortgang der Geschichte vorgestellt haben.

Diese Methode ist für die Kinder zwischendurch sehr reizvoll, da sie sehr stark die Kreativität der Kinder anspricht und fordert und sie nach dem Rezipieren auch selber aktiv werden können. Die Kinder fühlen sich sicher auch sehr ernstgenommen, wenn man ihnen zutraut, eine Bilderbuchgeschichte zu Ende zu denken und zu gestalten.

Nicht jedes Bilderbuch eignet sich für diese Methode. Bei inhaltlich anspruchsvollen Bilderbüchern, die ein Thema sehr komplex behandeln, wären die meisten Kinder intellektuell wohl überfordert, würde man von ihnen verlangen, sich einen eigenen Schluß auszudenken. Außerdem ist es für das Kind oft notwendig, daß es das gute und entlastende Ende einer Bilderbuchgeschichte gleich erfährt, damit sein psychisches Gleichgewicht nicht gefährdet wird.

Die hier genannten klassischen Methoden der Bilderbuchbetrachtung können natürlich durch eigene Ideen der Erzieherin noch ergänzt und erweitert werden. So können erlebnispädagogisch orientierte Elemente eine Bilderbuchbetrachtung für die Kinder zu einem ganz besonders intensiven Erlebnis machen. Man kann eine Bilderbuchbetrachtung u. a. in der dem Bilderbuch entsprechenden Umgebung durchführen. Das Bilderbuch *„Sonne und Wind"*, Untertitel: Wer ist der Stärkste, von Bernadette z. .B., in dem Sonne und Wind miteinander streiten, wer der Stärkere ist, könnte man mit Kindern an einem sonnigen Tag, an dem vielleicht auch ein leichter Wind weht, auf einer Wiese, im Garten oder in einem Park betrachten.

Sonne und Wind wollen herausfinden, wer stärker ist. Sie beschließen, wem es gelingt, dem Handwerksburschen Anton, der sich auf Wanderschaft befindet „den Mantel von den Schultern zu reißen, der ist der Stärkere". Zuerst versucht der Wind sein Glück. Aber so sehr er auch bläst, Anton zieht seinen Mantel nur noch enger um sich. Als die Sonne jedoch mit aller Kraft zu scheinen beginnt und es sehr warm wird, nimmt Anton den Mantel ab und ruht sich im Schatten aus. Die Sonne hat also gewonnen. Sie sagt: „Mit Milde und Wärme erreicht man mehr als mit roher Gewalt!"

Schaut man dieses Bilderbuch mit den Kindern im Freien an, können sie Sonne und Wind spüren und das Bilderbucherleben wird hier für sie greifbar. Sie erleben die Botschaft des Bilderbuches sozusagen am eigenen Leib.

Diese Form der Bilderbuchbetrachtung eignet sich in der Regel erst für ältere Vorschulkinder, d. h. also für etwa fünf- bis sechsjährige. Jüngere Kinder brauchen noch den schützenden Rahmen der vertrauten Umgebung, während ältere Kinder diese gerne einmal spielerisch verlassen, um ihre Kraft zu erproben und zu stärken.

Man kann in die Bilderbuchbetrachtung Gegenstände, die im Bilderbuch vorkommen, einbeziehen und die Geschiche dadurch noch lebendiger und spannender gestalten. Ob und wann solche methodischen Besonderheiten anzuwenden sind, hängt von der Kindergruppe ab und auch davon, wie weit sich ein Bilderbuch dafür eignet. Kinder, die noch wenig Bilderbucherfahrung haben, sollten Bilderbücher erst auf die übliche Art kennenlernen. Für Kinder, die schon lange im Kindergarten sind und die deshalb schon sehr viele Bilderbuchbetrachtungen erlebt haben, können solche besonderen methodischen Elemente einen neuen Anreiz bieten, sich für Bilderbücher zu interessieren.

Einführung und Ausklang der Bilderbuchbetrachtung:

Neben den verschiedenen Möglichkeiten für die Durchführung einer Bilderbuchbetrachtung müssen auch die Einführung, der Ausklang und die eventuelle Weiterführung einer Bilderbuchbetrachtung in die methodischen Überlegungen einbezogen werden.

Es würde hier zu weit führen, alle Möglichkeiten einer Einführung in eine Bilderbuchbetrachtung aufzuzählen. Der Ideenreichtum und die Phantasie der Erzieherin sind hier gefordert, abwechslungsreiche Möglichkeiten zu finden, die sich als Einstimmung auf ein Bilderbuch eignen. Einige Überlegungen dazu sollen hier jedoch angestellt werden.

Der Sinn einer Einführung ist zuerst, die Kinder zu sammeln. Sie haben vorher gespielt, gegessen oder getobt und brauchen eine Weile, um sich auf das Stillsitzen und Sich-Konzentrieren einzustellen.

Dann soll eine Einführung auf den Inhalt des Bilderbuches einstimmen, d. h. daß sich in ihr schon die Stimmung der Geschichte widerspiegeln soll. Man wird also ein besinnliches oder problemorientiertes Bilderbuch nicht mit einem fröhlichen Lied einführen, sondern die Thematik z. B. mit einigen Fragen nach Erfahrungen der Kinder zu diesem Problemkreis ins Bewußtsein rufen.

Die Einführung soll die Kinder auch neugierig auf das Bilderbuch machen, sie motivieren, sich mit ihm zu befassen. Das bedeutet, daß dieser Einstieg nicht zu viel von der kommenden Handlung des Buches vorwegnehmen darf.

Außerdem ist zu beachten, daß die Einführung nicht zu viel Zeit in Anspruch nehmen darf, damit die Konzentration der Kinder für die Bilderbuchbetrachtung ausreicht.

Auch eine geeignete Überleitung von der Einführung zum Bilderbuch muß vorher überlegt werden.

Der Ausklang nach einer Bilderbuchbetrachtung ist ebenso wichtig wie die Einführung. So wie die Kinder aus dem Alltag in die Welt des Bilderbuches geführt werden sollten, muß ihnen am Ende wieder der Weg in die Realität bereitet werden.

Auch dieses Ausklingen kann sehr unterschiedlich gestaltet werden und muß zur Stimmung und Botschaft des Bilderbuches passen. Bei Bilderbüchern mit fröhlichem Inhalt eignet sich z. B. ein passendes Lied oder ein Bewegungsspiel, bei einer eher nachdenklich machenden Geschichte etwa noch einmal eine kurze Rückschau auf Passagen des Buches, die auch eine Überleitung in die Welt des Kindergartens ermöglichen. Bei einer solchen Gelegenheit ergibt sich oft ein Gespräch mit den Kindern.

Neben dem Zurückführen in die Realität hat der Ausklang die Funktion, das Thema des Bilderbuches abzurunden, für dieses Mal zu beenden, einen Schlußpunkt zu setzen, ohne abrupt abzubrechen. Nur wenn das der Fall ist, werden die Kinder die Bilderbuchbetrachtung als befriedigendes Erlebnis empfinden. Vermeiden sollte man allerdings auch hier eine zu lange Dauer, um (wie bei der Einführung) die Ausdauer der Kinder nicht zu sehr zu strapazieren.

Je abwechslungsreicher die Erzieherin die Einführung gestaltet und je mehr Ideen sie für die Darbietung und den Ausklang entwickelt, desto lieber werden Kinder Bilderbücher betrachten; mit der Zeit werden sie sich auch selbständig mit ihnen befassen, weil sie dieses Medium als positiv und bereichernd erleben und weil sie auch wissen, wie man damit umgeht.

Weiterführung und Verarbeitung von Bilderbuchinhalten

Mit der häufigeren Betrachtung muß die Beschäftigung mit einem Bilderbuch nicht abgeschlossen sein. In vielen Fällen können die Erfahrungen, die Kinder bei der Auseinandersetzung mit einem Bilderbuch machen, durch weitere Angebote sinnvoll ergänzt werden.

● Eine gute Chance, den Inhalt eines Bilderbuches zu verarbeiten, bietet den Kindern das Malen von Szenen aus der Bilderbuchgeschichte, die ihnen besonders gut in Erinnerung sind.
Die Erzieherin bietet den Kindern geeignete Maltechniken an, die sich – um die Kinder nicht zu überfordern – an der Gestaltung der Illustrationen des jeweiligen Bilderbuches orientieren können.

Bevor die Kinder zu malen beginnen, ist es sinnvoll, ein kurzes Gespräch über das Bilderbuch zu führen, um die Geschichte noch einmal in Erinnerung zu rufen und eventuell einzelnen Kindern zu helfen, eine Vorstellung von dem zu entwickeln, was sie malen möchten. Nicht alle Kinder sind nämlich von sich aus so kreativ, daß sie sofort eine Idee für das Bild haben, das sie gestalten wollen.

● Auch das Gestalten bestimmter Figuren aus einem Bilderbuch mit verschiedenen Materialien, wie z. B. Pappmaché, Stoff, Holz kann für die Kinder den Inhalt eines Bilderbuches lebendig machen.

● Mit Bauklötzen und verschiedenem Legematerial, wie z. B. Muggelsteinen, kann man ganze Szenen aus einem Bilderbuch nachbauen. Viel schöpferisches Potential kann bei so einer Beschäftigung bei den Kindern freigesetzt und entfaltet werden, vorausgesetzt, man bietet ihnen die geeigneten Materialien, genügend Platz und Zeit für ihr Tun an. Wichtig ist in diesem Fall auch, daß die „Schöpfung" der Kinder eine Weile stehenbleiben kann und auch nach Wunsch verändert werden darf.

● Sehr beliebt ist bei den Kindern auch das Nachspielen einer Bilderbuchgeschichte. Wie ausgefeilt so ein Spiel wird, hängt von der Faszination ab, die eine Geschichte für die Kinder hat. Es kann durchaus sein, daß aus einem ungelenkten Rollenspiel ein regelrechtes Theaterstück wird.

Neben der Lust der Kinder, in die Rollen der Bilderbuchhelden zu schlüpfen, kommt es auf das Geschick der Erzieherin an, wie sich so ein Spiel entwickelt. Sie muß den Kindern Wege weisen, ihre Vorstellungen zu verwirklichen und sie so behutsam lenken, daß sie noch freie Entfaltungsmöglichkeiten haben. Wichtig ist, daß die Kinder die Geschichte spielen *wollen* und das Spiel mit Hilfe der Erzieherin selbst entwickeln können. Die Erzieherin soll ihnen nicht ein fertiges Drehbuch vorsetzen, dem die Kinder dann zu folgen haben. Musikuntermalung, die mit den Kindern gemeinsam auf Orffinstrumenten komponiert werden kann, Geräusche, die passend zur Geschichte entwickelt werden, Dekorationen und passende Verkleidung können das Spielen der Bilderbuchgeschichte noch lebendiger und lustvoller gestalten. Wenn die Kinder „ihr" Spiel dann auch noch den Eltern und Geschwistern vorspielen dürfen, wird das sicher zu einem Höhepunkt in ihrem Kindergartenleben.

● Mit älteren, medienerfahrenen Kindern kann man eine Bilderbuchgeschichte auch als Hörspiel gestalten.

● Bei manchen Bilderbüchern eignet sich die Geschichte auch dazu, sie weiter zu spinnen. Hierfür ein Beispiel: *„Jakob und seine 200 Groß-väter"* von Norman Junge und Miloš Macourek.

Jakob lebt zusammen mit seinem Großvater, der den ganzen Tag mit dem Anbau, der Pflege und dem Verarbeiten von Kohl beschäftigt ist. Jakob will, daß der Großvater mit ihm spielt und ihm etwas erzählt, aber der hat keine Zeit für ihn, weil sein Kohl ihn so in Anspruch nimmt. Die Kohlweißlinge, mit denen Jakob sich angefreundet hat, raten ihm, einmal etwas anderes in den Garten zu pflanzen. Deswegen pflanzt Jakob den Panamahut des Großvaters – den dieser sehr liebt – ein. Nach einigen Tagen müssen 200 Panamahüte geerntet und versorgt werden. Der Großvater ist davon nicht sonderlich begeistert. Die Kohlweißlinge raten Jakob, den Großvater einzupflanzen und abzu-warten.

„Einige Tage vergingen, und im Garten wuchs ein riesiger Strauch voller kleiner Großväter. Anfangs waren sie ganz grün und ließen sich gar nicht pflücken, aber sie nahmen rasch an Größe zu und reiften. Jakob ging jeden Tag fünfmal zu dem Strauch, um nach ihnen zu sehen, und hielt mit den Kohlweißlingen Rat darüber, wann er sie wohl ernten könnte.

Endlich waren die Großväter schön reif geworden, und Jakob pflückte sie"

Zunächst weiß Jakob nicht, was er mit 200 Großvätern anfangen soll (immerhin hat er für jeden einen Panamahut). Nachdem die Großväter sich aber darüber einigen, wer sich worum kümmert, klappt alles vorzüglich und Jakob hat immer jemanden, der mit ihm spielt oder ihm etwas erzählt.

Diese skurrile Geschichte kann Kinder dazu anregen, sich auszuden-ken, welche Dinge sie gerne einpflanzen würden. Die Ideen der Kinder können von ihnen gemalt werden und ergeben dann, als Buch zusam-mengefaßt, sozusagen eine Fortsetzung von Jakobs Geschichte. Außer-dem kann dieses Thema bei den Kindern Interesse wecken, etwas einzupflanzen, was wirklich wächst und dem man beim Wachsen zuse-hen kann. Auf diese Weise kann man ihnen auch sehr gut nahebringen, was vergnügliche Phantasievorstellungen sind und was in der Realität möglich ist.

Es gibt vielfältige Möglichkeiten, das Bilderbucherlebnis weiterzuführen und zu vertiefen. Die Aufgabe der Erzieherin ist es, die für ein konkretes

Bilderbuch geeigneten Möglichkeiten zu suchen und den Kindern möglichst abwechslungsreiche Varianten anzubieten. Die Bemerkung eines Jungen zu seinem Freund vor Beginn einer Bilderbuchbetrachtung: „Jetzt schaun wir ein Bilderbuch an, und dann müssen wir's wieder malen.' mag verdeutlichen, wie wichtig es ist, die Weiterführung von Bilderbüchern abwechslungsreich zu gestalten. Die Bemerkung des Jungen zeigt sehr deutlich, daß das Malen nach dem Bilderbuch nicht mehr als lustvoll erlebt wurde, weil es nach jeder Bilderbuchbetrachtung schon obligatorisch war. Und Bilderbücher sollen Freude machen!

Wo denn?

Neben dem *Wie* ist auch zu überlegen, *wo* eine Bilderbuchbetrachtung stattfinden sollte.

Es gibt keine einheitliche Antwort. Sehen sich Eltern oder andere Bezugspersonen mit einem Kind ein Bilderbuch an, ergibt sich das Wo aus der Situation, und auch über die Sitzordnung müssen keine besonderen Überlegungen angestellt werden.

Anders ist es dagegen, wenn die Erzieherin mit einer Kindergruppe ein Bilderbuch anschaut. Dann ist oft ein bestimmtes Ziel mit der Bilderbuchbetrachtung verbunden, und der geeignete Raum und die richtige Sitzordnung sind wichtig für das Gelingen der Beschäftigung. Je wohler sich die Kinder in einem Raum fühlen, desto leichter fällt es ihnen, sich auf ein Bilderbuch einzulassen, und desto intensiver werden sie dessen Inhalt in sich aufnehmen.

Wichtig ist auch, daß der Raum ruhig und die Gruppe während der Bilderbuchbetrachtung darin ungestört ist, um die Konzentration der Kinder nicht zu unterbrechen; daß Kinder leicht ablenkbar sind, weiß jeder, der mit ihnen zu tun hat.

Ebenso wichtig wie die Wahl des geeigneten Raumes ist auch die richtige Sitzordnung. In vielen Kindergärten ist es üblich, daß die Kinder während einer Bilderbuchbetrachtung im Kreis sitzen. Für eine gemeinsame Beschäftigung ist ein Kreis an sich eine geeignete Form. Es schließt jeden ein, jeder ist darin aufgehoben, und es entsteht sehr leicht das Gefühl der Zusammengehörigkeit.

Bei einer Bilderbuchbetrachtung im Kreis ist es allerdings nicht zu vermeiden, daß die Kinder, die neben der Erzieherin sitzen, die das Bilderbuch hält, entweder gar nichts sehen, oder nur unter ständigen Verrenkungen einen Blick auf die Bilder erhaschen können.

Sicher zeigt die Erzieherin auch diesen Kindern die Bilder, aber dabei können sie allenfalls einen Blick darauf werfen, statt sie immer vor Augen zu haben und sie in sich aufnehmen zu können. Das Bild-Erleben ist durch die Kreisform für viele Kinder stark eingeschränkt.

Für eine kleinere Gruppe von etwa 6–8 Kindern ist eine leicht gebogene Reihe (kein ganzer Halbkreis!) die geeignete Sitzordnung; wenn die Gruppe größer ist, sollten die Kinder in Reihen so hintereinander sitzen, daß jedes Kind gut auf die Bilder sehen kann.

Nur wenn die Kinder die Bilder ungehindert betrachten können – und nicht nur ab und zu einen Blick auf sie werfen dürfen – wird die ganze Bedeutung des Bilderbuches für sie wirksam. Haben die Kinder die Bilder nicht immer in ihrem Blickfeld, besteht auch die Gefahr, daß sie abschalten, weil sie sich nicht mehr angesprochen fühlen. Sie werden unruhig und stören unter Umständen die gesamte Atmosphäre mit dem Ergebnis, daß die Kinder und die Erzieherin unzufrieden sind.

Wann denn?

Es gibt sehr unterschiedliche Gelegenheiten, bei denen Erzieherinnen, Eltern, Großeltern und andere Bezugspersonen mit einem oder mehreren Kindern ein Bilderbuch anschauen können.

Das *Zubettgehen* ist ein guter Zeitpunkt für Eltern, mit ihrem Kind ein Bilderbuch zu betrachten. Die Aussicht auf diese gemeinsame Beschäftigung versüßt den Kindern diesen oft recht unbeliebten Teil des Tages, und sie setzen dem Zubettgehen weniger Widerstand entgegen.

Am besten eignet sich in dieser Situation ein bereits bekanntes Bilderbuch, das keine aufregenden Neuigkeiten bietet. Gemütlich in die Kissen gekuschelt kann das Kind mit Mama oder Papa Vertrautes im Bilderbuch betrachten und findet darin Sicherheit und Ruhe, die besonders vor dem Einschlafen wichtig sind.

Während der gemeinsamen Beschäftigung von Eltern und Kindern mit dem Bilderbuch können Erlebnisse des Tages besprochen und aufgearbeitet werden. Ängste und Beunruhigungen lassen sich auf diese Weise auffangen und abbauen.

Die Kinder erfahren die Bestätigung der Zuwendung und Liebe ihrer Eltern, die für ihr psychisches und physisches Wohlbefinden so wichtig sind. So können die besten Voraussetzungen für einen erholsamen und ungestörten Schlaf geschaffen werden.

Wenn ein Kind *krank* ist, kann ein Bilderbuch die Langeweile vertreiben und manchmal auch ein wenig von Schmerzen oder Unbehagen, die eine Krankheit ja fast immer mit sich bringen, wenigstens kurzfristig ablenken. Liegt ein Kind im Krankenhaus, können bekannte Bilderbücher ein wenig Vertrautheit von Zuhause mitbringen. Die Verlorenheit, die das Kind in der fremden Umgebung empfindet, kann so gemildert werden.

Ein Stück von Zuhause bringen vertraute Bilderbücher natürlich auch in andere, für Kinder fremde Umgebungen, wie z. B. *Hotels* oder *Besuche* bei wenig oder nicht bekannten Verwandten und Freunden der Eltern.

Es lohnt sich immer ein oder mehrere Bilderbücher bereitzuhalten.

Lange *Autofahrten* überstehen sowohl Eltern als auch Kinder leichter, wenn die Kinder beschäftigt sind.

Wenn es im *Wartezimmer* des Arztes wieder einmal sehr lange dauert, kann ein Bilderbuch die Zeit verkürzen und oft auch ein wenig die Angst vor dem Arztbesuch nehmen, oder zumindest für einige Zeit davon ablenken.

Geht man mit Kindern in ein *Restaurant* zum Essen, muß man oft lange Wartezeiten in Kauf nehmen. Die Kinder werden unruhig und die Eltern wünschten dann manchmal, sie wären lieber in einer Würstchenbude eingekehrt. Auch in dieser Situation kann die gemeinsame Beschäftigung von Eltern und Kindern mit einem Bilderbuch Unruhe und Ärger vermeiden. Der Appetit und die Laune aller Beteiligten können so erhalten bleiben.

Im Kindergarten bieten sich mehrere Möglichkeiten an, mit Kindern Bilderbücher anzusehen. In der Freispielzeit z. B. passiert es oft, daß ein oder mehrere Kinder die Erzieherin bitten, ihnen ein Bilderbuch vorzulesen, bzw. es mit ihnen anzusehen. Mit einem Bilderbuch kann die Erzieherin auch Kontakt zu einem Kind herstellen, das neu im Kindergarten ist, und das es noch nicht wagt, sich unter die Kinder zu mischen.

Will die Erzieherin ein Bilderbuch den Kindern zielgerichtet anbieten, ist es wichtig, einen geeigneten Zeitpunkt zu wählen, damit die gemeinsame Bilderbuchbetrachtung ein Erfolg wird. Das Spielbedürfnis und der Bewegungsdrang der Kinder sollten bereits befriedigt sein, um die nötige Motivation für eine gelenkte Beschäftigung zu ermöglichen.

Außerdem sollte die Konzentration der Kinder nicht durch andere Beschäftigungen bereits erschöpft sein.

Die Erzieherin sollte so flexibel sein, daß sie eine geplante Bilderbuchbetrachtung verschieben kann, wenn sie bemerkt, daß die Kinder aus irgendeinem Grund sehr unruhig sind, oder wenn ein anderes aktuelles Thema sie im Moment mehr beschäftigt.

Wenn alle notwendigen *Wie-denns, Wo-denns* und *Wann-denns* bedacht und beachtet werden, wird die Bilderbuchbetrachtung auch der Erzieherin Freude bereiten; für die Kinder aber kann sie zu einem bereichernden und manchmal unvergeßlichen Erlebnis ihrer Kindheit werden.

1.4 Die Einteilung in Kategorien

In diesem Buch werden verschiedene Bilderbucharten besprochen:

Elementarbilderbuch

Szenenbilderbuch

Realistisches Bilderbuch

Phantastisches Bilderbuch

Tierbilderbuch

Sachbilderbuch

Märchenbilderbuch

Religiöses Bilderbuch

Es gibt verschiedene Möglichkeiten, in die Fülle der auf dem Markt befindlichen Bilderbücher eine gewisse Ordnung und Systematik zu bringen. Alle Versuche einer Unterteilung sind aber nur Hilfskonstruktionen, denn bei vielen Bilderbüchern ist die eindeutige Zuordnung zu einer Gruppe nicht möglich.

Daher folge ich einer eher klassischen Aufteilung in verschiedene Bilderbuchkategorien, obwohl auch diese Unterteilung Unzulänglichkeiten aufweist.

So hat z. B. ein Szenenbilderbuch vielfach auch Sachbuchcharakter, und viele Tierbilderbücher können durchaus auch den phantastischen Bilderbüchern zugeornt werden.

Andererseits ist diese Aufteilung die übersichtlichste und diejenige, die die größtmögliche Ordnung und Systematik in das vorliegende Angebot bringt. Sie ist außerdem gut nachvollziehbar, weil schon durch die Bezeichnung der inhaltliche Schwerpunkt und die wichtigste Bedeutung für das Kind deutlich wird.

2 Kennzeichen und Bedeutung der einzelnen Bilderbuch- arten in der Erziehung

2.1 Das Elementarbilderbuch

Das Elementarbilderbuch ist das erste Bilderbuch, mit dem ein Kind im Alter von etwa einem Jahr konfrontiert wird. Es ist damit die erste Begegnung des Kindes mit dem Buch. Andere Literaturformen wie Lieder, Reime – meist in Form von Finger- und Kniereiterspielen – und kleine Gedichte werden dem Kind häufig schon früher angeboten.

Äußere Kennzeichen

Das Elementarbilderbuch gibt es als Leporello (Ziehharmonikaform) aus Pappe oder Plastik, als gebundenes Buch aus fester Pappe und in Form von einzelnen Holztäfelchen, die meistens mit Lederriemen zusammengehalten werden.

Diese äußere Beschaffenheit ist beim Elementarbilderbuch von großer Bedeutung. Das Kleinkind benützt das Bilderbuch zunächst nicht nur sachgerecht – d. h. zur Betrachtung von Bildern – sondern auch als Spielzeug.

Es hantiert mit dem Bilderbuch, es versucht, es häufig auseinanderzunehmen, es leckt daran, steckt es in den Mund und – wenn es das Buch liebt – nimmt es dieses überall mit hin (ins Bett, aufs Töpfchen, zum Spinat- oder Breiessen u. ä.).

Aus diesem völlig dem Alter und Entwicklungsstand angemessenen Umgang des Kindes mit dem Bilderbuch ergeben sich folgende Forderungen an die äußere Beschaffenheit des Elementarbilderbuches:

– Stabiles Material ist notwendig, damit das Bilderbuch dem rigorosen Umgang gewachsen ist und nicht so leicht beschädigt wird. Wäre dies der Fall, würde diese erste Begegnung des Kindes mit dem Buch eher von Unlusterlebnissen statt von Freude geprägt werden, was möglicherweise die Einstellung zum Buch auf Dauer beeinträchtigen würde.

- Handliches Format ist sinnvoll, damit das Kind auch wirklich selbständig mit dem Bilderbuch umgehen kann.
- Ecken und Kanten müssen abgerundet sein (herstellungsbedingte Probleme beachten wie z. B. scharfe Kanten bei Plastikbilderbüchern), um Verletzungsgefahren vorzubeugen.
- Die verwendeten Farben dürfen nicht gesundheitsschädlich sein, da die Kinder die Bücher oft in den Mund nehmen.
- Die Bücher müssen abwaschbar sein (Hygiene), ohne kaputt zu gehen (z. B. Folienüberzug).

Inhaltliche Kennzeichen

Etwa mit einem Jahr sind Kinder in der Lage, Gegenstände auf Bildern wiederzuerkennen. Daraus ergibt sich, daß die ersten Bilderbücher Gegenstände enthalten sollten, die dem Kind vertraut sind – wie Spielsachen, Früchte, Kleidungsstücke, Gegenstände des täglichen Gebrauches und ähnliches – damit es sie wiedererkennen kann.

Jede Seite sollte nur einen Gegenstand oder einige wenige miteinander in Verbindung stehende Gegenstände – wie Tasse und Teller oder verschiedene Früchte – enthalten, die sich zudem deutlich vom Hintergrund absetzen sollten.

Die Gegenstände sollten realistisch, wenn auch nicht unbedingt in naturalistischer Genauigkeit dargestellt sein.

Wichtig ist bei der Darstellung der einzelnen Gegenstände vor allem, daß deren wesentliche Merkmale deutlich hervortreten – wie z. B. bei einem Hahn der prächtige Schwanz, bei der Katze die Schnurrbarthaare und die Augen. Zum einen erleichtert dies den Kindern das Erkennen eines Gegenstandes und darüber hinaus nehmen sie so auch unbewußt auf, worauf es bei einem Gegenstand vor allem ankommt.

Die farbliche Gestaltung sollte harmonisch sein, wobei die Farben nicht notwendigerweise besonders intensiv sein müssen. Der geschmacksbildende Aspekt sollte bereits beim Elementarbilderbuch im Auge behalten werden. Doch ist es bei diesen ersten Bilderbüchern vorteilhaft, eindeutig zu bezeichnende Farben zu wählen, um dem Kind neben dem Erkennen der Formen auch das Erfassen und Benennen der Farben zu ermöglichen. Das Elementarbilderbuch ist meistens textlos.

Bedeutung für das Kind

Beim Erkennen eines Gegenstandes werden die intellektuellen Fähigkeiten des Kindes gefordert und gefördert. Der abgebildete Gegenstand, den das Kind bis jetzt mit vielen Sinnen – Sehen, Fühlen, Schmecken, Riechen, Hören – in seiner Dreidimensionalität erfassen konnte, ist nun auf dem Bild nur mit *einem* Sinn, dem Sehen, zu erfassen. Hier wird eine Basis für das abstrakte Denken angebahnt und somit stellt dieses Wiedererkennen eines Gegenstandes eine große intellektuelle Leistung des Kindes dar.

Da mit dem Wiedererkennen des Gegenstandes in der Regel sein Name in Verbindung gebracht wird, trägt dieser Vorgang zur Begriffsbildung und -vertiefung bei. Die Erfahrung mit diesem Gegenstand wird zu einem Bestandteil des Wissens.

Ebenso werden durch die Benennung der Gegenstände die Sprechfähigkeit und der Wortschatz des Kindes gefördert; all dies fördert die intellektuelle Entwicklung.

Da der abgebildete Gegenstand meist nicht genauso aussieht, wie der dem Kind vertraute, trägt dieser Prozeß des Wiedererkennens auch dazu bei, von der individuellen Erfahrung mit einem Gegenstand zum generalisierenden Erfassen zu führen.

Wenn die Kinder mit den abgebildeten Gegenständen bereits Erfahrungen gemacht haben, bildet das Wiedererkennen eine Möglichkeit, diese – positiven wie negativen – Erfahrungen noch einmal zu durchleben und damit, falls nötig, zu verarbeiten.

Das Kind freut sich, wenn es einen Gegenstand wiedererkennt und ist stolz darauf, was sich positiv auf die Entwicklung des Selbtwertgefühles auswirkt.

Die Entwicklung der motorischen Fähigkeiten des Kindes werden durch das Hantieren und vor allem durch das Umblättern der Seiten unterstützt.

Zunächst muß eine vertraute Person zusammen mit dem Kind das Bilderbuch betrachten. Nur in der schützenden Geborgenheit kann das Kind nämlich seine Fähigkeiten voll entfalten und nur mit einem Gesprächspartner, der zuhört, bestätigt, anregt und auch notwendige Informationen gibt, wird die Bilderbuchbetrachtung zu einem Erlebnis, in dem alle Möglichkeiten, die das Elementarbilderbuch bietet, genützt werden.

Das gemeinsame Betrachten in schöner Atmosphäre wirkt sich zudem auch auf die emotionale Entwicklung des Kindes positiv aus.

Buchbeispiele für Elementarbilderbücher

Illustration: Hermann Wernhard

„Zuhause"

Ravensburg: Ravensburger Buchverlag (Otto Maier) 1981

Dieses kleine, quadratische (12,5 cm Seitenlänge) Bilderbuch aus stabilem Karton paßt gut in kleine Kinderhände.

Der Hintergrund auf den einzelnen Seiten ist in Gelb- und Brauntönen gehalten. Auf jeder Seite ist je ein Gegenstand abgebildet, wie: Tasse, Schlüssel, Wecker, Korb, Topf, Paket, Blumentopf, Putzeimer, Schaufel und Besen, Gießkanne und Telefon.

Die eindeutigen und einfachen Formen heben sich durch ihre schwarze Umrandung gut vom Hintergrund ab und sind farblich passend gestaltet.

Neben dem jeweils abgebildeten Gegenstand steht in schwarzen Druckbuchstaben der entsprechende Begriff.

Zwei weitere Elementarbilderbücher, die ähnlich gestaltet sind wie das oben beschriebene, sind im Siebert Verlag, München (Design: Barbara Bedrischka-Bös) erschienen. Beide sind ohne Titel. Das Format dieser beiden Büchlein ist rechteckig und etwas größer als „Zuhause"; sie enthalten keinen Text. Der Hintergrund ist weiß und die abgebildeten Gegenstände – auf jeder Seite ein Gegenstand – sind leuchtend bunt.

Renate Mörtl-Rangnick

„Ich zieh mich an"

Ravensburg: Ravensburger Buchverlag (Otto Maier) 1988

Dieses sehr handliche (15 cm × 15,8 cm) und stabile Bilderbuch ist noch dem Elementarbilderbuch zuzuordnen, obwohl es sich von seiner inhaltlichen Gestaltung von den oben genannten Beispielen unterscheidet. Es sind auf einer Seite bereits mehrere Gegenstände abgebildet; z.B. ein Stuhl, auf dem verschiedene Kleidungsstücke liegen, oder ein Teppich, auf dem ein Kind sitzt, das sich gerade Schuhe anzieht. In diesem kleinen Buch werden verschiedene Situationen und die jeweils passende Kleidung dargestellt (Regen, Schlittenfahren u.a.).

Alle abgebildeten Gegenstände und Kleidungsstücke sind gut zu erkennen und die Farben sind kräftig und bunt, ohne grell zu sein.

Von der gleichen Künstlerin und im gleichen Verlag erschienen ist auch *„Gute Nacht"*. Äußere Form und künstlerische Gestaltung sind den oben beschriebenen ähnlich. Bereits das Titelbild, auf dem ein Kind mit einem Stoffhäschen in der Hand aus seiner nachtblauen Decke schaut, die mit Sternen, Monden und Wolken gemustert ist, spricht die Kinder sehr an. Liebevoll zeigen die einzelnen Bilder, wie ein Kind beim Spielen müde wird, seinen Brei bekommt, vom Papa gebadet wird, mit Mama ein Bilderbuch anschaut und schließlich in seinem Bett schläft.

Auf einer Seite ist immer eine der genannten Situationen dargestellt und auf der gegenüberliegenden Seite die jeweils dazu gehörenden Gegenstände. So sieht man auf einer Seite Handtuch, Seife, Zahnputzbecher u. ä., und auf der anderen Seite sitzt das Kind in der Badewanne und wird vom Papa gewaschen.

Irmgard Eberhard

„Mach auf – Schau rein"

Ravensburg: Ravensburger Buchverlag (Otto Maier) 1992

Dieses wie ein Schrank geformte, stabile Bilderbuch stellt einen Übergang zwischen Elementar- und Szenenbilderbuch dar.

Klappt man es auf, so kommt als erstes ein Geschirrschrank zum Vorschein. Auch was an den nach beiden Seiten aufgeklappten Türen angebracht ist, kann man sehen. Jeweils am oberen Ende dieser beiden Schranktüren stehen immer drei Zeilen einfacher Text. Z. B.: „,Julia, hol mir Salz und Pfeffer aus dem Küchenschrank', sagt Mama. Julia findet es gleich." oder: „Wer hat den Geburtstagskuchen für Julia bei den Tellern und Gläsern versteckt?"

Klappt man das Bilderbuch weiter auf, sind noch ein Spielzeugschrank, ein Schrank, in dem sich Putz- und Nähsachen, Werkzeug und ein Kaufladen befinden, ein Kleider- und ein Arbeitsschrank (mit Büromaterialien) zu sehen.

In den verschiedenen Schränken gibt es viel zu entdecken, lauter Dinge, die die Kinder aus ihrer eigenen Umwelt kennen. Trotz der angebotenen Vielfalt sind die einzelnen Gegenstände gut zu erkennen und farblich ansprechend gestaltet.

Kindern ab ca. zwei Jahren bereitet dieses Bilderbuch viel Freude. Die Größe (ca. 23 cm × 20,5 cm) ist für Kinderhände gut geeignet.

Nicola Smee:
„Wer hat das schönste Bettchen?"
Münster: Coppenrath Verlag, 1996

Inhalt

Über die ganze erste Doppelseite sieht man Lisa, ein kleines Mädchen, mit dem Gesicht zum Betrachter auf einem bunten Teppich liegen. Vor ihr, nur von hinten oder von der Seite zu sehen, sitzen drei Stofftiere (Schweinchen, Giraffe und Bär) und eine Puppe. „Hört zu, meine Lieben", sagt Lisa streng, mein Bett ist für uns alle zu eng. Drum seid so nett und sucht euch jeder ein eigenes Bett."

Auf der nächsten Seite sind groß abgebildet zwei Pantoffelstiefel, „Pantoffeln, gelb und braun gefleckt, hat die Giraffe schnell entdeckt. „Darf ich auch mal?", fragt die Puppe. „Ich auch!", grunzt das Schweinchen. „und dann ich!", brummt der Bär.

Das nächste Bild zeigt einen Blumentopf, in dem Schweinchen es sich gemütlich machen will. „Das Schweinchen mag den Blumentopf: warm die Füße, kühl der Kopf." Und wieder heißt es: „Darf ich auch mal?", fragt die Puppe. „Ich auch!", ruft die Giraffe. „Und dann ich!", brummt der Bär.

Der Bär wählt auf dem nächsten Bild eine große Dose als Ruhestätte. „Die Plätzchendose wählt der Bär. Nicht weit vom Honig liebt er's sehr." Wie gehabt, wollen auch die anderen drei diesen Platz ausprobieren.

Das Püppchen findet den Katzenkorb mit der Katze darin, der über die ganze Doppelseite zu sehen ist, für sich als Bett geeignet. „Der Katzenkorb ist warm und weich. Das Püppchen schlüpft hinein sogleich." Natürlich wollen Schweinchen, Giraffe und Bär auch versuchen, wie man dort ausruht. Was Giraffe, Schweinchen, Bär und Puppe tun, erfährt man nur durch den Text. Die Figuren selbst sind auf den Bildern nicht zu sehen. Diese stecken, aus Karton gefertigt, in Lisas bunt karierter Decke, die wie eine Tasche auf der Rückseite des Umschlages angebracht ist. Die gleichen taschenförmigen Öffnungen sind bei einem der Stiefelpantoffeln, dem Blumentopf, der Plätzchendose und dem Katzenkorb zu finden.

Auf der vorletzten Seite heißt es dann: „Hat nun jeder sein Eckchen, sein warmes Fleckchen für sich allein, schläft dort friedlich ein? ODER NEIN?!" Auf der gegenüberliegenden Seite sieht man Lisas Bett mit der bunten Decke (sie läßt sich wie eine Seite umblättern), die Lisa bis zur

Nasenspitze hochgezogen hat. Ihr blonder Schopf und, ein Stück entfernt von ihr, zwei kleine gelbe Hörner spitzen aus der Decke. Blättert man nun diese Decke um, sieht man Lisa in ihrem Schlafanzug im Bett liegen. Sie hält das Püppchen in der Hand, der Teddy ist dicht an ihren Rücken gekuschelt und dahinter liegen Schweinchen und Giraffe. Ganz unten im Bild steht: „Psssst! Macht keinen Krach! Sonst wird die Lisa wach!"
Die Illustrationen sind farbenreich und lustig und die Figuren liebevoll gestaltet. Alle Abbildungen sind groß gehalten, daß sie deutlich zu erkennen sind. Es ist schade, daß der gereimte Text teilweise etwas sperrig und holprig ist. Auch für kleine Kinder lohnt es sich, auf die sprachliche Darstellung Mühe zu verwenden. Möglicherweise liegt das Problem in der Übersetzung aus dem Englischen.

Bedeutung

An diesem Bilderbuchbeispiel läßt sich gut demonstrieren, daß eine eindeutige Zuordnung zu den klassischen Bilderbuchkategorien manchmal schwierig ist. Dieses Bilderbuch weist einerseits einige Kennzeichen des Elementarbilderbuchs auf. So sind z. B. die einzelnen Seiten zwar nicht aus Karton, aber doch aus dickem, stabilem Papier. Auf den meisten Bildern sind nur wenige Gegenstände zu sehen, die sich von dem zurückhaltend gestalteten Hintergrund deutlich abheben. Die Illustrationen sind realistisch und die Formen für Kinder im Alter von etwa 2 Jahren eindeutig identifizierbar. Andererseits enthält dieses Buch schon so etwas wie eine Handlung. Es gibt eine Ausgangssituation – Lisa findet es zu eng in ihrem Bett und will, daß sich ihre Spiel(zeug)kameraden ein eigenes Ruheplätzchen suchen – und ein überraschendes Ende. Der Inhalt des Buches knüpft direkt an eigenen Erlebnissen der Kinder an, denn welches Kind hat nicht mindestens ein Stofftier oder eine Puppe in seinem Bett? Das Buch ließe sich also auch zu den realistischen Bilderbüchern – in seiner einfachsten Form – rechnen. Unabhängig von der Zuordnung zu einer bestimmten Buchkategorie ist dieses Bilderbuch für Kinder von ca. 2–3 Jahren zu empfehlen. (Das Alter der Zielgruppe war in diesem Fall auch mit ausschlaggebend für die Zuordnung zum Elementarbilderbuch.)
Lisa behandelt ihre Stofftiere und ihre Puppe wie lebendige Spielgefährten und schon darin werden sich die betrachtenden Kinder wiederfinden. Daß es im Bett eng wird, wenn ein Kind, drei Stofftiere und eine Puppe darin liegen, kennen die Kinder entweder aus eigener Erfahrung zumindest aber können sie sich das, vielleicht sogar amüsiert, vorstellen. Die Illu-

strationen sind so gestaltet, daß die wesentlichen Gegenstände, die auch im Text erwähnt sind, sehr deutlich im Blickfeld sind. Daneben gibt es aber immer auch noch etwas anderes zu entdecken. So ist z. B. auf jedem Bild mehr oder weniger versteckt eine kleine Maus abgebildet. Die Kinder haben die Möglichkeit, schon mehr Dinge auf einem Bild zu entdecken, als in ihren ersten Bilderbüchern, und diese einer bestimmten Umgebung zuzuordnen: Z. B. findet man Blumentopf, Pflanzen und Wasserschlauch im Garten. So baut dieses Buch auf den Erfahrungen der Kinder mit den ersten und einfachen Elementarbilderbüchern auf und entspricht nun auch ihren Bedürfnissen nach größerer Herausforderung.

Gemeinsam mit einer Bezugsperson werden die Kinder sich vor allem über den Schluß dieses Bilderbuches freuen. Nachdem sich Puppe, Bär, Giraffe und Schweinchen jeder einen Platz zum Schlafen gesucht haben, landen doch wieder alle in Lisas Bett, wo sich alle – auch Lisa – ganz offensichtlich wohl fühlen.

Neben dem Betrachten der Bilder können die Kinder mit diesem Bilderbuch auch spielen. Die oben bereits erwähnten Figuren von Lisas Spiel(zeug)gefährten können aus der erwähnten „Tasche" auf der Rückseite des Umschlages herausgeholt und in den Stiefelpantoffel, den Blumentopf, die Plätzchendose und den Katzenkorb gesteckt werden. Die Kinder haben also die Möglichkeit, alles, was in dem Buch geschieht, selbst auszuprobieren. Sie können Puppe, Giraffe, Bär und Schweinchen einzeln oder sogar zu zweit in verschiedenen Kombinationen im Pantoffelstiefel, im Blumentopf, in der Plätzchendose und im Korb der Katze verteilen und die Plazierung je nach Lust und Laune immer wieder verändern. Die Kinder haben hier noch mehr Raum, eigene Erlebnisse, Wünsche und Bedürfnisse auszuleben als nur durch das Betrachten der Bilder. Sie erleben das Bilderbuch als Spielanreger, das auch aktives Gestalten zuläßt. So kann dieses Bilderbuch Kindern viel Freude bereiten.

2.2 Das Szenenbilderbuch

Das Szenenbilderbuch ist die Bilderbuchgattung, die im Verlauf der kindlichen Entwicklung das Elementarbilderbuch ablöst. Schon etwa zweijährigen Kindern kann man Szenenbilderbücher anbieten, vorausgesetzt, sie haben bereits Erfahrungen mit verschiedenartigen Elementarbilderbüchern gemacht. Das Szenenbilderbuch wird manchmal auch als Sachbilderbuch und seltener als Fabulierbilderbuch bezeichnet, da es zum einen viel Informatives enthält und zum anderen wegen seiner inhaltlichen Gestaltung zum Fabulieren einlädt.

Äußere Kennzeichen

Das Szenenbilderbuch gibt es ebenso wie das Elementarbilderbuch als gebundenes Buch aus fester Pappe und in handlichem, etwa quadratischen Format. Viele Szenenbilderbücher haben jedoch bereits ein größeres Format – DIN A4 und größer – und die einzelnen Seiten sind zwar aus festem Papier, aber nicht mehr aus Pappe.

Diese äußere Beschaffenheit sollte auch beim Szenenbilderbuch – ebenso wie beim Elementarbilderbuch – beachtet werden.

Auch das etwa zweijährige Kind ist nämlich im Umgang mit dem Bilderbuch oft noch etwas ungeschickt und nimmt ein geliebtes Buch überall hin mit. So sollten auch diese Bilderbücher noch stabil und abwaschbar sein.

Da Szenenbilderbücher sowohl von zweijährigen als auch von fünfjährigen Kindern angeschaut werden, ist eine Festlegung auf ein möglichst kleines Format nicht angebracht.

Inhaltliche Kennzeichen

Wie der Begriff „Szenenbilderbuch" bereits nahelegt, werden hier einzelne Szenen aus dem Familienleben und der weiteren Umwelt des Kindes mit vielen Details in bewegten, realistisch gestalteten Bildern dargestellt, wie z. B. Baustelle, Straßenkreuzung, Bahnhof, beim Arzt, beim Einkaufen, auf dem Spielplatz, im Schwimmbad, am Strand, beim Wintersport, beim Frühstück, Geburtstagsfeier, Familienausflug usw.

Szenenbilderbücher sind häufig textlos.

Vielfach besteht die Meinung, daß die Vielfalt des Dargestellten, vor allem für jüngere Kinder (zwei–dreijährige) zu verwirrend und damit überfordernd ist.

Beobachtet man diese Kinder bei der Betrachtung von Szenenbilderbüchern, kann man jedoch feststellen, daß sie nicht wie der Erwachsene das ganze Bild auf einmal erfassen, sondern Einzelheiten herausgreifen, die sie im Augenblick am meisten interessieren, und nach und nach bei häufigem Betrachten und Plaudern über einzelne Szenen diese regelrecht „erwandern". Nimmt sich eine vertraute Person Zeit, diese „Wanderung" zu begleiten, kann das Kind das Tempo des Erfassens selbst bestimmen, bis es alle Einzelheiten und die Zusammenhänge verstanden hat. Dieser oben beschriebene Vorgang stellt auch für das jüngere Kind keine Überforderung, sondern eine Bereicherung dar, von der noch zu sprechen sein wird.

Kinder besitzen die Fähigkeit der selektiven Wahrnehmung, d. h. die Fähigkeit, nur die augenblicklich für sie wichtigen Details aufzunehmen und andere Eindrücke auszublenden. Nur wenn die Erwachsenen ihnen zuviel zumuten und sie von sich aus mit zu vielen Reizen konfrontieren, werden sie überfordert.

Bedeutung für das Kind

Kinder sind in unserer Zeit einer Vielfalt von visuellen Reizen ausgesetzt. Man stelle sich ein Kind im Vorschulalter vor, z. B. an einer Straßenkreuzung, auf einem Markt, in einem Schwimmbad usw. Zunächst ist die Perspektive zu beachten, aus der ein Kind diese Vielzahl von Eindrücken wahrnimmt. Das Kind ist je nach Alter etwa einen Meter groß, oder noch kleiner. Das bedeutet, daß es für ein Kind unmöglich ist, einen Überblick über ein Geschehen zu gewinnen.

Wenn ein Kind z. B. an einer Straßenkreuzung steht, bleiben die Autos, die Fahrräder, die Fußgänger, die diese bevölkern, nicht einfach stehen, bis das Kind alle Einzelheiten der Szene erfaßt hat; alles ist in Bewegung und ständiger Veränderung. Dazu kommt noch eine Vielzahl von akustischen Reizen, wie Motorengeräusche, Hupen, Bremsgeräusche usw., die vom Kind aufgenommen und eingeordnet werden müssen.

Im Szenenbilderbuch werden alle diese bewegten Umweltsituationen, die das Kind aus seiner Perspektive bereits kennt, angehalten; das Kind hat damit die Möglichkeit, diese Szenen, so oft es will, zu betrachten. Keine Veränderung verwirrt es, keine Geräusche lenken es bei der Betrachtung ab, und außerdem ist das Geschehen aus einer Perspektive dargestellt, die jedem Kind, wie groß es auch sein mag, ermöglicht, alles zu entdecken und in Ruhe zu erfassen.

Wie bereits erwähnt, „wandert" das Kind bei richtiger Anleitung auf diesen Bildern und hat so die Möglichkeit, alles so oft zu betrachten, bis es die Zusammenhänge begriffen hat.

Daraus ergibt sich, daß dem Szenenbilderbuch eine sehr wichtige umweltklärende Bedeutung zukommt. Das Kind kann seine Umwelterfahrungen zusammen mit einer vertrauten Person in Ruhe vertiefen, klären und erweitern. Damit wird die Umwelt für das Kind durchschaubarer und zum geistigen Besitz.

So gewinnt das Kind zunehmend Sicherheit im Umgang mit dieser Umwelt und die Motivation, in sie hineinzuwachsen und sie zu erobern; denn nur vor Dingen, die man kennt, deren Zusammenhänge man durchschaut, die einem vertraut sind, muß man sich nicht ängstigen, und nur mit dieser Gewißheit kann man sich wißbegierig unbekannten Bereichen zuwenden.

Bei der Betrachtung des Szenenbilderbuches werden viele Begriffe, die das Kind kennt, wiederholt und neue Begriffe kommen hinzu. Zusammenhänge müssen vom Kind nachvollzogen werden und neue Verbindungen können hergestellt werden. Diese Vorgänge bedeuten für das Kind geistige Arbeit und eine Vermehrung seines Wissens; dadurch wird seine intellektuelle Entwicklung unterstützt und gefördert.

Die Bewegtheit der einzelnen Szenen und das Fehlen des Textes bieten dem Kind die Möglichkeit, eigene Interpretationen des Dargestellten zu entwickeln, Geschichten zu erfinden, zu „fabulieren" – vor allem dann, wenn eine vertraute Person zuhört und sich auch selbst daran beteiligt. Sowohl die Phantasie, als auch die Sprechfähigkeit des Kindes werden auf diese Weise entwickelt und gefördert.

In vielen Szenenbilderbüchern werden Interaktionen zwischen Personen – z. B. streitende Kinder, eine Mutter, die ihr Kind tröstet, Kinder, die auf dem Spielplatz miteinander spielen – und Verhaltensweisen in verschiedenen Situationen – Verhalten im Straßenverkehr, beim Schlittenfahren, auf dem Sprungturm im Schwimmbad – gezeigt.

Diese Darstellung verschiedener Interaktionen und Verhaltensweisen haben zum einen Modellcharakter, d. h. sie können vom Kind in der Wirklichkeit oder im Spiel nachgeahmt werden. Zum anderen bieten dargestellte Konfliktsituationen und problematische Verhaltensweisen die Möglichkeit der kritischen Auseinandersetzung. Da viele dieser dargestellten Situationen von den Kindern bereits selbst erlebt wurden, können sie sie während der Betrachtung noch einmal durchspielen und damit verarbeiten.

Buchbeispiel für ein Szenenbilderbuch

Joanne Flindall:

„Steig ein, fahr mit"

Reinbek: Carlsen Verlag, 1989

Dieses Szenenbilderbuch hat neben den typischen Kennzeichen dieser Bilderbuchart noch einige andere Merkmale, die erwähnenswert sind. Während z. B. die Bilderbücher von Ali Mitgutsch, die ja bereits zu den klassischen Szenenbilderbüchern gehören, immer einen bestimmten zusammengehörenden Ausschnitt aus der Realität beinhalten, wie die Stadt, das Dorf, am Wasser, wird in *„Steig ein, fahr mit"* in Bildern die Fahrt einer Familie von den Großeltern nach Hause dargestellt. Dieses Buch ist etwas größer als das DIN A 4 Format und zeigt über je eine Doppelseite jeweils einzelne Stationen der Heimfahrt.

Im Vorwort heißt es:

„Erik, Maria und Mami und Papi haben Ferien bei den Großeltern gemacht. Jetzt fahren sie wieder nach Hause in ihre Stadt. Wo sie genau fahren und was sie alles erleben, kann man ganz einfach herausfinden: Die kleinen Bilder zeigen die einzelnen Stationen der Reise und sind in den großen Bildern wiederzuentdecken."

Es sind also nicht nur *die* Stadt oder *das* Dorf dargestellt, sondern verschiedene Städte und ländliche Gegenden mit einer Vielfalt von Szenen, die auf einer Reise zu sehen sind. Entweder auf der rechten oder der linken Seite des großen Bildes, manchmal auch unterhalb davon, sind vier bzw. sechs kleinere Bilder zu sehen, die je einen bestimmten Ausschnitt aus dem großen Bild enthalten und mit Text versehen sind.

So zeigt z. B. eine Doppelseite einen großen Bauernhof, der von Wiesen mit Obstbäumen, Feldern und Weiden, auf denen Kühe grasen, umgeben ist. Dem roten Auto der Familie, das gerade in die Straße einbiegt, die an dem Bauernhof vorüberführt, kommt eine Schafherde entgegen. Auf dem großen Bild ist die Herde – wie das ganze Bild – aus der Vogelperspektive und von hinten zu sehen. Auf dem kleinen Bild ist die Schafherde – und nur sie – von vorne abgebildet. Unter diesem Bild steht:

„,17 gegen 4, dann wart ich lieber hier', reimt der Vater."

Auf einem weiteren kleinen Bild sieht man das Auto der Familie in das große Tor des Bauernhofes – das auf dem großen Bild ebenfalls zu sehen ist – einbiegen. Drei Kühe am Wassertrog, die auf dem großen Bild von

hinten zu sehen sind, schauen den Betrachter auf dem kleinen Bild von vorne an. Unter dem erstgenannten Bild steht:
„‚Warum leben wir bloß nicht auf einem Bauernhof!' seufzt Maria."

Der Text zu dem anderen Bild lautet:
„‚Du kannst ja mit der Kuh tauschen!' sagt Erik."

Auf einem anderen großen Bild sieht man einen Stadtpark, der – auf jeder Seite durch je eine Straße getrennt – von Reihenhäusern umgeben ist.
In diesem kleinen Park steht an einer Ecke ein kleiner Pavillon. Auch Bänke, ein Sandkasten und viele spielende Kinder sind zu sehen.
Bereits auf dem vorhergehenden Bild hat die Familie beschlossen, die eingepackten Brote nicht im Auto, sondern im Park zu essen. Auf einem der kleinen Bilder, die hier neben dem großen Bild plaziert sind, kann man Eltern und Kinder sehen, wie sie mit einem großen Korb neben dem geparkten Auto stehen. Das nächste kleine Bild zeigt die ganze Familie auf der Wiese des Parks beim Picknick.
So sind alle weiteren Bilder gestaltet, bis die Familie zu Hause angekommen ist und auf dem eigenen Balkon stehend (kleines Bild) über die schöne Heimreise spricht.

Bedeutung für die Kinder

Die Bedeutung dieses Bilderbuches entspricht im Wesentlichen den Ausführungen in dem Abschnitt über das Szenenbilderbuch.
Durch die kleinen Bilder, die jeweils dem großen Bild beigefügt sind und die oft eine andere Perspektive oder einen anderen zeitlichen Ablauf darstellen, werden die Kinder jedoch mehr gefordert, als bei den üblichen Szenenbilderbüchern. So müssen sie z. B. erkennen, daß die Schafherde, die auf dem großen Bild von hinten zu sehen ist, dieselbe ist, die sie auf dem kleinen Bild von vorne sehen. Bei der Betrachtung des Bildes, auf dem die Familie durch das Tor in den Bauernhof einbiegt, müssen die Kinder nachvollziehen können, daß das Auto weitergefahren ist und sie müssen mit Hilfe des Tores – mehr ist auf dem kleinen Bild außer dem Auto nicht zu sehen –, das auf dem großen Bild zu sehen ist, erkennen, wohin die Familie fährt.
Die Kinder können bei der Betrachtung dieses Bilderbuches nicht nur durch die Bilder „wandern" und viele Dinge entdecken, sondern sie werden auch zum Denken und Kombinieren angeregt. Das erhöht den

Reiz, sich mit einem solchen Bilderbuch zu befassen, ist spannend und macht Spaß.

Noch mehr als bei anderen Szenenbilderbüchern werden in diesem Bilderbuch logisches Denken und die Fähigkeit, Zusammenhänge zu erfassen, geschult, und das abstrakte Denken unterstützt. Auf diese Weise wird spielerisch die intellektuelle Entwicklung der Kinder noch intensiver gefördert.

Buchbeispiel für ein Szenenbilderbuch

Angela Weinhold

„Auf dem Markt"

Düsseldorf: Patmos Verlag – Edition Schwann, 1992

Dieses Bilderbuch ist ca. 21 cm × 16,5 cm groß und gut zu handhaben. Die Seiten sind aus festem Karton und es ist nicht sehr umfangreich. Wie es der Titel des Bilderbuches verspricht, wird ein typischer Wochenmarkt dargestellt. Das Titelbild zeigt Eltern und zwei Kinder vor einem Obststand. Über beiden Seiten wird auf dem ersten Bild der Markt aus der Vogelperspektive dargestellt; so bekommt man einen guten Überblick über die verschiedenen Stände. Auf den folgenden Seiten werden – wieder je über eine Doppelseite – ein Obst- und Gemüsestand, ein Käsestand und ein Stand mit Kleidern, ein Fisch-, Eier- und Wurststand gezeigt, an denen die auf dem Titelbild abgebildete Familie einkauft.

Auf der Rückseite sieht man die Familie noch einmal vor einem Blumenstand. Die Darstellung ist realistisch und übersichtlich, und die Farben sind naturgetreu. Auf jeder Seite sind im unteren Teil – damit sie den Eindruck des Bildes nicht stören – einige Zeilen einfacher Text, der den Weg der Familie durch den Markt beschreibt.

Was für die Bedeutung des Szenenbilderbuches gesagt wurde, gilt auch für dieses Buchbeispiel.

Den Kindern wird gut gefallen, daß sie, abgesehen vom Marktgeschehen, auf allen Bildern die einzelnen Mitglieder der auf dem Titelblatt vorgestellten Familie wiederentdecken können.

2.3 Das realistische Bilderbuch

Das realistische Bilderbuch (oder die „realistische Bilderbuchgeschichte") befaßt sich mit Themen, die die Erlebniswelt der Kinder direkt oder eher indirekt betreffen.

Die Altersgruppe, der man diese Bilderbücher anbieten kann, muß entsprechend dem Thema, der inhaltlichen sowie der äußeren Gestaltung ausgewählt werden. Einfache Bilderbücher können schon zwei- bis dreijährigen Kindern angeboten werden, andere Bilderbücher dagegen eignen sich wegen der dargestellten Probleme und des Umfanges erst für fünf- bis sechsjährige Kinder.

Wegen der Vielfalt der dargestellten Themen und der unterschiedlichen Betroffenheit der Kinder ist es sinnvoll, diese Bilderbuchart zu untergliedern.

Alltagserlebnisse und -probleme im realistischen Bilderbuch

Alltagserlebnisse in der Familie, im Kindergarten, wie z. B. zu Besuch bei den Großeltern, im Urlaub, beim Einkaufen, beim Ausflug in den Zoo, finden sich in Bilderbüchern, in denen Geschichten dargestellt und beschrieben werden, wie sie jedes Kind erleben kann.

Beispiele für diese Art von Bilderbüchern sind die Jan- und Julia-Geschichten von Margret Rettich, z. B. *„Jan und Julia feiern Geburtstag"*, *„Jan und Julia machen einen Ausflug"*, *„Jan und Julia am Meer"*, *„Jan und Julia in den Bergen"*. In allen diesen Bilderbüchern, die ein handliches Format haben, wird anschaulich geschildert, was Eltern und Kinder gemeinsam in der jeweiligen Situation erleben. Viele dieser Erlebnisse werden die Kinder selbst schon gehabt haben und sie werden deshalb diese Bilderbücher gerne betrachten und sich an selbst Erlebtes erinnern. Die Bilder sind liebevoll gezeichnet und wirken fröhlich. Sie veranschaulichen die jeweilige Situation treffend und der kurze Text ergänzt die Illustration und macht die jeweilige Geschichte noch lebendiger.

Neben diesen ganz alltäglichen Begebenheiten werden in diesen Bilderbüchern auch Situationen dargestellt, die für Kinder – von den Erwachsenen oft unbemerkt oder nicht ernst genommen – problematisch sind, z. B. wenn ein Kind den Hosenknopf der Jeans nicht zumachen kann und deshalb ausgelacht wird, wenn Geschwister (vermeintlich oder auch wirklich) bevorzugt werden, wenn die Freundin oder der Freund sich jemand anderem zuwendet.

In dem Bilderbuch „*Die große Schwester*" von Siv Widerberg wird das Problem der Geschwisterrivalität eindrucksvoll dargestellt.

Die kleine Schwester beneidet ihre große Schwester sehr, weil diese es ihrer Meinung nach viel besser hat als sie. Sie hat das schönere Fahrrad, die meisten Freunde, die meisten Mückenstiche, die größten Schürfwunden; sie bekommt immer die meisten Geschenke, das größte Stück Torte; sie ist Omas größte Hilfe, sie spielt mit Papa Computerspiele (auf dem Bild ist zu sehen, daß die große Schwester recht gelangweilt einen Apfel ißt, während der Vater mit dem Computer spielt), sie darf bei Dunkelheit noch draußen sein und den Hund ausführen (auf dem Bild ist zu sehen, daß die Nacht sehr stürmisch ist und der Gesichtsausdruck der großen Schwester verrät nur geringe Begeisterung) und sie findet kleine Schwestern natürlich ganz bescheuert usw.

„Ja, so war das mit der großen Schwester, die immer die Größte war und immer die Älteste und immer die Beste und immer die Stärkste" und die, als sie eines Abends beobachtete, wie die kleine Schwester von der Mutter liebevoll ins Bett gebracht wurde, „weinte, weinte und weinte, weil sie nicht die Kleinste in der Familie war".

Auf dem letzten Bild sieht man die große Schwester weinend, von der Mutter und der kleinen Schwester umarmt, auf einem Stuhl sitzen.

Wie viele Kinder werden sich in dieser Geschichte wiederfinden können! Die Illustrationen sind z. T. karikierend und sehr ausdrucksstark. Der kurze, oft nur aufzählende Text (je Bild oft nur ein bis zwei Zeilen) spiegelt die Gefühle – ohne diese direkt zu beschreiben – der kleinen und der großen Schwester sehr gut wider.

Ein ähnliches Thema, diesmal aus der Sicht der großen Schwester, behandelt „*Anne macht alles nach*" von Paul Maar und Peter Knorr. Anne macht ihrer um einige Jahre älteren Schwester Christine alles nach: „Wenn Christine einen gestreiften Pulli geschenkt bekommt, bettelt Anne so lange, bis Mama ihr auch einen gestreiften Pulli kauft. Alles soll genauso sein wie bei Christine. Du denkst vielleicht, Christine fände das schön und wäre stolz, so von ihrer kleinen Schwester bewundert zu werden? Keine Spur! ‚Mußt du mir immer alles nachmachen?!' sagt Christine böse zu Anne. ‚Wieso? Ich mach dir nicht alles nach', verteidigte sich Anne. ‚Höchstens manchmal ein kleines bißchen.' Aber das stimmt natürlich nicht. Sie machte wirklich *alles* nach."

Die Folgen für Christine sind ärgerlich. Die Eltern ermahnen sie ständig, doch besser achtzugeben, weil sie doch wisse, daß Anne alles nachmacht. Entsprechend verärgert ist die große Schwester dann auch über Anne. Als die kleine Schwester eines Tages entdeckt, wie gut der auf dem Balkon zum Abkühlen gestellte Pudding schmeckt, und Christine auffordert, doch auch zu probieren, werden beide mit völlig verschmierten Mündern von der Mutter überrascht:

„,Christine! Christine, also, daß du so was machst!' sagt Mama fassungslos und weiß nicht, ob sie lachen oder schimpfen soll.

,Und das noch vor Anne. Wo sie dir doch alles nachmacht.'

,Nein Mama, stimmt nicht!' sagt Anne stolz. ,Diesmal habe *ich* es getan, und Christine hat es mir nachgemacht!'"

In diesem Bilderbuch sind die Illustrationen zwar nicht von naturalistischer Genauigkeit, sie geben jedoch die einzelnen Situationen und die Reaktionen der betroffenen Personen sehr eindrucksvoll wieder.

Auch in diese realistische Bilderbuchgeschichte werden sich viele Kinder gut hineinversetzen können. Sie bietet Kindern und Erwachsenen (Erzieherin, Eltern) bei der gemeinsamen Betrachtung sicher reichlich Gesprächsstoff.

Bedeutung für das Kind

Kinder können sich bei der Betrachtung dieser Bilderbuchgeschichten sehr gut in die dargestellten Situationen hineindenken. Durch die Ähnlichkeit mit ihrem eigenen Erleben empfinden sie verstärkt ihre Zugehörigkeit zu dieser Welt, ihren Platz darin und werden damit in ihrer Existenz bestätigt. Dies trägt zum Aufbau von *Selbstwertgefühl* bei, verstärkt das Gefühl der *Sicherheit* und der *Geborgenheit*; dies fördert die psychische Entwicklung des Kindes.

Durch die Identifikation mit der Hauptperson werden dem Kind eigene Gefühle und Handlungen bewußter. Es erfährt: *andern geht es genauso wie mir,* ich bin nicht der einzige, der diese Schwierigkeiten *(siehe der o. g. Hosenknopf)* hat.

Diese Erkenntnis kann sehr entlastend für ein Kind sein; es ist ja nicht gleichgültig, ob ein Kind allein ein bestimmtes Problem hat, oder ob von diesem auch noch andere Kinder betroffen sind.

Außerdem bestätigt diese Erfahrung das Kind in seinem *So-Sein,* d. h. es erkennt: so wie ich bin, bin ich richtig, so darf ich sein. Mit dieser Erkenntnis läßt sich das Leben leichter meistern.

Durch die Darstellung verschiedener Verhaltensmuster (positiver wie negativer) und die Reflexion, die bei der Betrachtung eines Bilderbuches möglich ist, wird andererseits auch eine *kritische Auseinandersetzung* mit dem eigenen und dem Verhalten anderer möglich. Diese Auseinandersetzung beeinflußt das Verhalten der Kinder; sie überdenken die dargestellten Verhaltensweisen, lernen sie zu beurteilen und erweitern vielleicht ihr Verhaltensrepertoire.

Da es sich, wie bereits angesprochen, um die Darstellung ähnlicher Erlebnisse und Erfahrungen handelt, wie sie die betrachtenden Kinder auch haben können, besteht für die Kinder die Möglichkeit, diese *Erlebnisse nachzuvollziehen* und damit *zu verarbeiten*. Die Möglichkeit der Verarbeitung trägt zum *psychischen Gleichgewicht* und damit zur *Stabilisierung der kindlichen Persönlichkeit* bei.

Allgemeine Themen und Probleme im realistischen Bilderbuch

Neben Themen, die die Kinder direkt betreffen, gibt es – in den letzten Jahren immer häufiger – Bilderbücher, die sich mit Problemen befassen, mit denen Kinder in der Regel noch nicht unmittelbar konfrontiert wurden, wie z. B. Alter, Tod eines geliebten Menschen, schwere Erkrankungen, Behinderung, Ausländerproblematik oder Umweltprobleme.

Das Bilderbuch *„Opa gehört zu uns"* von Ursula Kirchberg und Anne Blunk, erzählt die Geschichte von Felix, der große Schwierigkeiten hat, seinen alten und gebrechlichen Großvater zu akzeptieren. Eines Tages zieht Opa in die kleine Wohnung zu den Eltern und zu Felix, weil er sich nicht mehr selbst versorgen kann. Opa braucht nachts Windeln und beim Essen sabbert und schmatzt er. Das alles ist Felix vor allem vor seinem Freund Peter sehr peinlich und er schämt sich für seinen Großvater. Da Opa im Wohnzimmer schlafen muß – ein anderer Platz steht nicht zur Verfügung – und oft früh zu Bett geht, spielt sich das Familienleben, einschließlich des Fernsehens, in der Küche ab. Auch das findet Felix sehr lästig.

„‚Wie lange bleibt Opa denn jetzt hier?' will Felix wissen.

‚Wie es aussieht, bleibt er länger bei uns.'

‚Aber warum geht er denn nicht in ein Altersheim?'

‚Solche Heime sind meist teuer. Die alten Menschen werden rund um die Uhr von Krankenschwestern und Altenpflegern betreut. Das kostet viel Geld. Außerdem möchte Opa nicht so gerne in ein Heim. Er hat Angst, daß er dort einsam ist, weil er niemanden kennt', sagt die Mutter und schaut Felix ernst an. ‚Opa ist sehr alt. Wer weiß, wie lange er noch mit uns zusammen sein kann? Ich hab ihn sehr gern, und er gehört zu uns. Natürlich ist es anstrengend mit ihm, und diese Wohnung ist viel zu klein. Das macht alles schwierig.' Der Vater nickt und fügt hinzu: ‚Opa hat nur uns, sonst keinen, bei dem er wohnen könnte.'"

Zusammen mit Felix schauen sich die Eltern ein Altenheim an. Felix gefällt es dort gar nicht und er ist sich mit den Eltern einig, daß es auch dem Großvater dort nicht gefallen würde. Die Mutter bittet Felix, ab und zu den Opa zum Einkaufen mitzunehmen. Da der alte Mann sehr langsam geht und auch manchmal ungeschickt ist, mag der Junge das nicht besonders gern. Doch er erlebt, daß seine Freunde seinen Opa nett finden, denn der ist freundlich zu ihnen und erzählt ihnen von früher. Felix lädt daraufhin die Freunde zu seinem Geburtstag ein, obwohl er das zunächst nicht tun wollte, weil er seinen Opa nicht für vorzeigbar gehalten hatte. Ganz selbstverständlich sagt er dann zum Großvater: „Komm, Opa, wir gehen nach Hause." Er bringt damit zum Ausdruck, daß er die neue Situation jetzt akzeptiert hat.

Die Bilder greifen einzelne Situationen aus der Geschichte heraus, überwiegend wird die Handlung durch den Text verdeutlicht. Das Buch eignet sich deshalb erst für Vorschulkinder ab etwa fünf Jahren.

In dieser Geschichte werden viele Fragen behandelt, die mit dem Alter zu tun haben. Das Bilderbuch kann eingesetzt werden, um diese Problematik innerhalb eines entsprechenden Rahmenthemas mit den Kindern zu besprechen (und evt. durch weitere Aktionen zu ergänzen).

Auch das Thema Scheidung – von dem heute leider immer mehr Kinder nicht nur hören, sondern selbst betroffen sind – wird in Bilderbüchern immer wieder dargestellt.

„Papa wohnt jetzt in der Heinrichstraße" von Nele Maar und Veronika Ballhaus ist dafür ein gutes Beispiel.

Bernds Eltern haben sich scheiden lassen. Die langsame Entwicklung, wie sich die glückliche Beziehung der Eltern verändert; wie sie sich immer häufiger streiten; wie sie im Lauf der Zeit gar nicht mehr miteinander sprechen, bis es schließlich endgültig zur Trennung kommt, wird in eindringlichen Bildern und einer für Kinder gut verständlichen Sprache dargestellt. Die Schuldfrage wird nicht aufgeworfen und die Probleme aller Beteiligten werden ohne Sentimentalität geschildert. Im Spiel mit seinen beiden Bären Bodo und Dodo, die auch ein Paar sind, versucht Bernd immer wieder, die für ihn bedrückende und oft auch unverständliche Veränderung in der Beziehung seiner Eltern nachzuvollziehen. Ganz deutlich wird hervorgehoben, daß die Trennung der Eltern nichts mit

Bernd – also dem Kind – zu tun hat und daß sich die Beziehung zwischen ihm und dem jeweiligen Elternteil nicht verändert

„... am Sonntagmorgen schlich Bernd ins Schlafzimmer und wollte sich zwischen Papa und Mama legen. Aber Mamas Bett war leer. ‚Mama schläft heute bei ihrer Freundin‘, sagte Papa. ‚Ist sie weg, weil ich gestern mein Zimmer nicht aufgeräumt habe?‘ fragte Bernd. ‚Nein, nein. Du bist wirklich nicht schuld‘, sagte Papa und rückte ein bißchen zur Seite, damit Bernd zu ihm ins Bett schlüpfen konnte."

Bernds Vater sitzt am Boden und packt Koffer und Kisten ein.

„‚Verreist Du?‘ fragte Bernd. ‚Ich muß dir etwas sagen‘, antwortete Papa und hörte auf zu packen. ‚Ich ziehe aus.‘

‚Du gehst weg? Warum denn?‘ fragte Bernd. ‚Magst du mich nicht mehr?‘

‚Doch‘, sagte Papa, zog Bernd zu sich und nahm ihn in den Arm.

‚Du kannst doch Mama nicht allein lassen!‘ sagte Bernd.

‚Mama will es ja auch‘, antwortete Papa. ‚Das hat überhaupt nichts mit dir und mir zu tun. Mama und ich trennen uns, nicht du und ich. Du bleibst immer mein Sohn und ich dein Papa.‘"

Bernd gewöhnt sich daran, daß beide Elternteile eine eigene Wohnung haben und er einmal bei der Mutter und dann wieder beim Vater ist. Es wäre ihm schon lieber, wenn die Eltern zusammen wären, ab er muß sich damit abfinden, daß Papa jetzt in der Heinrichstraße wohnt. Am Ende des Buches nimmt er sich vor, Dodo zu Papa mitzunehmen und dort zu lassen und Bobo bei der Mutter , so hat er in jedem Bett einen Bären. Jetzt haben also auch die Bären, die ja immer ein Spiegelbild der elterlichen Beziehung waren, die Trennung vollzogen und auch Bernd hat sie akzeptiert.

Die beiden Zitate zeigen typische Ängste von Kindern, die sich in einer solchen Situation befinden: Schuld an der Trennung zu sein und von den Eltern – vor allem von dem, der weggeht – nicht mehr geliebt zu werden.

Ob der Einsatz dieser Problembilderbücher schon im Vorschulalter angemessen ist, ist nicht ein für allemal zu beantworten. Welche Bilderbuchthemen Kinder in dieser Altersstufe brauchen und welche ihnen zuzumuten sind, hängt von vielen ganz individuellen Faktoren ab. Einer dieser Faktoren ist die persönliche Betroffenheit der Kinder oder des Kindes. Ist in einem Kindergarten z. B. kein Kind vom Thema Scheidung betroffen – was nicht sehr wahrscheinlich ist –, ist es sicher nicht sinnvoll, das Bilderbuch „Papa wohnt jetzt in der Heinrichstraße" mit den Kindern zu betrachten.

Kindern in diesem Alter, die mit der Scheidungsproblematik noch nicht konfrontiert worden sind, würden viele Teile des Buches nicht ganz verständlich zu machen sein, und vor allem würden einige Szenen bei vielen Kindern Angst auslösen. Die allermeisten Kinder haben schon Streit zwischen den Eltern miterlebt und sich dabei sicher oft auch geängstigt. Aber sie haben dann eben auch erlebt, daß sich die Eltern wieder vertragen. In diesem Bilderbuch jedoch führen die Schwierigkeiten der Eltern zu einer endgültigen Trennung, die Bernd, der kleine Sohn, miterleben und erleiden muß. So kann diese Geschichte mit ihren sehr ausdrucksstarken Bildern bei den betrachtenden Kindern Angst auslösen und jeder Streit zwischen ihren eigenen Eltern wird als existentielle Bedrohung empfunden. Besonders bei sensiblen Kindern kann das schwerwiegende Auswirkungen haben. Sie entwickeln entsprechende Phantasien und Ängste, die sie oft nicht in Worte fassen können und die deshalb nachhaltig und oft auch langanhaltend den Seelenfrieden und damit auch die Entwicklung der Kinder stören können.

Andererseits *kann* dieses Bilderbuch den Kindern, die die Scheidung ihrer Eltern bereits miterlebt haben, sie gerade miterleben oder die in ihrer Umgebung mit Scheidung konfrontiert worden sind und die diese Vorgänge nicht einordnen können, eine wertvolle Hilfe sein.

Ein Artikel in der Zeitschrift „Eselsohr" 3–95, erschienen unter dem Titel „Brauchen Kinder Märchen? Soziale Wirklichkeit im Bilderbuch" von Karin Gruß, soll hier zum Anlaß genommen werden, die Forderung einiger PädagogInnen und LiteraturwissenschaftlerInnen nach mehr Realismus im Bilderbuch zu beleuchten und zu kommentieren. Die Autorin befaßt sich in diesem Artikel mit dem Bilderbuch „Die Kinder vom Meer" von Carmen Sole Vendrell und Jaume Escala, in dem es um Kinder ohne Zuhause geht, die betteln und stehlen müssen um zu überleben; sie „sind täglich von Hunger, Krankheit und Freiheitsentzug bedroht; suchen Vergessen und Zuflucht im Drogenrausch". Ein Herr erzählt diesen Kindern Märchen, die sie mit ihrer erfahrenen Wirklichkeit verknüpfen: „In dem verzauberten Märchenschloß erkennt der Junge das Gefängnis wieder, in dem sein Bruder sitzt; den vergrabenen Märchenschatz vermutet das Kind auf der Müllhalde, und Dornröschen liegt als Drogentote am Strand …"

In ihrer Einleitung schreibt K. Gruß: „Mit den Kindern vom Meer haben die traditionellen Bilderbuchkinder ihre Unschuld verloren. Der Tenor der weiteren Ausführungen besteht in der Forderung, den Kindern – im Bilderbuchalter – die Schattenseiten des Lebens aufzuzeigen: „Obwohl wir Kinder weltweit Hunger und Armut, Trennung und Tod, Krieg und

Vertreibung aussetzen, bleibt das Abbild dieser Schrecken weiterhin mit Tabus belegt. Ja, es erscheint geradezu unmodern und pervers. Reale soziale Not wird offenbar erst durch ihre Spiegelung obszön: Liegt die Unmoral im Abbild, statt in der Wirklichkeit?", heißt es da zum Beispiel.

Es gibt keinen Zweifel daran, daß vielen Kindern in der Welt tatsächlich viel Furchtbares widerfährt und dies ist auch ohne Zweifel schrecklich. Ob diese Tatsache jedoch zwangsläufig bedeutet, daß sich Kinder schon im Vorschulalter mit diesem Elend auseinandersetzen müssen, ist doch sehr zu bezweifeln.

Jeder, der Kinder zwischen 3 und 6 Jahren kennt, sollte sich diese einmal ins Gedächtnis rufen, sich ihre Lebenssituation, das, was diese Kinder beschäftigt, was sie brauchen – damit sind nicht materielle Güter gemeint – und wonach sie sich sehnen, vergegenwärtigen. Kindsein ist auch in unserer Gesellschaft nicht die reine Freude. Es soll hier nicht die oft zitierte deutsche Kinderfeindlichkeit bemüht werden, denn so allgegenwärtig, wie uns das die Medien oft suggerieren, ist diese Feindlichkeit Kindern gegenüber gar nicht. Worunter Kinder zu leiden haben, sind in der Regel die gleichen Probleme, die auch Erwachsenen zu schaffen machen. Kinder hatten aber im Gegensatz zu den meisten Erwachsenen noch nicht die Möglichkeit, Strategien zu entwickeln, um mit diesen Problemen fertig zu werden. Da sie außerdem häufig das unterste und schwächste Glied in der Familienhierarchie sind, werden nicht selten die unbewältigten Konflikte der Erwachsenen auf ihnen abgeladen.

Die Lebenswelt der meisten Kinder ist sehr unüberschaubar geworden. Es gibt für viele nicht mehr Mama, Papa, Opa, Oma und Geschwister, die gleichmäßig ihre Kindheit begleiten, sondern häufig wechselnde Bezugspersonen: Erzieherinnen, Tagesmütter, Nachbarn, Freunde, Bekannte, Verwandte, Babysitter usw. Bedingt ist das entweder durch die Berufstätigkeit beider Elternteile oder/und durch den Zerfall der Familie. Der Wechsel der Bezugspersonen bringt für die Kinder auch einen häufigen Wechsel der Umgebung mit sich. Dieser Umstand ist vor allem für kleine Kinder mit Unruhe verbunden, die Überschaubarkeit ihrer Welt wird schwieriger und die Orientierung leidet. Die Umwelt, in der die Kinder leben, läßt sich mit dem Schlagwort „Reizüberflutung" treffend beschreiben, denn auch eine Vielzahl von Medieneindrücken durch Kassetten, Fernsehen, Video, Computerspiel etc. strömt auf die Kinder ein und muß von ihnen – meist ohne Hilfe der Erwachsenen – verarbeitet werden. Es ist im Rahmen dieser Thematik unnötig, weitere Bedingungen, die die Entwicklung der Kinder heute erschweren, aufzugliedern und zu analysieren.

Soviel ist sicher: Kinder müssen schon in frühem Alter vieles für sie Verwirrende einordnen lernen und verarbeiten. Sie haben dabei oft wenig oder gar keine Hilfe. Daher reagieren sie häufig mit existentiellen Ängsten auf diese Überforderung; und auch mit diesen Ängsten bleiben sie oft allein.

Bedenkt man all diese Probleme, die Kinder in unserer Gesellschaft heute zu bewältigen haben, so ist das, was kleine Kinder – um es noch einmal ins Gedächtnis zu rufen, es geht um Kinder zwischen 3 und 6 Jahren – im Bilderbuch vor allem suchen, Hilfe zur Bewältigung ihrer Probleme, was die Probleme ihrer Umwelt natürlich mit einbezieht. Es hat keineswegs etwas mit Überbehütung zu tun, wenn Themen, die die Kinder nicht einmal am Rande berühren, auch aus ihrer Welt ausgeklammert werden. Die Kinder haben mit der Bewältigung der eigenen Welt genug zu tun.

Die psychischen Kräfte gerade sehr junger Kinder müssen sich noch entwickeln und entfalten und ihr inneres Gleichgewicht muß sich noch stabilisieren. Um diese Entwicklung positiv zu beeinflussen, brauchen Kinder ein Höchstmaß an Zuneigung, Aufmerksamkeit, Geborgenheit und Sicherheit. Sie brauchen die Zuversicht, daß sie ihr Leben bewältigen können und es sich lohnt, in diese Welt hineinzuwachsen. Nur wer die Welt und seine Zugehörigkeit zu ihr zunächst als positiv erlebt hat, kann sich mit zunehmender psychischer Stabilität und wachsenden intellektuellen Fähigkeiten mit den Problemen dieser Welt tatkräftig und zukunftsorientiert auseinandersetzen.

Kinder zu früh mit dem ganzen Ausmaß menschlichen Leides zu konfrontieren, wäre selbst im Sinne der Pädagogen, die das befürworten, kontraproduktiv. Wie soll ein 5jähriges Kind, das das Märchen Dornröschen liebt – aus welchen Gründen auch immer –, das Bild der verwahrlosten Kinder aus dem Bilderbuch „Die Kinder vom Meer" (s. o.) verstehen, die in der schlafenden Prinzessin eine Drogentote am Strand sehen?

Und wozu? Ist es wirklich wünschenswert, zu den Ängsten, die unsere Kinder sowieso bewältigen müssen, noch Schrecken hinzuzufügen, die ihnen aufgrund ihres Erfahrungshorizontes völlig unverständlich sein müssen, die sie verwirren und die neue, noch schwerer einzuordnende Ängste erzeugen? Wollen wir wirklich die Schattenseiten der Welt auf die empfindliche kindliche Psyche kippen wie Schmutz auf eine Müllhalde? Mutlosigkeit, Resignation, Depression und immer wieder Angst wären die Folge einer solchen Pädagogik oder aber, was genauso schlimm wäre, eine Abstumpfung gegen alles Elend. Das Gefühl „Gott sei Dank geht es mir nicht so" könnte sich wie eine Mauer – die zunächst als Schutzwall gedacht ist – um die kindliche Psyche schließen.

Resümee:

Grundsätzlich sollte man Kinder im Vorschulalter – und auch im Grundschulalter nur in Maßen – ohne einen direkten und sinnvollen Anlaß nicht mit dem Leid und den Problemen dieser Welt konfrontieren. Erscheint es ausnahmsweise pädagogisch sinnvoll, die Kinder mit einem solchen Thema durch ein Bilderbuch vertraut zu machen, muß diese Bilderbuchbetrachtung außerordentlich sorgfältig vorbereitet werden. Das Alter der Kinder, die Gruppengröße – die bei der Bearbeitung schwieriger Themen immer besonders klein gehalten werden muß – und die Rahmenbedingungen für die Bilderbuchbetrachtung bedürfen genauer Überlegung. Will man Kinder durch ein Bilderbuch mit einer schwierigen Thematik bekannt machen, sollte ein solches Bilderbuch nicht nur einmal betrachtet werden und außerdem sollten noch andere Angebote, wie z. B. Gespräche, Rollenspiele, Malen u.v.m., die Möglichkeit bieten, diese Thematik zu verarbeiten.

Erzieherinnen müssen in jedem Einzelfall neu überlegen, ob und für welche Kinder ein Bilderbuch geeignet ist. Das ist eine verantwortungsvolle Aufgabe, der jedoch Erzieherinnen aufgrund ihrer Ausbildung gewachsen sein müssen.

Bedeutung für das Kind

Trotz der vorhergehenden Ausführungen können geeignete „Problembilderbücher" für Kinder natürlich von Bedeutung sein. Sie werden vor allem mit einem ihnen meist unbekannten oder nur unzureichend bekannten Problem vertraut gemacht.

Wenn ein schwerwiegendes Thema kindgemäß dargestellt wird, kann dies zu einer *Erweiterung des Horizontes* der Kinder beitragen. Außerdem werden sie durch die Konfrontation, z. B. mit dem Thema Tod, auf eine *Situation vorbereitet,* der sie einmal begegnen werden.

Nicht immer identifizieren sich die Kinder bei diesen Bilderbüchern direkt mit der Hauptperson, wie das bei der vorhergehenden Gruppe der realistischen Bilderbücher meist der Fall ist. Aber die Kinder können sich in die Personen einfühlen und *mit* ihnen fühlen; dies kann die Entwicklung des *Einfühlungsvermögens* und die *emotionale Entwicklung* unterstützen. Hier setzt eine erste Korrektur der kindlich-egozentrischen Weltsicht ein.

Problembilderbücher erweitern auch das Wissen der Kinder, denn sie erzählen nicht nur eine Geschichte, sondern enthalten auch vielfältige

Informationen über einen Problemkreis, der den Kindern nicht vertraut ist. So kann ein solches Bilderbuch zur Klärung von verschwommenen Vorstellungen und Vorurteilen (z. B. über Krankheiten oder Behinderungen) beitragen und Halbwissen ergänzen. Erhält man über ein schwieriges Thema Klarheit, kann man in der Regel auch besser damit umgehen und es leichter verarbeiten. Zudem werden sowohl die *intellektuellen* Fähigkeiten der Kinder unterstützt als auch die Erfahrungen mit ihrer Lebenswelt erweitert.

Beispiel für die Darstellung von Alltagsproblemen im Bilderbuch

Jutta Bauer/Kirsten Boie:

„Kein Tag für Juli"

Weinheim und Basel: Beltz Verlag, 1991

Inhalt

„An manchen Tagen geht alles schief", so beginnt die Geschichte von Julian, genannt Juli.

Es fängt am Morgen damit an, daß Mama verschlafen hat. Deshalb entsteht ein fürchterliches Gehetze und zu allem Überfluß ist auch Julis Jogginganzug in der Wäsche, sodaß er eine Jeans anziehen muß. Dabei weiß er genau, daß im Kindergarten an diesem Tag Turnen ist und er den Knopf von der Jeans beim Anziehen alleine nicht schließen kann.

Beim Aufbruch in den Kindergarten findet er sein Glühwürmchen nicht, ohne das er keinesfalls gehen will. Es ist ein kleines Plastiktier, das im Dunkeln leuchtet, wenn man es vorher unter eine brennende Lampe gehalten hat, und von dem der Vater meint, daß darauf sicher ungesundes „chemisches Zeugs" gesprüht ist. Zum Glück findet es Mama im Gummistiefel.

Genau wie vorhergesehen kann er den Knopf der Jeans nach dem Turnen nicht schließen und einige Mädchen lachen ihn deswegen aus und sagen „. . . Haha, kleines Baby!, und da muß Juli ihnen ganz schnell eine scheuern . . ." Weil die Kindergärtnerin das gesehen hat, muß er sich – sehr widerwillig – entschuldigen.

In der Pause gibt es Tee statt Apfelsaft, Juli haßt Tee! Sein Brot mit Reformhausaufstrich, das er tauschen möchte, will keiner haben und er hat mittlerweile „. . . so schlechte Laune, daß er gleich platzt, wenn nicht irgendetwas passiert . . ."

Als ihn im Garten ein Junge aus Versehen anstößt, sieht er endlich die Gelegenheit, seine Wut an dem „Übeltäter" auszulassen und prügelt sich mit ihm. Allerdings muß er feststellen, daß der andere stärker ist, und völlig verdreckt geht er nach Hause und ist so schlecht gelaunt wie noch nie in seinem Leben.

Zuhause hat seine Mutter „Babygruppe", d. h. einige Mütter mit ihren Babys sind da und niemand hat Zeit für Juli.

Da läuft er einfach ohne zu fragen nach draußen, und die großen Schulkinder lassen ihn beim Hüttenbauen im Garten mitmachen.

Das findet Juli ganz toll. Erst am Abend wird der Tag wieder verquer, als als sein Papa ihn ins Haus holt und mit ihm schimpft, weil er einfach weggelaufen ist.

Als Juli ins Bett soll, ist sein Glühwürmchen wieder verschwunden. Ohne auf seinen Vater zu warten, läuft er in den dunklen Garten, um es zu suchen, obwohl es dort recht unheimlich ist. Ein wenig fürchtet er sich auch, aber tapfer singt er seine Angst weg. Als der Vater ihn einholt, kommt das ganze „Unglück" des Tages über ihn, und er fängt an zu schluchzen. Der Vater nimmt ihn tröstend auf den Arm, und weil es dunkel ist und ihn keiner sieht, kann Juli gleich weiter weinen. Schließlich finden sie sogar das Glühwürmchen noch. Papa meint „. . . Dann ist der Tag ja gerettet. ‚Genau', sagt Juli, und fast hätte er das Glühwürmchen ganz fest auf sein chemisches Zeugs geküßt."

Jutta Bauer hat die Geschichte illustriert. Die Illustrationen spiegeln die Situation sehr gut wider, sie sind karikierend, witzig und ansprechend.

Bedeutung

Dieses realistische Bilderbuch gibt viele Situationen aus der Erlebniswelt der Kinder wieder. Mit Juli kann sich jedes Kind gut *identifizieren*, denn was ihm widerfährt, ist jedem Kind so oder ähnlich bekannt. Beim Betrachten des Bilderbuches erlebt das Kind diese vielen frustrierenden Einzelheiten und die damit verbundenen Unlustgefühle nochmals und kann sie verarbeiten.

Außerdem erkennt das Kind, daß es mit seinen Problemen nicht allein ist:

Auch andere erleben solche „verqueren" Tage, an denen alles – oder doch fast alles – daneben geht.

Kinder, die ein derartiges Bilderbuch anschauen – und vorgelesen bekommen –, können Zusammenhänge erkennen, die zwischen bestimmten Situationen und den sich daraus ergebenden Verhaltensweisen bestehen. Daß Juli den Mädchen, die ihn auslachen, „eine scheuern muß", liegt nicht daran, daß er ein böses oder besonders aggressives Kind ist; die geschilderte Situation ist für Juli so peinlich und für sein Selbstwertgefühl so erniedrigend, daß er aus dieser Schwäche heraus Stärke zeigen will.

Hier werden den Kindern ihre eigenen Gefühle bewußter und sie müssen sich nicht schlecht fühlen, wenn sie sich auch schon so benommen haben wie Juli.

Als sich Juli mit dem Jungen prügelt, wird ebenfalls deutlich, daß er hier ein Ventil für die vielen Frustrationen des Tages sucht. Es wird allerdings auch klar, daß zumindest in diesem speziellen Fall der gewünschte Erfolg – die Wut loszuwerden – nicht erzielt wird. Für den Erzieher, der mit den Kindern dieses Bilderbuch betrachtet, besteht hier die Möglichkeit, Julis Verhalten zu erörtern – damit ist nicht gemeint, es nur negativ oder positiv zu bewerten – und mit den Kindern andere Konfliktlösungsmöglichkeiten zu suchen.

Sehr schön und entlastend ist für die Kinder sicher der Schluß des Buches. Auf Papas Arm den ganzen Kummer herausweinen zu können, ist nicht nur für Juli im Buch tröstlich. Diese Situation strahlt viel liebevolle Geborgenheit aus. Sich so aufgehoben und geborgen zu fühlen, wünschen sich alle Kinder.

Da der Papa Juli nicht auffordert, mit dem Weinen aufzuhören und ihn deswegen auch nicht auslacht, erleben die Kinder, daß es nicht lächerlich und ehrenrührig ist zu weinen, wenn sich soviel Kummer angestaut hat.

Das wiedergefundene Glühwürmchen ist das Tüpfelchen auf dem i, es zeigt: Für heute ist alles wieder gut.

Mirjam Pressler/Jutta Timm:
„DAS DING"
München: Ellermann Verlag, 1996

Inhalt

„Es ist ein blöder Tag, und er fängt schon blöd an ...", damit beginnt die Geschichte von Alina. Alina ist ein etwa 5–6jähriges blondes Mädchen. Ihre Haare sind etwas verstruwwelt und hinten am Kopf zu einem winzigen Schwänzchen zusammengebunden. Sie hat ein pfiffiges, rundes Gesicht und eine kecke Stupsnase.

Beim Frühstück bekleckert Alina ihre Hose mit Kakao, die rosa Hose, die sie statt dessen anziehen muß, kann sie nicht leiden. „Im Kindergarten ist es auch blöd. Thomas und Kerstin wollen nicht, daß Alina mit ihnen einen Turm baut. Und dann kommt Jule und hat ein Ding. Ein schönes Ding. ‚Hat mir meine Mama heute gekauft‘, sagt sie." Thomas und Kerstin interessieren sich gar nicht für das Ding, aber Alina findet es sehr schön und möchte es gerne einmal in die Hand nehmen. Jule erlaubt das aber nicht. „Du hast mich gestern auch nicht mitspielen lassen", sagt sie. „Das hast du jetzt davon. Bätsch."

Zu Hause gibt es zum Mittagessen Erbseneintopf, den Alina nicht sehr gerne mag und der Nachtisch, Schokoladeneis, landet wieder auf Alinas Hose. Es gibt deswegen Ärger mit der Mutter.

Während die Mutter sich eine halbe Stunde hinlegt und liest, geht Alina „in ihr Zimmer und schaut sich um. Lauter alte Sachen, die sie schon lange kennt. Nichts Spannendes, kein Ding. Weder weiß noch blau noch gelb noch grün noch rot.

Sie nimmt ihren Teddy und legt sich mit ihm aufs Bett. Aber der Teddy ist auch alt. Ein sehr alter Teddy. Sie schmeißt ihn wütend auf den Boden und rennt ins Wohnzimmer. ‚Immer haben alle, was sie wollen, nur ich nicht‘, schreit Alina."

Die Mutter will jetzt nicht gestört werden und weigert sich, auch Alina so ein Ding zu kaufen. Beide sind jetzt wütend. Alina, weil sie kein Ding bekommt und die Mutter, weil Alina die Wohnzimmertüre sehr „fest" zumacht.

Als Alina und die Mutter am Nachmittag einkaufen gehen, sieht Alina plötzlich so ein Ding. „Ein Ding, wie Jule hat. Genauso schön." Alinas Bitte, ihr so ein Ding zu kaufen, lehnt die Mutter erneut ab. Unbeobachtet nimmt Alina so ein Ding in die Hand. „Das Ding liegt rund in ihrer Hand und wird immer größer und schöner. Und dann ist das Ding in ihrer Hosentasche. Einfach reingerutscht. Fast von allein."

Alina nimmt das Ding mit. Es fühlt sich ganz heiß an und wird immer größer, so groß, „daß es fast nicht mehr in die Hosentasche paßt." Zu Hause legt sie es ganz unten in eine Schublade. Sie holt sich ein Bilderbuch, aber das Ding läßt ihr keine Ruhe. Als es an der Haustür klingelt, versteckt sie es erschrocken unter ihrem Bett.

Wieder versucht Alina ihr Bilderbuch anzuschauen, es geht nicht. Das Ding liegt unter dem Bett und lacht laut. „Nein. Das Lachen kommt aus dem Wohnzimmer" von Frau Wolter, Mutters Besuch.

Alina versteckt das Ding ganz unten in ihrer Verkleidungskiste. Als Frau Wolter wieder geht, bedankt sie sich bei Alinas Mutter für die Aussprache. „Nichts zu danken", sagt Alinas Mutter. „Wenn man Probleme hat, muß man darüber sprechen, …"

Die Kiste, in der das Ding ist, kommt Alina so warm wie ein Ofen vor. Sie nimmt Omas alten Hut und setzt ihn auf und da hat sie eine Idee. „Wenn man Probleme hat, muß man darüber sprechen", hat die Mutter zu Frau Wolter gesagt.

Alina verkleidet sich und als Frau Knüller besucht sie die Mutter und erzählt ihr: „‚Mein Kind hat was angestellt'. … Alina rutscht auf dem Sessel hin und her. ‚Mein Kind hat was geklaut!', sagt sie leise. ‚Oh!', sagt ihre Mutter erschrocken."

Frau Knüller – Alina – ist wütend auf ihr Kind – den Teddy – und will ihn verhauen. Die Mutter gießt sich ganz langsam Tee ein, dann streichelt sie den Teddy und sagt: „Ich würde mein Kind nicht verhauen, wenn ich Sie wäre." „Nein?", fragt Alina erleichtert. „Wirklich nicht?" „Nein", sagt die Mutter. „Verhauen nützt nichts. Verhauen nützt nie."

Frau Knüller schlägt nun vor, statt dessen das Kind entweder ganz fürchterlich zu schimpfen, ohne Essen ins Bett zu schicken, Fernsehverbot zu erteilen oder das Taschengeld zu streichen. Die Mutter aber meint „Vielleicht hat ihr Kind ja gar nicht klauen wollen!" … „Fragen Sie Ihr Kind doch mal!" …

Alina holt das Ding aus ihrem Zimmer. „Sie weiß nicht mehr genau, warum sie es unbedingt haben wollte. Warum es ihr so gut gefallen hat." Sie nimmt das Klauding mit ins Wohnzimmer und gibt es der Mutter, die in der Zwischenzeit Kakao und Kekse geholt hat.

„‚Nun?', fragt die Mutter. ‚Was hat Ihr Kind gesagt?' ‚Aus Versehen', sagt Alina. ‚Mein Kind hat das Ding da nur aus Versehen mitgenommen. Und was machen wir jetzt?' ... ‚Wenn man etwas aus Versehen mitgenommen hat ... dann könnte man es doch aus Versehen wieder zurücklegen, nicht wahr?'", meint die Mutter. „Alina nickt. Leicht.!" ...

Alina zieht ihre Verkleidungssachen aus und aus Frau Knüller wird wieder Alina, die mit ihrer Mutter schnell noch einmal ins Kaufhaus fahren muß, weil beide dort etwas vergessen haben.

Die Geschichte von Alina ist mit ansprechenden Bildern illustriert. Viele Details – z. B. die bunte Bettwäsche auf Alinas Bett, die Spielsachen in ihrem Zimmer – und die warmen Farben machen die Bilder lebendig und strahlen eine angemehme Atmosphäre aus. Alinas unterschiedliche Gefühle im Laufe der Geschichte spiegeln sich sehr gut in ihrem Gesicht wider, so daß man ihre Verfassung, z. B. Wut, Ratlosigkeit Schrecken gut daraus ablesen kann.

In diesem Bilderbuch steht der Text im Vordergrund. Es sind für die Handlung wichtige Szenen illustriert, aber ohne den Text wären die Bilder nicht verständlich.

Bedeutung

Alinas Geschichte vom Klauen ist nicht ganz alltäglich, denn nicht alle Kinder in diesem Alter haben bereits diese Erfahrung gemacht. Dennoch können sich Kinder gut mit ihr identifizieren. Der verschüttete Kakao, der Ärger im Kindergarten, das ungeliebte Mittagessen, das alles sind Erfahrungen, die jedes Kind beinahe täglich macht. Besonders die Situation im Kindergarten, als Thomas und Kerstin Alinas Wunsch mitzuspielen ablehnen, ist für viele Kinder eine häufige und immer auch schmerzliche Erfahrung. In diesem Moment kommt nun Jule und hat etwas, „... ein Ding. Ein schönes Ding." Schon die Bezeichnung legt nahe, daß es gar nicht um den Gegenstand geht, sondern nur darum, ihn zu besitzen, sozusagen als Ersatzbefriedigung. Alina ist abgewiesen worden, als sie bei einer Spielgruppe Anschluß suchte. Das gleiche ist Jule am Tag zuvor durch Alina passiert. Jule kann dieser verletzenden Erfahrung nun den Besitz eines schönen „Dings" entgegensetzen. Thomas und Kerstin interessieren sich nicht für das Ding, denn sie haben ein gemeinsames Ziel, das ihr Interesse fesselt. Alina aber fühlt sich nun in zweifacher Hinsicht benachteiligt: Sie darf keinen Turm mit Thomas und Kerstin bauen und sie hat auch kein Ding vorzuweisen, das sie über diese frustrierende Tatsache hinweg trösten und mit dem sie vielleicht sogar ein wenig den Neid anderer Kinder erregen könnte. Jule spielt nun ihre Macht aus und rächt sich für Alinas

Abfuhr am Tag zuvor, indem sie ihr nicht einmal erlaubt, das Ding in die Hand zu nehmen.

Jedes Kind, das dieses Bilderbuch betrachtet, wird Alinas Frustration nachvollziehen können. Es wird verstehen, welche Bedeutung dieses Ding unter den geschilderten Umständen für Alina plötzlich bekommt. Außerdem weiß jedes Kind aus eigener, vielleicht oft leidvoller Erfahrung, welches Gefühl entsteht, wenn andere mit ihrem Besitz prahlen und man selbst mit leeren Händen dasteht.

Gerade, weil das Objekt des Verlangens nicht konkretisiert ist, sondern einfach als Ding bezeichnet wird, – im Bilderbuch ist das Ding eine Art Stoffpuppe mit Schlenkerbeinen, nicht sehr genau nur auf zwei Bildern zu sehen – können die individuellen Wunschvorstellungen und Erfahrungen der Kinder hier mit einfließen.

Alinas Unlusterlebnisse setzen sich auch zu Hause fort, und sogar das geliebte Schokoladeneis bringt Ärger, denn es landet auf ihrer Hose.

Das innere Gleichgewicht Alinas ist aus den Fugen geraten, ein Gefühl, das Kinder sicher gut kennen. Alle ihre Spielsachen erscheinen ihr plötzlich langweilig und sogar den geliebten und vertrauten Teddy mag sie nicht mehr. Nur das Ding schwebt ihr als die Erfüllung aller Wünsche vor Augen. An dieser Stelle werden viele Kinder mit Alinas Verhalten nicht einverstanden sein. Sie werden hier vor allem mit dem Teddy fühlen, den Alina wütend auf den Boden wirft. Diese Lieblosigkeit werden die meisten nicht gutheißen. Andererseits kennt jedes Kind solche ungerecht-zornigen Impulse und kann sich in Alina hineinversetzen. Manches Kind fühlt sich möglicherweise entlastet, weil andere Kinder auch einmal so etwas „Böses" tun. Alina ist ja ein ganz normales kleines Mädchen und da ist es vielleicht auch normal, wenn man so neben sich steht.

Alinas Mutter weigert sich im Verlauf der Geschichte zweimal, Alina so ein Ding zu kaufen. Beide Begründungen dafür: „Du hast genug Spielzeug" und „...du kannst nicht alles haben, was du siehst" – werden den meisten Kindern sehr vertraut sein. Sie erfahren hier, daß auch andere Eltern nicht alle Wünsche ihrer Kinder erfüllen und daß das nichts mit fehlender Zuneigung der Eltern ihren Kindern gegenüber zu tun hat.

Schließlich klaut Alina das Ding (wobei im Text zunächst der Begriff „klauen" nicht verwendet wird): „...Und dann ist das Ding in ihrer Hosentasche. Einfach reingerutscht. Fast von allein." Schon durch die Beschreibung dieses Vorganges wird deutlich, daß es sich hier nicht um ein zielgerichtetes und überlegtes Stehlen handelt. Bedenkt man die ganze Vorgeschichte und den enormen Reiz, den das Ding in diesem Zusammenhang auf Alina ausübt, werden die Kinder Alinas Verhalten verstehen. Kinder, die bereits in einer ähnlichen Situation waren, erkennen, daß nicht nur sie einer Versuchung nicht widerstehen konnten – auch Kinder, die nur den starken Impuls verspürten, etwas unerlaubt zu nehmen, können sich hier wiederfinden – andererseits können Kinder ohne einschlägige Erfahrungen nachvollziehen, wie es zu einem solchen „Ausrutscher" kommen kann. Verständnis für sich und andere kann entstehen, aber auch eine kritische Auseinandersetzung mit einer solchen Situation ist möglich und wahrscheinlich.

Im weiteren Verlauf der Geschichte wird Alinas Problem mit dem geklauten Ding sehr deutlich. Es wird groß und größer, es wird heiß und bereitet ihr sehr viel Unbehagen. Sie will es eigentlich nicht mehr sehen. In der Schublade, ganz unten, unter dem Bett, ganz hinten und unter einem Berg von alten Kleidern wird das Ding versteckt.

Alina braucht dringend Hilfe, denn sie weiß nicht, wie sie sich aus ihrer prekären Situation befreien soll. Ihr fällt ein, was die Mutter zu Frau Wolter gesagt hat: „Wenn man Probleme hat, muß man darüber sprechen..."

Hier bekommen die Kinder einen wichtigen Rat: Wenn du nicht weiter weißt, dann sprich darüber mit jemandem, dem du vertraust. (Dies ist eine grundsätzliche Botschaft und läßt sich nicht nur auf Alinas Problem anwenden.) Alina faßt sich ein Herz. Allerdings kann nicht Alina selbst der Mutter gestehen, daß sie geklaut hat. Alina muß in die Rolle von Frau Knüller schlüpfen und der Teddy ist das „böse" Kind. Die Kinder finden sich hier sicher wieder und sie verstehen vielleicht auch, daß es leichter ist, in der Rolle eines anderen die eigenen „Schandtaten" zu gestehen, denn man muß sich dann nicht so schrecklich bloßstellen.

Die Mutter geht ganz ernsthaft auf das Spiel Frau Knüller/Alina ein und ist über die Eröffnung, daß Alina geklaut hat, wirklich erschrocken. Alinas Wut auf sich selbst muß wieder der Teddy ausbaden, er soll Schläge bekommen. Jetzt gibt die Mutter Alina zu verstehen, daß „Verhauen" keine Lösung ist. Diese Einstellung der Mutter ist nicht nur für Alina, sondern auch für die Kinder tröstlich. Sie erfahren hier außerdem etwas sehr Wichtiges: „Verhauen nützt nichts. Verhauen nützt nie." Selbst Kindern, die zu Hause das Gegenteil erleben, wird diese Erkenntnis Eindruck machen. Es wird den Kindern vermittelt, daß Gewalt und Strafen – Alinas Mutter lehnt auch alle anderen Strafen ab, die Alina sich letztlich für sich selbst ausdenkt – keine Mittel zur Problemlösung sind. Man muß miteinander reden um zu verstehen, warum jemand etwas getan hat, dann kann man auch eine Lösung finden.

Wie Alinas Mutter auf das Klauen ihrer Tochter reagiert, ist bemerkenswert. Kinder erfahren durch diese Geschichte, daß sie bei den Eltern Hilfe für ihre Probleme suchen sollen und auch – meistens – finden. Aber auch für Eltern und andere Bezugspersonen bietet dieses Buch einen guten Anschauungsunterricht, wie man auf problematisches Verhalten von Kindern besonnen, liebevoll und auch noch effizient reagieren kann.

Jutta Bauer / Kirsten Boie
„Juli und das Monster"
Weinheim und Basel: Beltz & Gelberg, 1995

Inhalt

Juli („Kein Tag für Juli") hat wieder einmal ein Problem. „Immer wenn Juli aufs Klo geht, sitzt da ein Monster und wartet auf ihn. Man kann es nicht sehen, aber es ist da: Monster sind nämlich manchmal unsichtbar. ‚Es gibt keine Monster, mein Schatz', sagt Mama und wechselt dem Baby die Windeln. Aber das Monster im Klo gibt es, und vielleicht greift es mal nach Juli und beißt ihn in den Po."

Bevor Mama ihn mit dem Baby in den Kindergarten bringt, schickt sie Juli noch einmal aufs Klo. Eigentlich müßte er schon auf die Toilette, da aber dort das Monster auf ihn wartet, traut er sich nicht und kneift lieber die Beine zusammen. Er will lieber im Kindergarten gehen. Dorthin kann ihm das Klomonster durch die Kanalisation natürlich auch nachschwimmen, aber wenn er zusammen mit anderen Kindern aufs Klo geht, ist das immer sehr lustig und da traut sich dann das Monster nicht, ihm etwas zu tun.

Der Weg zum Kindergarten wird ihm lang „... und wenn Juli nicht schon so groß wäre und wenn nicht so viele Autos unterwegs wären und Leute und Schulkinder, dann würde er sich doch *vielleicht* einfach irgendwo hinter einen Baum stellen, so dringend fühlt es sich an. Aber so geht das natürlich nicht. Da gehen eben leider ein paar ganz winzig kleine Tropfen in die Hose, das muß Mama ja nicht wissen."

Als Mama, Baby und er endlich im Kindergarten angekommen sind, dauert ihm der Abschiedskuß von Mama – der ihm sowieso peinlich ist – und die Verabschiedung vom Baby schon viel zu lange, denn ein Klobesuch wird immer nötiger. Als er jemanden sucht, der mit ihm auf die Toilette geht, hält ihn die Kindergärtnerin noch auf, in dem sie ihn erst einmal begrüßt und ihm außerdem erklärt, daß er sowieso alleine aufs Klo gehen muß. Alle Buben, die er fragt – mit Mädchen aufs Klo zu gehen ist noch mehr verboten, als mit Buben – sind mitten im Spiel und wollen nicht mitgehen „... und jetzt muß er die Beine schon fast überkreuz machen, so gräßlich fühlt es sich an. ... und im Klo sitzt bestimmt wieder das Monster und reckt seinen Kopf über den Rand. ‚Fabian?‘, flüstert Juli. Und da ist es schon passiert. Man kann es kaum glauben, das Allerschrecklichste ist passiert, das Aller-, Allerschrecklichste, wenn man schon groß ist und kein Baby mehr. ‚Juli hat in die Hose gemacht!‘, schreit Bitzi und dann kommen alle aus der Puppenecke und aus der Bauecke und vom Maltisch und gucken Juli an, Juli und seinen kleinen See, ...“

Alle lachen ihn natürlich aus und die Erzieherin ist auch nicht sehr begeistert. Sie wischt den See weg und gibt Juli eine viel zu große Unterhose und eine gräßliche Ersatzhose und dann muß er wieder in den Gruppenraum, obwohl er das auf keinen Fall will. Alle lachen wieder über ihn „... und Arne ruft: ‚Baby!‘ und Juli denkt, daß er morgen bestimmt nicht wieder hierher geht und heute haut er den Lacher noch mal ordentlich eine runter, daß sie wissen, wer hier ein Baby ist.“ Die Erzieherin schickt Juli in die Fensterecke, „damit er sich besinnt“, und die anderen Kinder schickt sie nach draußen und geht dann auch selbst hinterher. „Nur auf Katrin hat sie wohl nicht richtig aufgepaßt. ‚Na, Juli?‘, sagt Katrin an der Tür zum Garten. Sie hat überhaupt kein Lachgesicht mehr. ‚Die Hose ist aber doof!‘ ‚Hau ab!‘, sagt Juli und dreht sich zur Wand. ‚Sonst hast du gleich die Nase blau!‘“ Katrin geht aber nicht, sondern erzählt Juli, daß sie in einem Kaufhaus auch einmal in die Hose gemacht hat, weil dort das Klo so eklig war und daß sie die Klos im Kindergarten gut findet und deswegen auch dahin gehen mag. „Im Klo sitzt ein Monster“, murmelt Juli. „Vielleicht.“ Jetzt muß Katrin sagen, daß es keine Monster gibt. Und schon gar nicht im Klo. Zu Julis Überraschung sagt Katrin: „Ich weiß ... bei uns zu Hause auch.“ Juli ist verblüfft und will wissen, was Katrin dagegen unternimmt. „Ich pinkle ihm auf den Kopf“, sagt Katrin zufrieden. „Und dann haut es ab.“ „Ehrlich wahr?“, fragt Juli ungläubig. „Und dann haut es ab?“ „Heilig geschworen“, sagt Katrin ... Juli probiert das zu Hause natürlich sofort aus. Er stellt sich dicht vor die Kloschüssel „... Und dann hat er gesagt: „Monster hau ab! Sonst pinkel ich dir auf den Kopf.“ Und das hat er auch getan. Und tatsächlich, das hat das Monster nicht gemocht. Jedenfalls war es von da an verschwunden, für immer und immer. Juli ist im Kindergarten auch in Zukunft gerne mit anderen Kindern – Jungen und Mädchen

– gemeinsam aufs Klo gegangen – trotz Verbot –, aber nur, weil es lustig war und nicht, weil er Angst hatte.

Die Illustrationen sind wie schon in „Kein Tag für Juli" flott und witzig. Sie zeigen auch in den Bildern Julis Gefühle und Probleme sehr genau. Der Betrachter kann oft ohne den Text erkennen, wie es um Julis Seelenlage bestellt ist.

Bedeutung

Julis Problem ist schwerwiegend. Ein unsichtbares Monster im Klo ist unberechenbar und damit bedrohlich. Dazu kommt, daß man diesen Ort entsprechend unserer Konvention alleine aufzusuchen hat und auch noch die Türe schließen muß. Man ist dem unheimlichen Monster deshalb ziemlich ausgeliefert und hat wenig Chancen, etwas dagegen zu unternehmen. Sehr viele Kinder in Julis Alter (5/6 Jahre – er kann schon seine Schuhschleife selbst binden), haben diese Toilettenangst. Das Loch, von dem man nicht sieht, wo es hinführt, die Geräusche – gurgeln, rauschen, schmatzen u. ä. – von denen man nicht genau weiß, wo sie herkommen, all das ist für diese Kinder, die noch sehr im magischen Denken verhaftet sind, oft recht unheimlich und beängstigend. Manche Kinder haben, anders als Juli, sogar Angst, ins Klo hineingezogen zu werden. (Das hängt wohl auch damit zusammen, daß die normalen Toiletten für die Kinder sehr groß sind und es für manche ein Balanceakt ist, nicht hineinzufallen.) Erwachsene lachen oft etwas gedankenlos über diese kindlichen Kloängste und auch liebevollen Eltern – wie Julis Mutter – fällt oft nicht mehr ein, als ihren Kindern zu versichern, daß es gar keine Monster gibt. Ausgelacht zu werden für eine oft recht peinigende Angstsituation ist schlimm und demütigend, aber die wohlmeinende Versicherung „Es gibt gar keine Monster, mein Schatz" hilft den Kindern auch nicht weiter. Für sie ist das Monster, an das keiner glaubt, existent und bedrohlich. Alle diese Kinder werden Julis Situation aus ganzem Herzen nachvollziehen können: Es gibt außer ihnen noch jemanden, der so ein peinliches Problem hat, Gott sei Dank. Daß ihm das Aller-, Allerschrecklichste passiert und er in die Hose macht, werden die Kinder voller Mitgefühl miterleben. (Das eine oder andere Kind empfindet vielleicht auch ein wenig Schadenfreude und die Genugtuung, daß ihm das noch nicht passiert ist.) Auch dafür, daß Juli gegen dieses schrecklich beschämende Mißgeschick im wahrsten Sinne des Wortes ankämpfen muß, indem er die Lacher verhaut, wird jeder (auch der erwachsene) Betrachter vollstes Verständnis aufbringen.

Einfach hinreißend ist die Lösung des Problems: Pinkle dem Monster auf den Kopf, dann haut es ab. Diese Problemlösung ist so genial einfach und zeigt (vor allem auch den Erwachsenen), daß nicht rationale Erklärungen in einer solchen Situation helfen, sondern daß man ihr mit einer kindlich-kreativen Denkweise viel wirkungsvoller begegnen kann. Auf jeden Fall aber erfahren die Kinder durch diese Bilderbuchgeschichte, daß auch ein solch schlimmes Problem gelöst werden kann, daß es Hilfe gibt und daß man selbst dazu beitragen kann.

Beispiel für ein problemorientiertes Bilderbuch

Gaes, Jason/Gaes, Tim und Adam:
Mein Name ist Jason Gaes! Ich bin acht Jahre. Ich hatte Krebs.
Hamburg: Carlsen, 2. Auflage 1990

In diesem Bilderbuch erzählt Jason Gaes seine eigene Geschichte. Sein Zwillingsbruder Tim und sein älterer Bruder Adam malten dazu die Bilder.

Inhalt:

Als Jason sechs Jahre alt war, erkrankte er an einer besonders bösartigen Krebsart.
Jason beschreibt, wie seine Krankheit entdeckt wurde, wie nach einer „Beule an einem meiner Zähne" ein Tumor „in meinem Kopf hinter meinen Augen" entstand und wie dieser mit Röntgenstrahlen behandelt wurde. Der nächste Tumor, der operiert werden konnte, entstand in seinem Bauch, während ein Tumor an den Nieren mit Chemotherapie behandelt wurde.
Jason berichtet in einfacher und sehr klarer – und damit für Kinder verständlicher – Sprache über die einzelnen Stadien seiner Krankheit, den Ablauf der Therapien und erklärt auch die entsprechenden Fachbegriffe, wie z. B. „intravenöse Infusion" usw. Er erzählt, wie der Krankenhausaufenthalt verläuft und was man gegen die Langeweile dort unternehmen kann. Er schildert in sachlicher und unsentimentaler Weise die Beschwerden, die z. B. die Chemotherapie hervorruft:

„Manchmal wird dir von der Chemotherapie schlecht und du mußt dich übergeben. Manchmal fallen dir auch die Haare aus. Aber du kannst ja eine Mütze aufsetzen, wenn du dich ohne Haare nicht leiden magst. Die meisten Kinder stört es nicht, wenn du eine Glatze hast. Wenn sie dich deswegen auslachen oder sich über dich lustig machen, sind sie sowieso keine richtigen Freunde. Manche Kinder finden eine Glatze übrigens auch ganz toll."

Neben der Information über seine Krankheit wendet sich Jason immer wieder an den Leser und macht Vorschläge, wie man mit so einer Situation umgehen kann. Er spricht auch den Tod an und die unvermeidliche Angst, die bei einer so schlimmen Krankheit entsteht.

„Angst haben ist auch schlimm beim Krebs. Man fühlt sich scheußlich, und der Bauch tut weh... übrigens hilft es sowieso nicht, wenn man Angst hat. Wenn du Krebs kriegst, solltest du lieber gar nicht erst anfangen, Angst zu haben, weil du wahrscheinlich sowieso nicht stirbst. Versuch ein Poster zu finden, auf dem steht:

‚,Lieber Gott, laß mich nicht vergessen – was immer heute auch geschehen mag, es gibt nichts, womit wir beide nicht gemeinsam fertig werden.' Das hängst du dir in dein Zimmer und liest es nachts, wenn die Angst kommt..."

Das Buch endet damit, daß Jason (vorläufig) geheilt ist und beschließt, daß er später „Arzt für Kinder" werden will, die Krebs haben.

Daß auch Jason seine Heilung als vorläufig betrachtet, geht aus einer Widmung hervor, die am Beginn des Buches steht:

„Dieses Buch ist auch für Schwester Margaret, weil wir beide abwarten, ob unser Krebs wiederkommt."

Bedeutung für das Kind

Besonders beachtenswert ist dieses Buch wohl schon deshalb, weil ein achtjähriger Junge – der sich allerdings sehr gewandt ausdrückt und wohl durch seine Krankheit und die damit verbundenen Erfahrungen sehr gereift ist – dieses Buch für Kinder schreibt und diese auch immer direkt anspricht.

Wie der Inhaltsangabe und den Zitaten zu entnehmen ist, können auch ältere Vorschulkinder die Geschichte von Jason Gaes und seiner Krankheit verstehen und verarbeiten.

Dieses Buch kann in vielfacher Weise für Kinder von Bedeutung sein.

„Jason Gaes" enthält *kindgemäße und konkrete Informationen* über ein Thema, von dem auch Kinder im Vorschulalter immer wieder hören, ohne jedoch Genaueres darüber zu erfahren. Diese Informationen können dazu beitragen, daß ungenaue Vorstellungen korrigiert, daraus entstehende Ängste und vielleicht sogar Vorurteile – wie z. B. daß der Umgang mit krebskranken Menschen ansteckend sein könnte – abgebaut werden können.

Kinder können bei der Beschäftigung mit diesem Buch eine ihnen meistens *unbekannte Situation kennenlernen* und sie nicht nur *kognitiv,* sondern auch *emotional* erfassen.

Weil die Sprache in diesem Buch eher sachlich und unsentimental ist, werden oberflächliche Gefühlsduselei und rührselige Mitleidshaltung vermieden.

Besonders wichtig in diesem Buch jedoch ist der große Optimismus und die psychische Kraft, die aus dieser Geschichte sprechen. Daß es möglich ist, sich einer schlimmen Situation – wie sie Jason Gaes schildert – unerschrocken, mutig und voller Zuversicht zu stellen, ist eine Botschaft, die für jedes Kind wichtig ist, auch wenn es sich nicht in einer solchen Situation befindet. Und nicht nur Kinder können so eine Ermutigung brauchen, wie sie aus den Zeilen dieses achtjährigen Jungen spricht.

Bevor man dieses – zweifellos gute Bilderbuch – Kindern anbietet, sollte man allerdings einige Überlegungen anstellen.

Zunächst müssen die Vorerfahrungen der Kinder berücksichtigt werden. Sind Kinder mit der Thematik Krebs oder einer anderen schweren Krankheit noch nie konfrontiert worden, so erhebt sich die Frage, ob man sie bereits im Kindergartenalter – auch wenn man von den älteren Vorschulkindern ausgeht – ohne Anlaß mit so schwerwiegenden Problemen belasten sollte. Der Standpunkt, je unbelasteter die Kindheit verläuft, desto psychisch stabiler kann sich ein Kind entwickeln und desto besser kann es später auftretende Probleme verarbeiten, ist sicher bedenkenswert.

Gibt es jedoch einen konkreten Anlaß – z. B. ein Kind aus der Kindergartengruppe erkrankt an einer schweren Krankheit – kann „Jason Gaes" – u. U. nach Rücksprache mit den Eltern des betroffenen Kindes – eine gute Möglichkeit bieten, die Fragen der Kinder zu klären und ihre Betroffenheit aufzufangen.

Die Begegnung mit einem so schwerwiegenden Thema sollte sich jedoch nicht ausschließlich auf die Betrachtung und Besprechung eines Bilderbuches beschränken, sondern sollte eingebettet sein in zusätzliche Angebote. Gespräche, gestalterische Aktivitäten (z. B. gemeinsam ein Bild oder ein Buch gestalten und einem kranken Kind schicken u. ä.), religionspädagogische Übungen helfen den Kindern, das Thema wirklich zu erfassen und vor allem auch zu verarbeiten.

Neben den Vorerfahrungen der Kinder muß man auch ihre Lebenssituation und ihre psychische Verfassung beachten. (Beide hängen natürlich auch mit den Vorerfahrungen zusammen).

Lebt ein Kind in einer psychisch sehr belastenden Situation – z. B. Scheidung der Eltern, stark belasteter alleinerziehender Elternteil u. ä. – ist es sicher nicht sinnvoll, ohne Notwendigkeit von außen zu den bestehenden Problemen, die die Kinder ohnehin meist nicht richtig verarbeiten und verkraften können, noch zusätzliche hinzuzufügen.

Zusammenfassend läßt sich zu diesem Bilderbuch sagen, daß es für ältere Vorschulkinder und für Schulkinder ein wichtiges Buch sein *kann*, daß man jedoch seinen Einsatz verantwortungsbewußt überdenken und dann sorgfältig planen muß. Dies gilt nicht nur für das Bilderbuch „Jason Gaes", sondern für alle dieser Kategorie zuzuordnenden Bücher.

2.4 Das phantastische Bilderbuch

Das phantastische Bilderbuch (oder die „phantastische Bilderbuchgeschichte") eindeutig zu klassifizieren ist sehr schwierig.

Da gibt es Bilderbuchgeschichten, in denen Phantasie und Realität ineinander übergehen, wie z. B. in dem bereits zu den Klassikern zu zählenden Bilderbuch *„Wo die wilden Kerle wohnen"* von Maurice Sendak.

Oder in *„Das Krokodil unterm Bett"* von Ingrid und Dieter Schubert: Totti soll allein ins Bett gehen, denn die Eltern machen sich für einen Theaterbesuch zurecht. Als sie ein Krokodil unterm Bett sieht, kommt der Vater zu ihr und sieht nach, aber er findet nur allen möglichen Kram, aber kein Krokodil.

Kaum sind die Eltern weg, ist das Krokodil wieder da, diesmal sitzt es auf dem Schrank und stellt sich als Jakob vor. Weil Totti Angst vor ihm hat, macht sich Jakob ganz klein. Doch jetzt hat Totti ihren Schreck überwunden und findet, daß ihr Jakob groß besser gefällt. Weil Jakob ganz staubig ist, gehen die beiden erst mal in die Badewanne, und haben viel Spaß zusammen.

Als das Wasser fast kalt ist, trocknen sie sich ab und dann tanzen sie zusammen den Kroki-Tanz. „Der Kroki-Tanz ist toll! Elegant schwingt sich Jakob hin und her. Er stellt sich sogar auf die Vorderpfoten und klopft mit dem Schwanz den Takt gegen die Stubendecke. Dann wirft er Totti in die Luft, kopfüber, kopfunter, und fängt sie wieder auf, bis beide zuletzt ganz außer Atem sind."

Totti ist immer noch nicht müde, und sie basteln zusammen aus Eierschachteln ein Krokodil und malen es an. (Die Herstellung des Krokodils ist genau beschrieben, so daß die Kinder es nachmachen können.) Schließlich fängt Totti an zu gähnen und Jakob bringt sie ins Bett. Dann erzählt er ihr seine Geschichte. Er kommt aus dem schönen Kroki-Land und hat dort „. . . oft dummes Zeug angestellt . . .". Er hat den kleinen Tierkindern durch Gruselgeschichten Angst eingejagt und sie, wo er nur konnte, erschreckt. Eines Tages hat er Krokodil-Eier und Strauß-Eier vertauscht. Die Krokodil-Eltern und die Strauß-Eltern waren furchtbar erschrocken, als aus den Eiern die vertauschten Jungen ausschlüpften. Der Älteste der sieben Weisen des Kroki-Landes verurteilte Jakob schließlich dazu, in das Land der Menschen zu gehen und dort nett zu tausend Kindern zu sein, die nachts Angst haben. Erst wenn er diese Aufgabe erfüllt hat, darf Jakob wieder ins Kroki-Land zurückkehren. „. . . Du bist das neunhundertneunundneunzigste, Totti! Morgen werde ich mit meinem tausendsten Kind spielen, und dann darf ich ins Land der Krokodile zurückkehren. Aber von Zeit zu Zeit möchte ich gerne wiederkommen und die Kinder der Menschen besuchen . . ."

Noch bevor Jakob mit seiner Geschichte fertig ist, ist Totti eingeschlafen. Er deckt sie vorsichtig zu und geht dann leise davon. Am nächsten Morgen sieht der Vater das gebastelte Krokodil und meint überrascht: „Du hast ja doch ein Krokodil unterm Bett." Aber Totti verrät nichts.

Die Illustrationen sind in gedämpften Farben gehalten und geben die Handlung lebendig wieder. Text und Bild haben in diesem Bilderbuch etwa den gleichen Anteil.

Tottis Eltern gehen aus und sie muß alleine zu Hause bleiben. Das ist ihr unheimlich und sie vermutet ein Krokodil unterm Bett. Viele Kinder teilen die Angst vor dem Alleinsein und vor etwas, das sich unter dem Bett – wo es so dunkel und unheimlich ist – versteckt hat, mit Totti.

In der Begegnung mit Jakob erkennt Totti und damit auch die Kinder, die dieses Bilderbuch betrachten, daß diese Angst unbegründet ist. Der Spaß, den Totti und Jakob zusammen haben, erfreut die Kinder und Jakobs Erzählung läßt sie hoffen, daß Schlimmes sich verändern und zum Guten wenden kann.

Dann gibt es Bilderbuchgeschichten, die sich in einer überwiegend oder rein phantastischen Welt abspielen wie *„Das Traumfresserchen"* von Michael Ende und Annegert Fuchshuber; oder „*Der kleine Tag besucht die Erde*" von Ursula Kirchberg und Wolfram Eicke:

„Hinter den Sternen, im funkelhellen Lichtreich, lebte ein kleiner Tag. Alle Tage leben dort, bevor sie auf die Erde kommen, und kehren auch dahin zurück, wenn die Nächte sie wieder von der Erde verscheucht haben. Jeder Tag kommt nur ein einziges Mal herunter und dann nie wieder. Es ist ja auch ganz unmöglich, daß ein Tag genauso abläuft wie einer, der schon einmal auf der Erde war."

So beginnt diese phantastische Bilderbuchgeschichte. Der kleine Tag, die Hauptperson in dieser Geschichte, muß noch lange warten, bis er endlich auf die Erde darf.

„Sein Vater war ein berühmter und gefürchteter Tag gewesen. Ein schlimmer Sturm hatte damals viele Häuser zerdrückt und ganze Wälder verwüstet. ‚Es war aufregend', erzählte sein Vater stolz, ‚die Menschen denken heute noch an mich.' . . ."

Auch seine Mutter war ein besonderer Tag gewesen, an dem nach einem langen Krieg endlich Frieden geschlossen wurde.

Der kleine Tag hört den Tagen immer ganz gespannt und aufgeregt zu, wenn sie von der Erde zurückkommen und von ihren Erlebnissen erzählen.

„Viele Tage waren stolz darauf, daß die Menschen sich an sie erinnerten. Mal war ein Raumschiff auf einem fernen Planeten gelandet, mal hatte ein Königspaar geheiratet; in einem Land brach ein Vulkan aus, in einem anderen waren die Menschen eingeschneit."

Der kleine Tag ist überzeugt, daß etwas ganz Besonderes geschehen wird, wenn er auf die Erde kommt. Er kann es kaum noch erwarten. Endlich ist es soweit. Der 23. Februar kommt und der kleine Tag darf auf die Erde. Zunächst ist er enttäuscht, weil alles so kalt und neblig ist und sich niemand über ihn zu freuen scheint. Dann aber hat die Sonne Erbarmen mit ihm und zeigt sich kurz. Er sieht einen Jungen, der sich über seinen Geburtstag und sein neues Fahrrad freut; er sieht das Meer, die Berge, Wälder, Wiesen, und Städte mit vielen Menschen.

Nicht alle Leute sehen fröhlich aus, was der kleine Tag verwundert zur Kenntnis nimmt. Am Nachmittag sieht er dann aber ein Liebespaar, das sich küßt, und Kinder, die im Park spielen, und so kehrt er freudig nach Hause, als die Nacht hereinbricht und seine Zeit auf der Erde zu Ende ist. Begeistert erzählt er von seinen Erlebnissen und wird ausgelacht, weil niemand sie für besonders aufregend hält. Ein Onkel sagt zu ihm:

„. . . ‚Geburtstag, Sonne und Liebe! So etwas kennen wir ja alle . . . Gab es denn nichts Besonderes? Ein Erdbeben vielleicht? Oder wenigstens ein Zugunglück?'..."

Traurig zieht sich der kleine Tag zurück und hört kaum noch hin, wenn zurückkommende Tage von ihrem Besuch auf der Erde erzählen. Nicht einmal seine Mutter kann ihn trösten. Bis eines Tages ein Vetter von der Erde kommt und dem kleinen Tag und allen anderen Tagen erzählt, daß der 23. Februar – an dem der kleine Tag die Erde besuchte – auf der ganzen Welt zu einem Feiertag gemacht wurde, weil an diesem Tag nirgends gekämpft wurde und kein einziges Verbrechen geschehen war. Alle staunen und der kleine Tag strahlt.

Die Unwiederbringlichkeit der Zeit, die Sensationslüsternheit, die unsere Augen für die wesentlichen Dinge oft verschließt, zeigt unter anderem dieses Bilderbuch den Kindern.

Die Illustrationen sind realistisch und z. T. sehr stimmungsvoll. Der nicht sehr umfangreiche Text steht neben oder unter den Bildern.

In all den genannten Buchbeispielen, wie auch in allen anderen Bilderbüchern dieser Art, werden einerseits Probleme der Kinder wie Angst, böse Träume, Aggression, oder andererseits Probleme unserer Gesellschaft, wie Sensationslust, verantwortungsloser Umgang mit der Natur, Außenseiterprobleme und ähnliches in einer mehr oder weniger phantastischen Geschichte dargestellt.

Es gibt aber auch Bilderbücher, die in eine ganz versponnene und phantastische Welt entführen wie *„Hänschen im Blaubeerenwald"* von Elsa Beskow, oder *„Der Flug der Eule"* von Rosemarie Detzner-Sohn und Helga Höfle.

Und es gibt phantastische Bilderbuchgeschichten, die heiter, witzig und humorvoll gestaltet sind wie *„Traumstunde für Siebenschläfer"* von Janosch, oder *„Die neugierige kleine Hexe"* von Lieve Baeten:

Als die kleine Hexe Lisbet mit ihrer Katze in einer Mondnacht auf ihrem Besen durch die Luft fliegt, sieht sie ein Haus, in dem noch Licht brennt, und weil sie neugierig ist, fliegt sie natürlich hin, um nachzusehen. Bei der Landung auf dem Dachboden dieses Hauses geht ihr Besen zu Bruch, und sie macht sich auf die Suche nach jemanden, der ihn wieder heil machen kann.

In jedem Stockwerk trifft sie auf eine Hexe. Jede dieser Hexen hat besondere Fähigkeiten. Die eine kann Musik machen, die andere kochen, die nächste ist die Hexe, die schlafen kann. Im Keller schließlich findet

Lisbet die Hexe, die basteln kann, und diese macht den kaputten Besen nicht nur wieder ganz, sondern sie zaubert ihr einen tollen Raketenbesen. Mit diesem Superbesen macht sich Lisbet wieder auf in die Luft und saust durch die Nacht. Durch ihr Fernglas sieht sie in der Ferne ein Haus „...He, war dahinten nicht ein Licht...?"

Die Illustrationen in diesem Bilderbuch sind in anheimelnden Farben und Formen gestaltet und geben das durch die Zauberei der Hexen entstehende Chaos gut und mit liebevollen Details wieder. Auf dem Bild, auf dem Lisbet der Musik lauscht, die „...die Hexe, die Musik machen kann..." für sie macht, fliegen die verschiedenen Musikinstrumente nur so durch die Luft. In der Küche bei der Hexe, die kochen kann, ist alles da, was Kinder gerne essen: Pommes frites, Hamburger, Spaghetti, Hühnchen, Eis, Lollies und einiges mehr.

Besonders reizvoll in diesem Buch ist, daß zwischen jeweils zwei großen Seiten eine halbe Seite eingefügt ist. Wenn man diese halbe Seite umblättert, verändert sich die abgebildete Szene. So ist z. B. in der Küche zunächst nur die gemütliche Einrichtung, Lisbet und die Kochhexe zu sehen. Blättert man die halbe Seite um, sind alle oben erwähnten Köstlichkeiten auf Herd, Tisch, Stühlen und Boden zu sehen, die von der Hexe, die kochen kann, gezaubert wurden.

Auf der allerletzten Seite ist das ganze „Hexenhaus" mit den verschiedenen Stockwerken und den für die jeweilige Hexe typischen Utensilien in warmen und Geborgenheit ausstrahlenden Farben abgebildet.

Dieses reizende Bilderbuch mit seiner heiteren Geschichte wird die Kinder begeistern. So regt etwa die letzte Szene – in der Lisbet ein weiteres Haus entdeckt, in dem noch Licht zu sehen ist – die Kinder an, sich auszumalen, was die neugierige Hexe wohl dort vorfinden wird.

Bedeutung für das Kind

Kinder im Vorschulalter leben in der sogenannten magischen Phase. Das bedeutet, daß das Weltverständnis der Kinder von einer anthropomorphisierenden (vermenschlichenden, menschliche Eigenschaften auf Nichtmenschliches übertragenden) Denkweise bestimmt ist. Phantasie und Realität fließen für Kinder ineinander über. Erst im Laufe der ersten Schuljahre verliert sich dieses magische Denken und der Realitätsbezug gewinnt zunehmend an Bedeutung.

Vor diesem Hintergrund haben phantastische Bilderbücher eine besondere Bedeutung. Die phantastischen Geschichten und Bilder entsprechen dem Denken und den Wünschen der Kinder. Es fällt ihnen leicht, sich auf die irrealen und phantastischen Gestalten und Handlungen einzulassen und sie nachzuvollziehen, sie haben Freude daran, und ihre Phantasie wird angeregt und weiterentwickelt. Die Fähigkeit über die Grenzen der Wirklichkeit hinaus zu denken, ist ja bei den Kindern vorhanden und bleibt erhalten. Mit dieser Fähigkeit wird auch die Erziehung zur Toleranz unterstützt. Nur wer in der Lage ist, über den eigenen Tellerrand hinauszusehen, sich etwas Unbekanntes vorzustellen und sich darauf einzulassen, kann auch anders Denkende und anders Lebende verstehen und akzeptieren.

In vielen phantastischen Bilderbüchern werden, wie bereits erwähnt, ganz reale Probleme in phantastischer Form dargestellt.

Die Kinder können in einer ihnen angemessenen Weise – also mehr durch die Phantasie – so *schwerwiegende Probleme* wie Angst, Aggression u. ä. *unbewußt erfassen* und *verarbeiten*. Besonders die oben genannten Probleme, die für ein Kind in der Realität rational nur sehr schwer erfaßbar sind, lassen sich in einer phantastischen Geschichte oft besser darstellen als in einer realistischen. Das Kind kann sich auf die phantastische Geschichte einlassen, soweit es dies ertragen kann, aber auch Distanz herstellen, wenn es möchte, da die Geschichte eben nicht in der Realität spielt.

Wenn ein bestimmtes Problem auf eine phantastische Figur projiziert ist – z. B. das Außenseiterproblem auf einen Drachen, der nicht Feuer spukken kann oder auf einen Vogel, der keine Flügel hat – dann können sich alle betrachtenden Kinder damit identifizieren, die in irgendeiner Weise von diesem Außenseiterproblem betroffen sind und nicht nur ein Kind mit einem ganz speziellen Problem, wie das möglicherweise bei einer realistischen Darstellung der Fall wäre.

Die Identifikation mit der Hauptperson ist also auch im phantastischen Bilderbuch sehr gut möglich und das Kind hat auch hier die Gelegenheit, eigene Gefühle und Empfindungen wiederzufinden. Es wird auch in diesen Bilderbüchern, wenn auch auf einer mehr unbewußten Ebene, das So-Sein der Kinder bestätigt.

Viele phantastische Bilderbücher enthalten abenteuerliche Elemente; auch das entspricht den Bedürfnissen der Kinder. Neben dem Wunsch, die Welt kontinuierlich zu erfassen und dadurch Sicherheit zu gewinnen, steht das Bedürfnis, diese Sicherheit kurzfristig zu verlassen und die eigene Geborgenheit auf die Probe zu stellen (wie die Kinder das auch beim Anhören von Märchen tun). Die Kinder üben damit in einer Situation, in der sie sich wohl und sicher fühlen (bei einer Bilderbuchbetrachtung mit einer oder mehreren vertrauten Personen), erste Ablösungsschritte aus der gewohnten Welt.

Es können hier durchaus Ängste entstehen. Da jedoch diese phantastischen abenteuerlichen Geschichten immer ein gutes Ende haben und die aufgebaute Spannung sich in Grenzen hält, kann diese Angst gut bewältigt und verarbeitet werden. Die Kinder lernen in einer für sie positiven Form Angst auszuhalten. Dies stärkt die psychische Stabilität der Kinder; und sie sind ihren Ängsten – die zum menschlichen Leben gehören – nicht hilflos ausgeliefert.

Die Gestaltung phantastischer Bilderbücher ist häufig besonders stimmungsvoll und ausdrucksstark, was zum einen an der Farbgebung und zum anderen an der hochwertigen künstlerischen Gestaltung liegt. Zu nennen sei hier als hervorragendes Beispiel die Bilderbuchgestaltung von Annegert Fuchshuber (z. B. „Das Traumfresserchen", „Der Spatz in der Hand", „Der Zwiebelkrieg", „Die Kinder in der Erde").

Durch diese künstlerisch nicht nur wertvolle, sondern auch ansprechende Gestaltung werden die Gefühle des Kindes zusätzlich in besonderer Weise berührt und außerdem sein ästhetisches Empfinden entwickelt.

Nicht zuletzt sind phantastische Bilderbücher auch oft sehr lustig, humorvoll und manchmal auch ein bißchen ironisch. Die Betrachtung solcher Bilderbücher macht den Kindern nicht nur viel Freude und Vergnügen, sondern entwickelt auch ihren Sinn für Humor und trägt so zur Erweiterung ihres Horizontes und zu ihrer emotionalen und intellektuellen Entwicklung bei.

Buchbeispiel für ein realistisches Bilderbuch mit phantastischen Elementen

Annegert Fuchshuber
„Der Spatz in der Hand"
Stuttgart–Wien: Thienemann, 1988

Inhalt

Tim darf mit seiner Mutter auf den Markt zum Einkaufen gehen. Auf dem Markt sind sehr viele Leute, und die Mutter bittet Tim, sich gut an ihrer Tasche festzuhalten, damit er in dem Gedränge nicht verlorengeht. Tim kann sich das nicht so recht vorstellen:

„‚Ich geh schon nicht verloren', dachte Tim. ‚Ich bin immer da.' Aber er packte doch die Riemen von Mutters Tasche ganz fest und machte große Schritte und hielt sich in all dem Stoßen und Schieben und Drängeln dicht bei ihr.

Für die Mutter mochte es noch gehen, die war groß.

Aber Tim hatte seine Nase ein Stockwerk tiefer, da sah er nichts als Hosenbeine, Mantelknöpfe, Einkaufstaschen, Regenschirme.

Richtig dunkel war es und sehr eng.

Tim bekam kaum noch Luft."

Plötzlich wird Tim gestoßen, und seine Hand ist nicht mehr an Mutters Tasche. Es ist ganz dunkel um ihn, und er kann nicht mehr genau erkennen, ob es Beine oder Bäume sind, die um ihn herum sind. Er ist doch verlorengegangen.

Die Welt um ihn verwandelt sich in einen Wald: er stolpert über Wurzeln und Steine, über ihm rauscht und raunt es.

Zwischen den Bäumen sieht er „ein zottiges Tier mit glühenden Augen". Seine Mutter ist weg.

Plötzlich entdeckt Tim am Boden einen winzig kleinen, zerzausten Vogel. Er nimmt ihn auf und will ihn vor dem wilden Tier mit den spitzen Zähnen und der langen roten Zunge beschützen:

„‚Hab keine Angst', sagt Tim, ‚ich paß schon auf.

Weißt du, das ist gar kein Zauberwald, das sieht nur so aus.

Da sind viele Leute, die haben es alle sehr eilig. Das hier ist ein großer Regenschirm, und das sind keine Bäume, nur Beine und Mäntel und Straßenlaternen und Abfallkörbe.'"

Auch die Geräusche ringsum erklärt Tim dem kleinen Spatz in seiner Hand, und auch das wilde Tier entpuppt sich als ganz normaler Hund. Tim beschwichtigt und schützt den kleinen Vogel.

Und dann ist auch die Mutter wieder da, die ihn schon überall gesucht hat. Tim erzählt, daß er in einem Zauberwald war, und daß er gar keine Angst hatte. Er zeigt der Mutter das kleine „Spätzchen". Beide beschließen, es mit nachhause zu nehmen und zu füttern, „‚bis es groß und stark ist.'"

„‚So groß und stark wie ich?'" (sagt Tim)

„‚Ja.'"

„‚Und dann?'" „‚Dann lassen wir's fliegen.'"

Damit endet das Bilderbuch.

Die Illustrationen in diesem Bilderbuch sind von hoher künstlerischer Qualität. Annegert Fuchshuber verwendet wunderbare und leuchtende Farben; die Bildkompositionen, die zum Teil wie Gemälde wirken, geben die Atmosphäre der einzelnen Handlungselemente und Tims Empfindungen sehr intensiv wieder.

Bedeutung

In diesem Buch gehen Realität und Phantasie ineinander über. Aus den vielen Menschen, die Tim umgeben und von denen er nur die Beine sieht, wird ein Zauberwald.

Die Situation, zwischen vielen Erwachsenen zu stehen, erlebt ein Kind sehr häufig, ob das in einer vollen U-Bahn ist, im Gedränge im Kaufhaus, auf einem Volksfest, oder aber, wie bei Tim, auf dem Markt. Dieses Erlebnis kann für ein Kind, das ja viel kleiner ist als die Erwachsenen, sehr bedrohlich und beängstigend sein. Deshalb kann es bei der Betrachtung dieses Bilderbuches mühelos nachvollziehen, wie dieser Zauberwald entsteht.

Jedes Kind kann sich mit Tim und seinen Empfindungen identifizieren. Zunächst kann Tim sich nicht vorstellen, daß er verlorengehen könnte. Doch als die Tasche der Mutter, an der er sich festgehalten hat, weg ist, fühlt er, was es heißt verloren zu sein, und die Welt verändert sich. Er ist allein, und der Zauberwald mit seinen unheimlichen Geräuschen und dem wilden Tier wirken bedrohlich.

Bevor Tim richtig Angst bekommen kann, sieht er einen kleinen Spatz. Dieser ist noch winziger, noch bedrohter und hilfebedürftiger als Tim. Durch die Verantwortung, die er für den kleinen Vogel übernimmt, gelingt es ihm, sich seine reale Situation wieder klar zu machen. Indem er dem kleinen Spatz erklärt, was um sie herum vorgeht, ruft er sich das eigentlich selbst ins Bewußtsein. Er macht hier einen entscheidenden Entwicklungschritt: Aus dem hilfbedürftigen Jungen wird ein Kind, das eine Beschützerrolle und Verantwortung übernimmt. Er hat seine Angst überwunden, um einem Schwächeren zu helfen.

Die betrachtenden Kinder erleben durch die Identifikation mit Tim, daß Angst bewältigt werden kann. Sie erfahren, welche Kräfte mobilisiert werden können, wenn man als Helfer gebraucht wird und wie befriedigend das sein kann. Tims Selbstbewußtsein steigt durch dieses Erlebnis und auch das betrachtende Kind fühlt sich bestärkt. („Ich war im Zauberwald. Aber ich habe gar keine Angst gehabt.")

Die Mutter und Tim beschließen, den kleinen Spatz zu füttern, bis er groß und stark ist, so groß und stark wie Tim schon ist. Auch hier kann sich der Betrachter wiederfinden und bestätigt sehen.

Die Aussicht, den kleinen Vogel fliegen zu lassen, wenn es soweit ist, ist von doppelter Bedeutung. Einmal zeigt es dem Kind, daß ein bedrohtes Tier Hilfe braucht, daß man ihm aber seine Freiheit wiedergeben soll, wenn es „groß und stark ist".

Die zweite Botschaft wird sicher vom Kind nur unbewußt aufgenommen. Die Aussicht, losgelassen zu werden, wenn die Zeit dafür gekommen ist, ist nicht nur für den kleinen Vogel wichtig, sondern auch für Tim selbst. Das zeigt dem Kind, daß die Mutter die Ablösung, die sich in dieser Geschichte – neben der Angstbewältigung – auch angebahnt hat, akzeptiert.

Daß die notwendige Geborgenheit (für Tim und auch für das betrachtende Kind) noch besteht, zeigt sehr schön das vorletzte Bild. Die Mutter sitzt auf einer Treppe, auf ihrem Schoß sitzt Tim und der hat den kleinen Spatz auf dem Schoß. Die Hände der Mutter schützen Tim, und dessen Hände mit der gleichen Geste den kleinen Vogel.

Dieses Bilderbuch hilft dem Kind, eine ganz reale *Angst zu bewältigen,* stärkt sein *Selbstbewußtsein und Selbstwertgefühl;* das Kind erfaßt unbewußt, daß der *Ablösungsprozeß* – in dem sich ja auch ein Kindergartenkind schon befindet – *gelingen kann,* ohne daß das Kind die notwendige Geborgenheit verliert.

Buchbeispiel für ein realistisches Bilderbuch mit einem phantastischem Element

Gunilla Bergström

„Milla mitten in der Nacht"

Hamburg: Friedrich Oetinger Verlag, 1992

Inhalt

Milla ist ein kleines Mädchen, es ist Nacht und sie soll schlafen Es ist nicht so, daß Milla Angst hat:

„‚Aber Puppe Dora hat ein bißchen Angst.‘ ‚Ich mag die Nacht nicht‘, piepst sie.

Nachts ist plötzlich alles *anders,* findet Dora. Es ist so komisch still."

Dora findet, daß die Stimmen der Erwachsenen nachts anders klingen als am Tag und daß Wind und Regen deutlicher zu hören sind.

„‚Nee, ich mag die Nacht nicht‘, flüstert Dora. ‚Hab keine Angst‘, sagt Milla. ‚Wir haben ja Alfons.‘"

Alfons ist eine ausgedachte Figur, „ein heimlicher Freund", den man zwar nicht sehen kann, den es aber *gibt*. Wenn man will, dann kommt er, und er wird je nach Bedarf klein oder groß. Alfons erklärt nun der Puppe Dora, was es mit der Nacht auf sich hat. Er sagt: „. . . daß ‚Wind und Regen an der Fensterscheibe *Musik*‘ sind" und dazu tanzt er ein wenig. Er zeigt ihr die Lichter auf den Straßen, die wie zu Weichnachten glitzern; er findet die über die Zimmerdecke huschenden Lichtstreifen, die von den vorbeifahrenden Autos kommen, lustig; den Riesenvogel im Zimmer entlarvt er als Kleider auf dem Stuhl. Als Dora dann jammert, daß man in der Nacht auch böse träumt und davon wach wird, meint Alfons:

„Dann mach ich mich ganz groß. So. Und dann scheuch ist den Traum weg. Hau ab, Traum! Du bis zu Ende. Aus und vorbei. Du hast hier nichts mehr zu suchen. Also weg! So, jetzt kannst du ruhig wieder einschlafen, *der* Traum ist jetzt fertiggeträumt und wirklich weg."

Auch den angeblich nachts viel längeren Weg zum Klo erklärt Alfons der Puppe Dora. Milla und Dora gehen dann noch einmal aufs Klo und als Alfons ihnen dann sagt, daß man in der Nacht einschlafen kann, daß man bis ins Weltall fliegen kann, wenn man will, und daß nach jeder Nacht ein neuer Tag kommt, sind die beiden längst eingeschlafen und wachen an einem strahlend schönen Tag wieder auf.

„Dann ist Dora auch wie immer – und sagt nichts. Nicht wie in der Nacht! Und Alfons fliegt still und leise davon."

Bedeutung für die Kinder

Dieses Bilderbuch behandelt das Thema „Angst vor der Dunkelheit" auf eine ganz besondere Weise. Nicht Milla, das kleine Mädchen, hat Angst, sondern die Puppe Dora ist diejenige, der nachts alles unheimlich ist und der davor graut. Das betrachtende Kind, das ja weiß, daß es selbst auch diese Ängste im Dunkeln hat, muß sich nicht bloßgestellt fühlen. Es kann bestimmte Angstsituationen mit mehr Distanz betrachten – nicht das Kind, sondern die Puppe hat Angst – und kann sich unbelasteter, vielleicht sogar neugierig (was fällt der Puppe denn noch alles ein?) darauf einlassen. Das Kind kann damit diese Situationen nicht nur gefühlsmäßig, sondern auch mit dem Verstand erfassen.

Eine Puppe ist nicht nur Spielzeug, sondern sozusagen das Kind des Kindes. Die Puppe muß also betreut und beschützt werden. Hat das Puppenkind Angst, läßt die Puppenmutter die eigene Angst nicht zu und tröstet ihr Kind. Diese Beschützerfunktion ist eine Rolle, an der das Kind – als Puppenmutter – wachsen und die eigene psychische Stabilität erweitern kann.

Es ist aber schwer, ganz alleine mit der eigenen Angst *und* der Angst der Puppe fertig zu werden. Alfons ist genau der Gefährte, den Milla braucht, und damit auch das betrachtende Kind, das sich mit ihr identifiziert, um dieses Problem zu meistern. Alfons erklärt der Puppe Dora die unheimlichen Erscheinungen der Nacht. Milla kann da ruhig auch zuhören und muß nicht sagen, daß es ihr doch eigentlich genauso geht wie Dora. Milla ist also einerseits Trösterin für die Puppe und andererseits wird sie selbst von Alfons unterstützt, die Angst vor der Nacht zu bewältigen und ihr sogar positive Seiten abzugewinnen.

Diese Bilderbuchgeschichte ist schon für kleine Kinder, ab etwa zwei einhalb Jahren, geeignet. Die Illustrationen sind sehr einfach und überschaubar, nur die wichtigsten Details sind abgebildet. Die Dunkelheit ist nicht grauschwarz, sondern in unterschiedlichen Blautönen – die auch die jeweilige Stimmung wiedergeben – dargestellt, sodaß sie zwar geheimnisvoll, aber nicht angstmachend wirkt. Auf dem letzten Bild, auf dem Milla am Morgen des neuen Tages aufwacht, ist der Hintergrund in einem strahlenden Gelb gehalten, mit einigen blauen Strahlen am Rande des Bildes – in einem dieser Strahlen entschwebt gerade Alfons. Die Bilder sind nicht sehr bunt, ohne deswegen langweilig zu wirken. Es herrschen verschiedene Blautöne vor, nur das Bild, auf dem die Stadt mit ihren Lichtern gezeigt wird, wirkt wie eine bunte Fototgrafie.

Alfons ist immer weiß dargestellt, mit schwarz gestrichelten Umrißlinien. Er befindet sich in einer Art weißer Gedankenblase. Es wird deutlich, daß es sich bei dieser Figur um eine Phantasiegestalt handelt, ohne daß dies im Text hervorgehoben werden müßte.

Der Text ist einfach. Die kurzen Sätze drücken Doras Empfindungen sehr klar aus und auch die Erklärungen von Alfons sind bildhaft und präzise. Kleine Kinder werden keine Probleme haben, diesen Text zu verstehen.

Brigitte Weninger · Bilder von Alan Marks

„Auf Wiedersehen, Papa!"

Gossau Zürich / Hamburg / Salzburg:
Michael Neugebauer Verlag AG, 1995

Inhalt

Toms Eltern sind geschieden. Nach einem Besuchstag bringt sein Vater ihn nach Hause zurück. Tom möchte nicht, daß Papa wieder weggeht. Er ist böse auf Papa und als dieser ihn zum Abschied umarmen will, dreht Tom sich weg. „Traurig geht Papa die Treppe hinunter." Tom will sich auch von der Mutter nicht trösten lassen. Er schreit und weint und legt sich schließlich in seinem Zimmer auf das Bett. Nach einer Weile kommt die Mutter und legt ihm seinen Teddybären in den Arm. Plötzlich fängt der Teddy leise an zu erzählen „… und Tom hört ihm zu."

Der Teddy erzählt von einem kleinen Bären, der mit seiner Mutter in einer gemütlichen Bärenhöhle lebte. Die beiden hatten es schön zusammen. Sie spielten miteinander im Wald und am Bach und der kleine Bär lernte, welche Dinge er essen durfte und welche nicht. In der Nacht schliefen beide aneinandergekuschelt auf ihrem Laubbett. „Das war schön. Das schönste aber war, wenn Papa Bär kam und ihn mitnahm!"

Die beiden hatten viel Spaß zusammen. Mit Papa Bär kam der kleine Bär in andere Teile des Waldes und lernte andere Tiere kennen. „Wenn der kleine Bär Hunger hatte, holte Papa Bär mit einem einzigen Prankenhieb die dicksten Fische aus dem Bach oder brach ein Erdbienennest auf. Oh, wie das schmeckte!" Sie balgten sich und „ließen sich die Sonne auf den Pelz scheinen." Am Abend brachte Papa Bär den kleinen Bären nach Hause zu Mama Bär. Da war der kleine Bär böse auf Papa Bär und wollte ihm nicht auf Wiedersehen sagen. Er ließ sich auch von Mama Bär nicht trösten und legte sich weinend in sein Bett. „Warum geht er wieder fort?", fragte der kleine Bär traurig. Mama Bär erklärt ihm, daß Papa Bär jetzt eine eigene Höhle hat, weil die Höhle für zwei große Bären, die sich nur streiten und nicht mehr lieb haben, zu klein ist. Das versteht der kleine Bär, denn auch er ist nicht gerne mit Tieren zusammen, mit denen es immer Streit gibt.

Mama Bär erklärt ihm auch, daß der Streit zwischen ihr und Papa Bär überhaupt nichts mit beider Liebe zu dem kleinen Bären zu tun hat. Er ist ihr Kind und gehört für immer zu ihnen und beide haben ihn am allerliebsten. Deswegen kommt Papa Bär auch, so oft es geht, und holt den kleinen Bären … zum Toben und Spielen. Der kleine Bär freut sich darauf, daß Papa Bär ihn bald wieder abholt und nimmt sich vor: „Das nächste Mal werde ich ihm nachwinken … und ihm zubrummen: Auf Wiedersehen, Papa!"

Zufrieden schläft der kleine Bär ein und zufrieden schläft auch Tom ein, als der Teddy seine Geschichte zu Ende erzählt hat.

Aquarelle illustrieren diese Traumgeschichte. Auf dem ersten Bild sieht man Tom zwischen den Mänteln in der Garderobe versteckt, in der einen Ecke des Bildes. Der Vater steht abgewandt vor der offenen Haustüre auf der gegenüberliegenden Seite des Bildes. Seine Haltung ist etwas gebeugt, er macht einen traurigen Eindruck. Die Mutter steht ebenfalls nahe der Haustüre. Sie hat den Kopf abgewandt und ist ganz am Rand des Bildes plaziert.

Trotz der hellen und freundlichen Farben, die auf diesem Bild vorherrschen, ist die Trauer der dargestellten Personen spürbar. Wegen der nicht exakten Bildgestaltung ist der Betrachter gezwungen, genau hinzusehen und kann dabei die traurige Atmosphäre – die aber nicht trostlos ist – erfassen. Jüngere Kinder – etwa ab 4 Jahren –, für die dieses Bilderbuch empfohlen werden kann, werden bei der Betrachtung dieses und auch noch einiger anderer Bilder die Hilfe einer Bezugsperson brauchen, um Einzelheiten und Zusammenhänge zu erkennen. Insgesamt sind die Bilder der „Bärengeschichte" liebevoll gestaltet und strahlen Geborgenheit aus. Sie lösen bei den Kindern sicher angenehme Empfindungen aus.

Bedeutung

Das Thema Scheidung trifft Kinder aller Altersgruppen. Besonders für ganz junge Kinder ist diese Situation schwierig zu verstehen. Weshalb geht der Papa immer wieder weg, obwohl es doch gerade noch so schön zusammen war? Die kleine Hauptperson Tom reagiert seine Trauer über Papas Abschied mit unglücklichem Trotz und Ablehnung ab. Er will nicht umarmt werden und der Papa geht traurig davon. Das Gefühl von Verlassenheit und Verzweiflung, Unverständnis, aber auch Aggression werden hier ohne umständliche Beschreibung deutlich und sprechen den betroffenen Kindern sicher aus der Seele.

In seiner unglücklichen und ablehnenden Haltung wäre Tom einem „vernünftigen" Gespräch mit Mutter oder Vater nicht zugänglich. Vom Teddy, in vielen Lebenslagen der Tröster der Kinder, hört er sich die Geschichte der Bärenfamilie an. Auf der „Bärenebene" versteht Tom, daß es besser ist, wenn Papa und Mama nicht mehr zusammen wohnen. Daß zwei Bären – und natürlich auch Menschen – die nur miteinander streiten und sich nicht mehr lieben, sich trennen, das leuchtet ihm ein. Der kleine Bär aber ist das Kind von Papa *und* Mama und beide haben ihn lieb. Da er aber nur bei einem von beiden, in diesem Fall bei der Mama, wohnen kann, besucht der Papa ihn so oft er kann, weil der doch auch Sehnsucht nach seinem Jungen hat. Diese auf das Wesentliche reduzierte Sichtweise der Situation nach einer Scheidung können auch kleinere, etwa 4jährige Kinder, schon verstehen. Da sich die für Kinder so schmerzliche Trennung der Eltern außerdem nicht auf der realen, sondern auf der „Bärenebene" vollzogen hat, ist es für die Kinder auch leichter, sich auf die Geschichte mit der nötigen Distanz einzulassen und alle Details ihrer individuellen Situation auszuklammern.

Das Buch kann ihnen helfen, zu begreifen, daß die Trennung der Eltern mit ihrer eigenen Person gar nichts zu tun hat. Der Papa hat nicht das Kind verlassen, sondern kann nur nicht mehr mit der Mama zusammenleben. Er liebt sein Kind und will oft mit ihm zusammen sein. Der kleine Bär in der Geschichte freut sich auf den nächsten Papabesuch, Tom mit ihm und die Kinder, denen es ebenso geht wie den beiden, hoffentlich auch.

Buchbeispiele für phantastische Bilderbücher

Barbara Shook-Hazen/Tony Ross
„Vom Ritter, der sich im Finstern fürchtete"
Hamburg: Carlsen Verlag 1990

Inhalt

Sir Fred ist ein sehr mutiger Ritter, der bei allen beliebt ist, vor allem bei Lady Wendylyn, die er aus den Klauen eines gräßlichen Drachen befreit hat. Seitdem liebt Lady Wendylyn Sir Fred und Sir Fred liebt Lady Wendylyn. Es gibt nur einen, der dem mutigen Ritter nicht wohlgesonnen ist, und das ist der Burgwächter William der Widerliche.

Dieser beneidet Sir Fred um seine Beliebtheit und seinen Mut. William der Widerliche beginnt Sir Fred zu belauern und ihm fällt auf, daß der Ritter alle seine mutigen Taten bei hellem Tageslicht ausführt, daß er sich bei Gewitter im Gegensatz zu den anderen Rittern nicht unter dem Tisch verkriecht, sondern es umso schöner findet, je mehr es blitzt, und daß er seine geliebte Lady Wendylyn nur in mondhellen Nächten trifft. Und tatsächlich hat der mutige Ritter Sir Fred nur einen Fehler:

„Er fürchtete sich ganz fürchterlich im Finstern. Seine Knie schlotterten, sein Herz hämmerte – so sehr fürchtete er sich.

Er fürchtete sich vor den finsteren, mondlosen Nächten; vor der Finsternis auf der steilen Wendeltreppe; vor der Finsternis zwischen dem Loch für den Kopf und dem Loch für den Arm, wenn er seine Rüstung anzog."

In seinem Schlafzimmer stellt er viele Kerzen auf und ein Glas mit Glühwürmchen steht auf seinem Nachttisch. Ein

„Kuschelzitteraal durfte bei ihm im Bett schlafen, weil er so schön elektrischen Strom machen konnte."

Außerdem sind in seinem Bett eine ganze Menge Kuscheltiere wie Teddys und Häschen verstreut.

Eines Tages sagt Sir Fred Lady Wendylyn wieder einmal ein Treffen ab, weil der Tag trübe ist und nachts keinerlei Mondlicht in Sicht. William der Widerliche hetzt Lady Wendylyn nun auf, indem er wispert:

„Wenn der Ritter Euch wirklich wiedersehen wollte, würde er keine dummen Ausreden erfinden."

Darauf eilt Lady Wendylyn nach Hause, bestickt einen Teppich mit folgendem Text:

„Komm um Mitternacht zum Brunnen oder nie wieder! Deine (?) Wendy-lyn"

und hängt den Teppich aus ihrem Fenster, gut sichtbar für Sir Fred. Verzweifelt liest Sir Fred diese Botschaft und weiß nicht, was er machen soll, denn

„der Nachthimmel war ungeheuer schwarz und der Mond so dünn wie ein Mauseschnurrbart . . .

Wenn ich nicht gehe, verliere ich meine Liebste, weil sie dann denkt, ich liebe sie nicht. Wenn ich gehe, verliere ich meine Liebste auch, weil sie dann merkt, daß ich mich im Finstern fürchte."

Bewaffnet mit einem Schild voll mit Feuerwanzen und einer Handvoll Glühwürmchen, den Kuschelaal um den Arm gewickelt, geht er schließ-lich zu dem Treffen. Lady Wendylyn, die sich schrecklich vor Käfern und allen glitschigen Dingen ekelt, sieht ihn und seine Mitbringsel und glaubt ihn von den Feuerwanzen, Glühwürmchen und dem Kuschelaal bedroht. Sie will ihn trotz ihres Ekels beschützen und jagt alle Tiere fort, mit dem Erfolg, daß Sir Fred entsetzt völlig im Finstern steht.

Lady Wendylyn gesteht Sir Fred nun beschämt ihren Ekel vor den Käfern usw. und

„Da vollbrachte Sir Fred seine mutigste Heldentat. Er sagte Lady Wendy-lyn die Wahrheit über sich selbst: ,Ich fürchte mich im Finstern. Die Knie schlottern mir, mein Herz hämmert – so fürchte ich mich.'"

Seine Liebste fällt ihm um den Hals und ist gerührt von seinem Mut, und Sir Fred umgekehrt von dem ihren. Schließlich stellt Lady Wendylyn fest, daß der Kuschelaal gar nicht so glitschig ist und Sir Fred findet die Dunkelheit auch nicht mehr so schrecklich, vor allem weil er jetzt auch nicht allein ist.

Bleibt nur noch nachzutragen, daß William der Widerliche, der alles beobachtet hat, wütend das Schloß verläßt.

Bedeutung für die Kinder

Auch in dieser phantastischen Bilderbuchgeschichte geht es um Angst vor der Dunkelheit. Dies ist ein Thema, das Kinder aller Altersstufen – und auch viele Erwachsene – betrifft, besonders aber Kinder im Vorschulalter. Wieviele Kinder haben Angst vor dem Zubettgehen, weil ihnen die Dun-kelheit, die sie dann umgibt, unheimlich ist und ihnen Angst macht. Vor allem sehr phantasievolle Kinder sind davon betroffen. Die Umrisse der im Zimmer befindlichen Gegenstände beginnen sich zu bizarren und beängstigenden Wesen und Formen zu wandeln; sie verhindern das Einschlafen und produzieren, wenn die Müdigkeit sich dann doch durchsetzt, unruhige und *ängstigende* Träume. Man muß dabei auch bedenken, daß Kinder im Vorschulalter mit all den auf sie einstürmenden Einflüssen an sich oft überfordert sind und sie nicht richtig verarbeiten können. In der Dunkelheit nun erscheinen Erlebnisse und Bilder, die bei Tageslicht ganz gut zu bewältigen sind, plötzlich bedrohlich.

Ein Bilderbuch wie das vorliegende kann Angst zwar nicht völlig beseitigen; es kann aber möglicherweise dazu beitragen, mit ihr besser fertigzuwerden und vor allem sich mit dieser Angst – die von den Erwachsenen oft nicht so recht ernstgenommen wird – nicht so allein zu fühlen. Es gibt hier nämlich – dies zeigt das Bilderbuch – noch jemanden, der die Dunkelheit fürchtet und der sich alles mögliche einfallen läßt, damit sie besser zu bewältigen ist. Zudem ist Sir Fred ein Ritter, und in den Augen der Kinder damit jemand, der tapfer und furchtlos der Welt gegenübertritt und sich auch vor Kämpfen nicht fürchtet.

Sir Fred ist noch dazu ein besonders unerschrockener und mutiger Ritter, der es mit den schlimmsten Ungeheuern jeglicher Art ohne Furcht aufnimmt. Wenn sich nun sogar so eine vorbildlich mutige Gestalt im Finstern fürchtet, dann darf ein noch nicht so großes Kind, das noch lange nicht so tapfer und mutig sein kann wie ein Ritter, sich doch erst recht fürchten, ohne sich schämen zu müssen. Wie befreiend kann es für ein Kind sein, sich mit seiner Angst in so vorbildlicher Gesellschaft zu befinden! Diese Erfahrung nimmt der kindlichen Angst bereits etwas von ihrem Schrecken.

Sir Freds Maßnahmen, der Dunkelheit ein Schnippchen zu schlagen, gefallen den Kindern; sie werden dadurch angeregt, sich noch andere Möglichkeiten zu überlegen, die ihnen in einer ähnlichen Situation helfen könnten. Vor allem der Kuschel-Zitteraal der mit einer leuchtenden Glühbirne im Mund dargestellt ist, ruft ihr Entzücken hervor und bringt sie zum Lachen. Lachen hat in Verbindung mit Angst eine nicht zu unterschätzende Bedeutung. Dunkelheit und Angst sind schlimm; Lachen bringt Licht und Fröhlichkeit in diese Dunkelheit.

Sir Fred hat auch jede Menge Kuscheltiere in seinem Bett. Die Kinder werden mit dankbarer Genugtuung feststellen, daß nicht nur sie solche Tröster brauchen und lieben, sondern auch ein mutiger Ritter.

Viel Verständnis werden die Kinder für Sir Freds Angst haben, jemand könnte seine Furcht im Finstern entdecken, denn auch sie schämen sich oft für eine vermeintliche Unzulänglichkeit. Daß er am Ende des Buches seiner Liebsten diese Furcht gesteht und dies als seine mutigste Tat bezeichnet wird und daß Lady Wendylyn ihn nicht auslacht, sondern nur noch mehr liebt, kann für die Kinder eine ganz wunderbare und ermutigende Botschaft sein. Sie sagt ihnen, daß man kein Feigling ist, wenn man sich vor etwas fürchtet – und das bezieht sich nicht nur auf die Furcht vor der Dunkelheit – und daß es oft mutiger ist, sich dazu zu bekennen, als es ängstlich zu verheimlichen.

Das Thema Angst und Mut kann man mit Hilfe dieses Bilderbuches in weiteren Gesprächen und Aktionen mit den Kindern gut vertiefen; denn es ist für die Persönlichkeitsentwicklung des Kindes von großer Bedeutung, zu diesen Eigenschaften ein unverkrampftes und nicht von falschen Idealen geprägtes Verhältnis zu erlangen.

William der Widerliche zeigt den Kindern, daß man immer mit Niedertracht und Heimtücke rechnen muß, daß jedoch, wenn man geradlinig *seinen* Weg geht und *sein* Ziel unbeirrt verfolgt, einem ein widerlicher William nichts anhaben kann.

Sir Freds Geschichte zeigt den Kindern ein Problem, das sie kennen, und weist ihnen Wege, *wie* man damit fertig werden kann, und – fast noch wichtiger –, *daß* man damit fertig werden kann.

Gerade das Problem Angst nimmt jeden, der davon betroffen ist, sehr stark gefangen, sodaß man alleine oft keinen Ausweg daraus finden kann. Sir Fred hat seine Furcht bezwungen, und das gibt den Kindern Hoffnung, daß sie das – wenn auch vielleicht nicht gleich – auch einmal können.

Verstärkt wird die positive Botschaft dieses Bilderbuches durch die Illustrationen von Tony Ross. Sie geben sehr deutlich die Gefühle und Empfindungen der handelnden Personen wieder. Die Häme auf dem Gesicht Williams des Widerlichen, als es ihm gelingt, Lady Wendylyns Argwohn zu wecken, Lady Wendylyns Zorn, als sie den mit ihrer Botschaft bestickten Teppich aus dem Fenster hängt, Sir Freds Verzweiflung, als er diese Botschaft seiner Liebsten liest, alle diese Gefühle sind den Gesichtern der jeweiligen Personen deutlich zu entnehmen. Durch die überzeichnete und karikierende Darstellung sind die Bilder komisch, ohne lächerlich zu sein oder gar das Thema lächerlich zu machen, und rufen bei den Kindern Heiterkeit hervor.

Durch die liebevolle und humorvolle Gestaltung des Textes und der Bilder fühlen sich die Kinder bei der Betrachtung dieses Bilderbuches wohl und können sich so ganz auf die Geschichte einlassen und ihre Botschaften in sich aufnehmen.

David McKee

„Du hast angefangen! Nein, du!"

Aarau; Frankfurt am Main; Salzburg: Sauerländer, 1986

Inhalt

Getrennt durch einen Berg lebten friedlich ein roter und ein blauer Kerl. Der blaue Kerl saß an der Westseite, wo die Sonne untergeht, und der rote Kerl an der Ostseite, wo die Sonne aufgeht. Die beiden Kerle hatten sich noch nie gesehen, aber durch ein Loch im Berg unterhielten sie sich manchmal miteinander.

„Eines Abends rief der Blaue durch das Loch: ‚Siehst du, wie schön das ist? Die Sonne geht unter. Der Tag geht.'

‚Der Tag geht?' rief der Rote zurück. ‚Du willst wohl sagen, daß die Nacht kommt, du Schmarrer!'

‚Sag nicht Schmarrer zu mir, du Holzkopf!' fauchte der Blaue und war so sauer, daß er kaum schlafen konnte."

Der Rote schlief vor Ärger genauso schlecht und beide Kerle waren am nächsten Morgen unausgeschlafen und „schrecklich grantig".

Der Blaue schrie durch das Loch: „‚Wach auf, du Dummkopf, die Nacht geht!' ‚Erzähl keinen Quatsch, du Spatzenhirn!' schrie der Rote. ‚Die Nacht geht doch nicht, der Tag kommt!' Dann packte er einen Stein und warf ihn über den Berg."

Jetzt gab es kein Halten mehr. Schimpfwörter wie „fetter Doofsack – haarige, langnasige Pfurzpflaume – miese Flasche – O-beiniger, labbriger Cornflake – überfressenes, hohlköpfiges, schielendes Monster – schrumpfhirniger, stinkiger, feiger Pudding" flogen hin und her und mit wütenden Gesichtern begannen die beiden Kerle immer größere Steine auf die andere Seite des Berges zu werfen. „Den beiden Kerlen machte das nichts, aber der Berg, der war bald in Stücke geschlagen." Die schrittweise Zertrümmerung des Berges ist auch auf den Bildern zu verfolgen.

Schließlich war der Berg vollständig zerstört. Der blaue und der rote Kerl, jeder mit einem riesigen Felsbrocken in beiden Händen, standen sich zum ersten Mal von Angesicht zu Angesicht gegenüber. „Das geschah gerade, als die Sonne unterging." Beide Kerle ließen ihre Felsbrocken fallen und stellten mit überraschter Miene fest, daß der andere recht hatte. „‚Un-

glaublich', sagte der Blaue ... ‚Die Nacht kommt. Du hast recht gehabt.'
‚Toll', staunte der Rote ... Du hast recht, der Tag geht.'"
Die beiden Kerle gingen mit ausgestreckten Händen aufeinander zu und
in „der Mitte der Verwüstung, die sie angerichtet hatten" trafen sie sich
„und schauten zu, wie die Nacht kam und der Tag ging." Die beiden saßen
einträchtig Rücken an Rücken, der blaue Kerl mit dem Blick nach Osten,
und der rote Kerl schaute in Richtung Westen.
„‚Das hat Spaß gemacht', grinste der blaue Kerl. ‚Ja', kicherte der rote
Kerl. ‚Nur schade um den Berg.'"
David McKee zaubert in diesem Bilderbuch mit wenigen gekonnten Strichen lebhafte und ausdrucksstarke Figuren, die sich harmonisch in die
sparsam skizzierte Umgebung einfügen. Die Farben passen gut zu den
Figuren und unterstreichen die Lebendigkeit der Illustration. Das Bild
steht bei diesem Bilderbuch im Vordergrund. Der knappe und treffende
Text, ist für das Verständnis der Geschichte notwendig und trägt zum
Vergnügen an diesem Bilderbuch bei.

Bedeutung für die Kinder

Schon der Titel dieses Bilderbuches stellt eine Beziehung zu den Erfahrungen der Kinder her. „Du hast angefangen! Nein, du!" ist *der* Standard-
satz, wenn nach einem Streit die Schuldfrage geklärt werden soll. Kinder
schon ab etwa vier Jahren werden mit dieser Thematik vertraut sein.
Zeigt man Eltern und Erzieherinnen dieses Bilderbuch, so ist die häufig-
ste Reaktion darauf: „Genau so sind unsere Kinder."
Die Grundsituation, die dieses Bilderbuch behandelt, ist also eine ganz
alltägliche. So wie der blaue und der rote Kerl nur einen begrenzten
Blickwinkel haben, da ihnen der Berg die Sicht auf die andere Seite
versperrt, sehen auch Kinder (und auch viele Erwachsene) oft nur ihren
eigenen Standpunkt und sind sich nicht bewußt, daß ein und dieselbe
Angelegenheit verschiedene richtige Sichtweisen zuläßt.
Wenn jeder auf seinem Standpunkt beharrt, eskaliert ein Streit sehr leicht
und es kommt, wie bei den beiden Kerlen, zu gegenseitigen Beschimpfun-
gen und Handgreiflichkeiten.
Die beiden Kerle spiegeln sehr genau das Verhalten und die Gefühle der
Kinder wider. Sie können diese vertraute Konfliktsituation analysieren.
Die Kinder erkennen, daß es ganz verständlich ist, daß jeder der beiden
Kerle auf seinem Standpunkt beharrt, denn aus seiner Sicht hat jeder
recht, und daß er nur eine Seite sieht, weiß er noch nicht. Die Perspek-

tive, aus der die Kinder die Auseinandersetzung der beiden Kerle sehen, und der Schluß des Bilderbuches, zeigen ihnen aber auch ganz deutlich, wie unsinnig dieser Streit ist, denn die beiden Kerle erkennen, daß sie beide recht haben. Sobald der Augenschein sie überzeugt, verharrt weder der Blaue noch der Rote rechthaberisch auf seinem Standpunkt. Beide sind sofort bereit zuzugeben, daß der andere recht hatte. Es muß aber auch keiner zugeben, daß er unrecht hatte. In diesem Fall hat das Verhalten der beiden Kerle Modellcharakter. Es zeigt, daß man nicht sein Gesicht verliert, wenn man eingesteht, nicht allein im Besitz der Wahrheit zu sein.

Am Ende der Geschichte ist der Berg verschwunden, die beiden Kerle haben ihn in ihrer Wut kaputt geschlagen. Hier wird den Kindern zweierlei vermittelt: Erstens wird hier Verständnis für aggressives Verhalten signalisiert – die beiden Kerle stellen fest, daß ihnen die Schimpfkanonaden und das Werfen der Felsbrocken Spaß gemacht hat –, das kann für Kinder mit einem ausgeprägten Über-Ich entlastend und befreiend sein. Zweitens trennt der Berg den blauen und den roten Kerl voneinander. Er versperrt die Sicht auf die andere Seite und stellt Hindernisse und Vorurteile dar, die überwunden werden müssen. Die beiden Kerle finden es zwar schade, daß der Berg kaputt ist, denn er war so vertraut und gehörte zu ihrem Leben. Aber sie haben durch seine Beseitigung gewonnen. Ohne das Verschwinden des Berges wären die beiden Kerle nie zusammengekommen und sie hätten auch nicht erfahren, daß es das gleiche ist, wenn die Nacht kommt und der Tag geht: ihr Horizont wäre nicht erweitert worden. Unbewußt nehmen die Kinder auch diese Botschaft in sich auf.

Für viele Erzieherinnen und auch Eltern sind die Schimpfwörter, die in diesem Bilderbuch recht üppig enthalten sind, ein großes Problem. Die Erwachsenen selbst finden diese zwar meistens sehr lustig, aber sie fürchten, daß den Kindern ein unerwünschter Zuwachs für ihr Sprachrepertoire geliefert wird. Jeder – oder doch fast jeder – Erwachsene benutzt zur „Triebabfuhr" selbst mehr oder weniger oft Schimpfwörter. Es wäre interessant zu untersuchen, wievielen Schimpfwörtern Kinder während der Autofahrten mit ihren Eltern schon im zartesten Alter begegnen. Den Kindern wird der Gebrauch von Schimpfwörtern meist aber rigoros und oft auch empört verboten.

Es soll hier nicht der verstärkte und ungehinderte Gebrauch von Schimpfwörtern gerechtfertigt werden. Es geht mehr darum, die Besorgnis der Erzieherinnen in Verbindung mit dem vorliegenden Bilderbuch zu relativieren.

Das Bedürfnis, in bestimmten Situationen Schimpfwörter zu gebrauchen, ist bei Kindern vorhanden, und sie zu verbieten, ist vielfach nicht sehr erfolgreich; es ist im Gegenteil oft eher ein Anreiz, sie provozierend zu verwenden.

Die „prächtigen Schimpfwörter" – wie es auf der Rückseite des Bilderbuches heißt – sind eher komisch als beleidigend, sie gehen nicht unter die Gürtelinie, wie viele von den sonst gebräuchlichen. Die „haarige, langnasige Pfurzpflaume" z. B. reizt zum Lachen. Schimpfwörter aber, die komisch sind und Gelächter auslösen, können kaum in böser und beleidigender Absicht benutzt werden.

Es ist schon möglich, daß die Kinder diese Ausdrücke eine Weile nachsagen – sie können sie sich mühelos merken –, aber ohne damit verletzen zu wollen; doch kann das Bedürfnis, Schimpfwörter zu gebrauchen, schuldfreier ausgelebt werden, als das mit übleren Wörtern möglich ist.

Zudem muß man die Wirkung dieser Schimpfwörter im Kontext mit der Gesamthandlung sehen, die ja die Absurdität des Streites und damit auch die Benutzung der Schimpfwörter vor Augen führt.

In dieser vieldeutigen Geschichte wird nie der pädagogische Zeigefinger erhoben, und man sollte bei der Betrachtung des Bilderbuches mit den Kindern ohne ihn auskommen. Im gemeinsamen Gespräch haben die Kinder die Chance, die Geschichte selbst zu bewerten und den Bezug zur eigenen Realität herzustellen.

Paul Maar / Kestutis Kasparavicius

„Lisas Reise"

Esslingen: Esslinger Verlag J. F. Schreiber, 1996

Inhalt

„Neulich nachts, in ihren Träumen, / ging die Lisa auf die Reise / durch den Wald aus Kugelbäumen / in das bunte Land der Kreise." So beginnt eine ungewöhnliche Geschichte. Lisa gerät auf ihrer Reise in das „Land der Kreise", in dem nur runde Formen akzeptiert werden. „Allerstrengstens ist verboten der Besitz von Knäckebroten. Auch (was ganz besonders schade) der Besitz von Schokolade. Jedenfalls und überhaupt ist nichts Eckiges erlaubt." Weil Lisas Aussehen nicht der Norm entspricht, schreitet die Kugelpolizei ein. Bevor sie weiterreisen kann, „… wird sie erfaßt und der Gegend angepaßt." Schließlich gelingt es Lisa zu fliehen. Sie „macht aus einem Kreis ein Loch, / springt hinein, fällt schon nach unten / – und ist aus dem Land verschwunden."

Lisa kommt nun in das „Land der tausend Ecken", das keinesfalls runde Formen akzeptiert. Lisa wird belehrt: „Das Schicksal möge uns verschonen vor dem Anblick von Melonen. Sankt Eckhart möge uns beschützen vor Tellern, Bällen, Kugelmützen." Lisa wird diesmal von der „Eckenpolizei" geschnappt und soll „... der Gegend angepaßt" werden. Wieder gelingt ihr die Flucht.

Im „Land der roten Töne" geht es ihr nicht viel besser als in den beiden Ländern vorher. Hier fällt sie unangenehm auf, weil nur Rotes akzeptiert wird. „Als die allergrößten Schurken / gelten Grünkohl, Dill und Gurken." Sie entkommt der „Farbenpolizei", bevor sie „angepaßt" werden kann und landet in dem kleinen „Land Kopfunter". Dort muß man auf dem Kopf stehen. Die „Kopfsteh-Polizei" schnappt Lisa. „Endet wohl auf diese Weise / die geplante Weiterreise? / Nein! Denn Lisa nimmt die Leiter, / steigt nach unten, klettert weiter, / und nach achteinhalb Sekunden ist sie aus dem Land verschwunden."

Als Lisa am Ende der Leiter angekommen ist, befindet sie sich im Bettenland. Daunendecken und Kuschelkissen empfangen sie freundlich und niemand will sie hier „der Gegend" anpassen. „Was hier zu beachten sei, / bringt sich Lisa selber bei. / Ich darf gähnen, darf mich recken, / unter Decken mit verstecken, darf mich kuscheln in die Kissen, / und muß nur das eine wissen: / Lärm und Krach und helles Licht / mag man hier im Lande nicht./"

Lisa schläft wunderbar, bis jemand zu ihr spricht: „Guten Morgen, Lisa! / Aufstehn Schätzchen! / Es ist schon sieben Uhr!" Lisa blinzelt, gähnt und lacht / – und da ist sie aufgewacht." Lisas aufregende Traumreise ist zu Ende.

So ungewöhnlich wie die Geschichte, sind auch die Illustrationen. Die Bilder sind nicht so gefällig wie in den meisten Bilderbüchern. Man fühlt sich manchmal an Alice im Wunderland erinnert. Die surrealistisch anmutenden Figuren, die Formen und die kräftigen Farben sind ausdrucksstark und wirken manchmal fast ein wenig bedrohlich. Der letzten Station von Lisas Reise, dem Bettenland, fehlt aber jede Bedrohlichkeit. Im Gegenteil, die Kissen und Decken, denen Lisa zuerst begegnet, sehen lustig aus und die vielen Kissen, die wie ein Meer die vorletzte Doppelseite bedecken, laden regelrecht dazu ein, sich wie Lisa hineinfallen zu lassen und darin zu schlafen.

Dieses Bilderbuch spricht die meisten Betrachter – ob Erwachsene oder Kinder – sicher nicht auf Anhieb an. Man muß es genauer betrachten und dazu die teilweise recht amüsanten Verse lesen, damit man sich darauf einlassen mag. Wer diesem originellen Bilderbuch allerdings einen zweiten Blick gönnt, kann seine Freude daran haben. Es gibt viele witzige Details zu entdecken, die Erwachsenen und Kindern viel Spaß bereiten können, wenn sie sich gemeinsam danach auf die Suche machen.

Bedeutung

In diesem Bilderbuch geht es um Normen und Normabweichung. In jedem Land, in das Lisa auf ihrer Traumreise gerät, gilt jeweils nur eine bestimmte Norm, die durch einen König oder eine Königin vertreten wird. Jeder, der von dieser Norm abweicht, soll ihr sofort angepaßt werden. Die Polizei als Ordnungsmacht muß unverzüglich dafür sorgen.

Die Einseitigkeit und die Begrenztheit dieser Normen, die nur runde oder eckige Formen oder ausschließlich die Farbe Rot akzeptiert, ist so grotesk, daß die Kinder die Unsinnigkeit einer solchen Einstellung erkennen können. Die eindrucksvollen Illustrationen leisten dazu sicher einen wesentlichen Beitrag. Den Kindern wird klar, wie schade es wäre, wenn die Vielfalt in unserer Welt fehlen würde, wenn es keine Schokolade geben dürfte, weil sie eckig ist oder keine Melonen oder Gurken, weil sie rund oder grün sind. Es wird deutlich, daß unabhängig von den Vorlieben des einzelnen alles seine Daseinsberechtigung hat und daß dies so schön und gut ist. Dieses Bilderbuch leistet damit einen wichtigen Beitrag zur Toleranzerziehung. Es ist sicher nicht notwendig, daß der erwachsene Mitbetrachter die Botschaften dieser Geschichte für die Kinder in die Realität überträgt und mit pädagogischem Zeigefinger auf intolerante Verhaltensweisen in der Kindergruppe oder gar der Gesellschaft hinweist. Die Kinder werden den Transfer von der phantastischen Geschichte in ihre eigene reale Welt mit der Zeit selbst vollziehen, wenn sie Gelegenheit haben, das Bilderbuch öfter zu betrachten und sich untereinander und mit ihren Bezugspersonen darüber auszutauschen.

Diesen Bewußtwerdungsprozeß sollte man als Erzieher nicht durch direkte Hinweise stören. Erfassen die Kinder die Botschaft des Bilderbuches schrittweise und selbständig, so verinnerlichen sie diese auch Trägt man die Botschaft von außen an die Kinder heran, erreicht sie zwar den Intellekt, aber oft nicht ihr Herz.

Neben diesem Umgang mit dem Anderssein erfahren die Kinder auch, wie mutig sich Lisa ihren Problemen stellt. Auf den Bildern sieht sie zwar manchmal etwas erschrocken oder verblüfft aus, aber sie jammert und verzagt nicht, sie handelt. Sie nutzt jede sich bietende Gelegenheit, um sich aus ihrer mißlichen Lage zu befreien. Mit dieser mutigen kleinen Person wollen sich die Kinder sicher gerne identifizieren. Mit ihr zusammen können sie die Abenteuer in diesen merkwürdigen Ländern mit ihren unsinnigen Vorstellungen bestehen. Am Ende werden die Kinder mit Lisa erleichtert sein, endlich in dem schönen Bettenland zur Ruhe zu kommen und zum krönenden Schluß liebevoll von der Mutter geweckt zu werden.

Lisa zeigt den Kindern, daß sie ihr Geschick selbst in die Hand nehmen und damit Erfolg haben können. Aber auch tapfere Kinder sind froh, wenn die Abenteuer aufhören und am Ende alles wieder gut ist. Es ist für die Kinder wichtig, daß die durchlebten Turbulenzen in der Geborgenheit des eigenen Zimmers enden und durch die Anwesenheit der geliebten Mama aufgefangen werden.

Bemerkenswert ist, daß es ein Mädchen ist, das mit Mut und Klugheit den Stier bei den Hörnern packt. Für Mädchen ist das eine ermutigende Botschaft. Buben, die sich oft schon im Kindergartenalter – beeinflußt durch Vorbilder aus ihrer Umwelt – zu kleinen Machos entwickeln, wird vermittelt, daß Mädchen durchaus ihre Frau stehen können. Diese Darstellung von Mädchen in Bilderbüchern ist zwar in den letzten drei/vier Jahren nicht mehr ganz so ungewöhnlich wie in früheren Jahren, aber doch immer noch begrüßenswert.

2.5 Das Tierbilderbuch

Viele Bilderbücher beschäftigen sich mit Tieren.

Das liegt sicher auch an dem besonderen Interesse, das Kinder an Tieren haben. Es gibt kaum ein Kind, das sich nicht ein eigenes Tier wünscht, mit dem es spielen kann und das es versorgen darf. Zwischen Kindern und Tieren besteht eine besondere Affinität.

Das Kind fühlt, daß die Situation des Tieres seiner eigenen sehr ähnlich ist, denn es ist auch häufig abhängig und bedarf der Fürsorge und Pflege. Andererseits kann das Kind dem Tier gegenüber Verantwortung übernehmen und sich ihm so überlegen fühlen. Tiere bedeuten für Kinder in vielen Fällen eine emotionale Bereicherung ihres Lebens. Da es sehr viele unterschiedliche Tierbilderbücher gibt, ist es kaum möglich, eine auf alle zutreffende Beschreibung zu formulieren.

Da gibt es „*Mein buntes Tierbuch*" von Christine Adrian und Amrei Fechner, in dem Tiere aus aller Welt und ihr Lebensraum sachlich dargestellt werden. In „*Hugo und sein kleiner Bruder*" von Hermann Moers und Józef Wilkoń wird der Lebensraum von Löwen realistisch gezeigt, die Verhaltensweisen der Tiere können jedoch auf das menschliche Leben übertragen werden, denn Hugo muß lernen, seinen Platz als älterer Bruder zu finden und sein Geschwisterchen zu akzeptieren.

Viele Bilderbücher weisen auch die Züge von Fabeln auf, wie „*Der Streit um den Regenbogen*" von Siegfried P. Rupprecht und Józef Wilkoń, in dem es um die Entstehung eines Krieges und seiner Vermeidung geht, oder die vielen Bilderbücher von Leo Lionni wie z. B. „*Frederick*", „*Das größte Haus der Welt*", „*Sechs Krähen*" u. v. m., in denen es immer um Botschaften geht, die auf das menschliche Leben zu übertragen sind.

Unbedingt müssen bei der Behandlung des Themas Tierbilderbuch natürlich die vielen Bilderbücher von Janosch erwähnt werden. Wer kennt sie nicht, den Bären, den Tiger und die Tigerente, die sich auf den Weg nach Panama machen („*Oh, wie schön ist Panama*")? Aber auch in vielen anderen Geschichten läßt Janosch Tiere seine Hauptakteure sein und sie haben den Kindern – und auch oft den Erwachsenen – viel zu sagen. So z. B. „*Löwenzahn und Seidenpfote*", in dem zwei Mäuse sich verlieben, heiraten und dann Kinder bekommen. Die Vorstellungen der Mäuseeltern sind ganz von dem traditionellen Rollenbild geprägt. Der Sohn heißt Löwenzahn, denn er soll groß und stark werden wie ein Löwe. Die Tochter heißt Seidenpfote, „weil ein Mädel zart und lieblich sein muß ... und fleißig und klug". Doch es kommt typisch für Janosch – ganz anders. Wegen dieser Vielfalt erscheint es sinnvoll, die Kategorie „Tierbilderbuch" zu unterteilen. Es ist jedoch zu bedenken, daß zwischen den entstehenden Untergruppen Überschneidungen möglich sind.

Das sachliche Tierbilderbuch

Hier handelt es sich um Sachbilderbücher, die sich mit den Tierarten, ihrem Lebensraum, ihren Verhaltensweisen und Gewohnheiten befassen und diese realistisch wiedergeben. Da das Sachbilderbuch noch ausführlich dargestellt wird, erübrigen sich hier weitere Ausführungen.

Das sachlich orientierte Tierbilderbuch

Neben dem reinen Tiersachbilderbuch gibt es Bilderbücher, die zwar auch Informationen enthalten, diese aber nicht so sehr auf sachliche Weise anbieten, sondern z. B. ein Tier seine Welt vorstellen und von seinem Leben erzählen lassen, wie z. B. „Ich bin der kleine Löwe" von Amrei Fechner. In diesem Bilderbuch begegnet der kleine Löwe auf seinen Streifzügen durch die Steppe Gazellen, Flamingos, Pavianen, einen Nashorn und noch anderen Tieren, die in seiner Welt zu finden sind. Der Text ergänzt die Bilder mit wenigen und einfachen Hinweisen auf die Eigenarten der dargestellten Tiere oder die in der Steppe herrschenden Lebensbedingungen, z. B.:

„Plötzlich steht das Nashorn vor mir. Wenn es aufgeregt ist, sollte man ihm aus dem Weg gehen. Aber es sieht mich lange und freundlich an."
Oder:
„Mittags wird es sehr heiß. Dann lege ich mich wie die Giraffen in den Schatten."
In dem Bilderbuch „Wie Tierkinder schlafen" von Hans Baumann und Erika Dietzsch-Capelle sind sachliche Informationen hauptsächlich in den Bildern enthalten. Der gereimte Text, wie z. B.:
„Wie schlafen Känguruhkinder? / Im Beutel versteckt, / bis die Mutter weckt – / so schlafen Känguruhkinder."
Oder:
„Wie schlafen Flamingokinder? / Auf einem Bein / und niemals allein – / so schlafen Flamingokinder."
spricht vor allem das Gefühl der Kinder an und strahlt Geborgenheit aus.

Bedeutung für die Kinder

Die Informationen über die verschiedenen Tierarten werden in den sachlich orientierten Bilderbüchern, wie oben gezeigt, auf direkte und indirekte Weise vermittelt.
Neben der Wissenserweiterung können sich Kinder in diesen Bilderbüchern durch die erlebnishafte Darstellung mit den meist jungen Tieren gut identifizieren; dies erhöht das Interesse der Kinder an ihnen und die gefühlsmäßige Beziehung des Kindes zum Tier wird verstärkt.

Die Tiergeschichte

In den Tiergeschichten sind die Tiere Handlungsträger und werden in unterschiedlichem Ausmaß vermenschlicht. Die Handlung spielt teilweise in der dem Tier entsprechenden Umgebung, und die für das Tier typischen Verhaltensweisen werden mit menschlichen Zügen verknüpft, wie z. B. in „Hoppel" von Marcus Pfister, in dem ein kleiner Schneehase lernt, sich mit Hilfe der Mutter in seiner Welt zurecht zu finden.

Am Morgen weckt ihn die Mutter und er muß sich erst einmal putzen, was er nicht so gerne tut und eigentlich auch für unnötig hält. Mit seinem Freund tollt er dann herum, bis er hungig ist und die Mutter mit ihm gemeinsam Nahrung sucht. Nachdem ein Falke Hoppel bedroht und ihn fast erwischt, besteht die Mutter darauf, daß er endlich lernt, Haken zu schlagen. Er merkt, daß das gar nicht so einfach ist und meint: „Ich mag keine Haken schlagen, Mama. Ich sage dem Falken einfach, daß ich keine Beere bin; dann läßt er mich bestimmt in Ruhe."

Am Abend schließlich schläft Hoppel nach einigen weiteren, nicht mehr ganz so aufregenden Erlebnissen ein und träumt von den saftigen, roten Beeren, von denen die Mutter erzählt hat.

In anderen Tiergeschichten wird das Tier völlig vermenschlicht – es trägt Kleider, lebt in einem Haus und verhält sich wie ein Mensch –, wie z. B. in „Fränzi geht schlafen" von Russel Hoban und Garth Williams, in dem ein Dachskind zu Bett gehen soll, aber noch gar nicht müde ist.

Zuerst hat Fränzi – wie könnte es anders sein – Durst, dann muß der Papa sie huckepack ins Bett tragen und Bär und Puppe müssen mit ins Bett und die Tür muß offen bleiben usw. Als Fränzi dann endlich im Bett liegt, kann sie aber immer noch nicht schlafen. Nachdem sie sich mit einem selbst ausgedachten Lied die Zeit vertrieben hat, glaubt sie, daß ein Tiger in ihrem Zimmer ist und das muß sie doch auf jeden Fall den Eltern mitteilen, natürlich ebenso, als da plötzlich ein Riese in der Ecke sitzt: „In meinem Zimmer ist ein Riese. Darf ich nicht auch ein bißchen fernsehen?" „Nein, Kind", sagt die Mutter. „Nein", sagt auch der Vater. „Aber der Riese will mich doch packen", sagt Fränzi. „Darf ich auch ein Stück Kuchen haben?" Der Vater gibt ihr ein Stück Kuchen und fragt: „Wieso weißt du denn, daß er dich packen will?" Fränzi sagt: „Tun das nicht alle Riesen?" „Ganz und gar nicht", sagt der Vater, „warum fragst du ihn denn nicht, was er will?"

Das tut Fränzi, um festzustellen, daß sie den Bademantel im Dunkeln für einen Riesen gehalten hat. Fränzi fällt noch alles Mögliche ein, was sie vom Schlafen abhält, bis sie dann doch müde wird und erst aus dem Bett steigt, als die Mutter sie am Morgen weckt.

Bedeutung für die Kinder

Bilderbücher, in denen Tiere vermenschlicht werden, – vor allem wenn die Vermenschlichung sehr ausgeprägt ist – sind in pädagogischen Kreisen umstritten. Es wird vielfach die Ansicht vertreten, daß Kinder durch die Vermenschlichung der Tiere eine falsche Einstellung dem Tier gegenüber entwickeln. Man befürchtet, daß Kinder das Wesen des Tieres nicht respektieren lernen, was dann zu unangemessenen Verhaltensweisen gegenüber Tieren führen kann.

Diese Gefahr ist gering, wenn den Kindern die Vielfalt der Tierbilderbücher zur Verfügung steht und sie somit auch sachliche Informationen erhalten und ihre Beziehung zum Tier dadurch entsprechend geformt wird.

Die Bedeutung der Tiergeschichte liegt nicht in erster Linie darin, den Kindern Informationen über Tiere anzubieten – obwohl sie das z. T. auch tun –, sondern im Bemühen, den Kindern in einer anderen Daseinsform ihr eigenes Leben zu zeigen. Die Identifikation mit dem Tier fällt dem Kind leicht, denn es fühlt sich ihm sehr nah (s. o.). So findet es sich mit seinen Problemen, Ängsten, seinen negativen und positiven Empfindungen in der Tiergeschichte wieder (siehe *„Hugo und sein kleiner Bruder"* und *„Hoppel"*). Andererseits entsteht doch eine gewisse Distanz zum Geschehen, da es eben ein Tier ist, das hier agiert, und kein Mensch.

Aus dieser möglichen Distanz heraus – sie wird bei Kindern individuell verschieden sein – können sie das gezeigte Verhalten objektiver und kritischer erfassen. Welches Kind findet sich nicht in dem kleinen Schneehasen Hoppel oder dem Dachskind Fränzi wieder?

Da sich das Kind dem Tier aber doch überlegen fühlt, kann es auch in die Rolle des Erwachsenen schlüpfen und kopfschüttelnd z. B. Fränzis Versuche, das Einschlafen hinauszuzögern, betrachten.

Während des eben beschriebenen Vorganges reflektieren die Kinder ihr eigenes Verhalten („sowas hab ich auch schon gemacht"). Da sich aber hier ein Tierkind so verhält, kann man sich davon distanzieren und, indem man sich entrüstet, eventuell vorhandene Schuldgefühle abbauen.

Wie die oben genannten Beispiele, so zeigen viele dieser Tiergeschichten liebevolle Zuneigung der Tiereltern ihren Kindern gegenüber und strahlen viel Geborgenheit aus. Die Kinder fühlen sich deshalb bei der Be-

trachtung solcher Tiergeschichten besonders wohl, da viele ihrer existentiellen Bedürfnisse angesprochen und wenigstens zum Teil befriedigt werden.

Tierbilderbücher mit Fabelcharakter

Wie in der Einführung zum Tierbilderbuch bereits erwähnt, gibt es Tierbilderbücher, die Fabelcharakter haben. Auch hier agieren Tiere stellvertretend für Menschen. In einer verfremdeten, fiktiven Darstellung werden
Botschaften transportiert, die Sinnfragen des Lebens und Beziehungen
der Menschen untereinander betreffen.
Während sich die Tiergeschichte mit Inhalten beschäftigt, die die Situation der Kinder direkt ansprechen, handelt es sich bei Botschaften der
Tierbilderbücher mit Fabelcharakter um übergeordnete Werte und Normen und moralische Standpunkte. Man könnte diese Bilderbücher als
„moralische Bilderbücher" bezeichnen, denn sie haben gewöhnlich eine
„Moral von der Geschicht'".
So z. B. das bereits zu den Klassikern gehörende „Swimmy" von Leo
Lionni, in dem ein mutiger kleiner, schwarzer Fisch seine roten Artgenossen ermuntert, mit ihm als Auge einen großen Fisch nachzubilden, um
dann gemeinsam, von den Raubfischen des Meeres unbehelligt, die
Schönheiten der Unterwasserwelt zu erforschen und sich ohne Angst an
ihnen zu erfreuen.
Die Botschaften „Einigkeit macht stark" und Mut und Schlauheit erschließen ungeahnte Möglichkeiten und bereichern das Leben, werden hier in
einer einfachen, für Kinder leicht nachvollziehbaren Geschichte erzählt.
Die schönen zerlaufenden Aquarellfarben geben außerdem die Faszination der Unterwasserwelt mit ihren ungewöhnlichen Lebewesen wunderbar wieder.
Ein anderes eindrucksvolles Beispiel ist „Der Bär, der ein Bär bleiben
wollte" von Jörg Müller und Jörg Steiner. In diesem, in der Darstellung
oft düsteren Bilderbuch, gerät ein Bär gegen seinen Willen und gegen
seine Natur als Arbeiter in eine Fabrik. Es beginnt ein Teufelskreis, aus
dem es kein Entkommen zu geben scheint.
Erst als der Winter naht und die Natur des Bären ihr Recht fordert und er
vor Müdigkeit umfällt, will man diesen „Faulpelz" – zu seinem Glück –
nicht mehr haben.
Hier wird in verschlüsselter Form die Unerbittlichkeit, ja Unmenschlich-

keit einer auf Ausbeutung ausgerichteten Arbeitswelt dargestellt, in der die Suche nach der eigenen Identität große Schwierigkeiten bereitet.

Bedeutung für die Kinder

Die Botschaften, die diese Bilderbücher enthalten, werden von den Kindern teils bewußt, teils mehr gefühlsmäßig aufgenommen. In jedem, Fall wird das Normen- und Wertesystem der Kinder von diesen Botschaften beeinflußt. Die Denkanstöße und Impulse, die von diesen Bilderbüchern ausgehen, werden die Einstellung der Kinder zu vielen Bereichen des Lebens mitprägen und so zur Formung ihrer Persönlichkeit beitragen. Viele Erziehungsziele können durch Bilderbücher dieser Art unterstützt werden.

Es muß in diesem Zusammenhang allerdings bedacht werden, daß in solchen Bilderbüchern auch vom Erzieher nicht erwünschte Botschaften enthalten sein können. Eine sorgfältige Auswahl des Bilderbuches – das gilt selbstverständlich auch für andere Bilderbucharten – und die eigene Auseinandersetzung des Erziehers damit ist deshalb unverzichtbar.

Beispiel für ein sachlich orientiertes Tierbilderbuch mit besonderem Charakter

Werner Holzwarth/Wolf Erlbruch

„Vom kleinen Maulwurf, der wissen wollte, wer ihm auf den Kopf gemacht hat."

Wuppertal: Peter Hammer Verlag GmbH, 1989

Inhalt

„Als der kleine Maulwurf eines Tages den Kopf aus der Erde streckte, um zu sehen, ob die Sonne schon aufgegangen war, passierte es: ‚etwas rundes, braunes, das wie eine Wurst aussah'. . . landete direkt auf seinem Kopf."

Verständlicherweise findet der kleine Maulwurf das ziemlich gemein. Die Vorderpfoten in die Seite gestützt, steht er empört auf seinem Maulwurfshügel und fragt sich: „‚Wer hat mir auf den Kopf gemacht?' (Aber kurzsichtig, wie er war, konnte er niemanden mehr entdecken.)"

Mit der Wurst auf dem Kopf macht der kleine Maulwurf sich nun auf den Weg, den Übeltäter zu suchen.

Beherzt geht er auf eine Taube, ein Pferd, einen Hasen, eine Ziege, eine Kuh und ein Schwein los und fragt empört immer mit den gleichen Worten: „Hast Du mir auf den Kopf gemacht?"

Aber alle antworteten: „Ich? Nein, wieso? – Ich mach so!" und als Beweis zeigen sie dem Maulwurf, wie sie „machen". Er steht währenddessen daneben und begutachtet, was das jeweilige Tier produziert hat. In Klammern gesetzt, und in kleinerer Schrift als der übrige Text, werden die einzelnen Produkte – die auch auf dem Bild zu sehen sind – kommentiert. So heißt es z. B. als das Pferd demonstriert, wie es „macht": „(Und – rumpsdi pumps – plumsten fünf große, dicke Pferdeäpfel haarscharf am kleinen Maulwurf vorbei. Er war tief beeindruckt.)"

Bei der Ziege heißt es: „(Und klackediklack – purzelten eine Menge malzbonbonfarbene Knöllchen ins Gras, die dem Maulwurf fast schon gefielen.)"

Bei der Kuh ist zu lesen: „(Und schwuppdiwupp – platschte ein großer, braungrüner Fladen knapp neben dem Maulwurf ins Gras. – War er da froh, daß sie es nicht gewesen war, die ihm auf den Kopf gemacht hatte.)"

Schließlich begegnet er zwei Fliegen. Er will gerade wieder fragen: „Habt Ihr mir auf den Kopf ge . . .", als ihm auffällt, daß die beiden gerade dabei sind, sich an Pferdeäpfeln gütlich zu tun. Er hat Fachleute auf diesem Gebiet gefunden. Auf seine Bitte hin untersuchen sie die Wurst auf seinem Kopf und stellen fest, daß sie von einem Hund stammt. „Endlich wußte der kleine Maulwurf, wer ihm auf den Kopf gemacht hatte: Hans-Heinrich der Metzgershund!"

Zielstrebig und mit rachsüchtigem Grinsen – jetzt ohne Wurst auf dem Kopf – macht sich der kleine Maulwurf auf den Weg zu Hans-Heinrich, der nichtsahnend, schlafend, den Kopf im Freien, in seiner Hundehütte liegt.

„Schnell wie ein Blitz kletterte er auf Hans-Heinrichs Hütte . . (Und – pling – landete ein kleines schwarzes Würstchen direkt auf dem Hundekopf.)" Der Hund schaut etwas verwundert, als er etwas auf seinem Kopf spürt. Der kleine Maulwurf aber verschwindet „glücklich und zufrieden . . . wieder in der Erde".

Die Darstellung der Tiere und ihrer Ausscheidungen ist realistisch, wenn man davon absieht, daß der kleine Maulwurf auf zwei Beinen durch die

Gegend marschiert und daß das Pferd eine Brille trägt. Die witzigen und flotten Illustrationen beschränken sich auf das Wesentliche und der Text ist gut verständlich.

Bedeutung für die Kinder

Dieses Bilderbuch eignet sich für Kinder ab etwa vier Jahren.

Zusammen mit dem empörten kleinen Maulwurf begegnen die Kinder verschiedene Tieren. Sie erfahren sowohl durch die Bilder, als auch durch die witzige Beschreibung etwas über deren Häufchen, Haufen und Würstchen.

Ohne Scheu und Peinlichkeit wird hier ein an sich ganz alltägliches Thema behandelt, das aber für viele Erwachsene tabu ist.

Erfahrungen haben gezeigt, daß viele Erzieherinnen und Eltern dieses Bilderbuch zwar selbst lustig finden, seine Eignung für die Kinder aber entweder bestreiten oder zumindest in Frage stellen. Doch beschäftigen sich Kinder mit einer wahren Wonne mit diesem „Haufenthema".

Kinder wollen und können sich ohne falsche Scham mit ihrem Körper, und allem, was damit zusammenhängt, befassen. Es ist oft die – durch die eigene Erziehung – verklemmte Einstellung der Erwachsenen, die die Kinder zwingt, ihre natürlichen Impulse zu unterdrücken und sich kichernd hinter der vorgehaltenen Hand darüber zu unterhalten oder Wörter zu benutzen, die sie zwar von den Erwachsenen hören, die ihnen selbst aber verboten werden.

Der kleine Maulwurf ist sehr wütend über die Wurst auf seinem Kopf und will sich diese Gemeinheit auch auf keinen Fall bieten lassen. Bevor er eine solche Unverschämtheit auf sich beruhen läßt, läuft er lieber die ganze Zeit mit dieser Zierde auf seinem Kopf herum. Entschlossen macht er den Übeltäter dingfest. Erst als er sich mit Wonne an dem völlig ahnungslosen Hans-Heinrich gerächt hat, ist er glücklich und zufrieden.

Auch diese „Auge um Auge, Zahn um Zahn"-Haltung des kleinen Maulwurfs stößt bei vielen Pädagogen auf Ablehnung. Die Kinder dagegen sind davon begeistert. Genau diesen Wunsch nach ausgleichender Gerechtigkeit haben auch sie – und auch Erwachsene –, wenn ihnen eine Schmach angetan wird. Der kleine Maulwurf zeigt ihnen, daß ihr Wunsch nach dem „Wie Du mir – so ich Dir" ganz normal ist. Durch die Identifikation mit dem kleinen Kerl können sie dieses Bedürfnis außerdem schuldfrei ausleben.

Die Erzieherin kann das Verhalten des kleinen Maulwurfs mit den Kindern thematisieren, wenn sie Bedenken hat, daß es ihren pädagogischen Zielen zuwiderläuft. Die meisten Kinder folgen der Geschichte des kleinen Maulwurfs mit großem Vergnügen und tadeln sein Verhalten nicht. Andererseits sind sie aber durchaus auch in der Lage, andere Konfliktlösungen für diesen Fall zu finden und vor allem die Rolle Hans-Heinrichs – der seine Untat ja gar nicht bemerkt hat – richtig einzuschätzen.

Daß dieser Maulwurf, so klein er ist, völlig unerschrocken seinen Weg verfolgt und sich von der Größe der Tiere – sie sind, bis auf die Fliegen, alle größer als er – überhaupt nicht beeindrucken läßt, ist für die Kinder sehr ermutigend. Er zeigt ihnen, daß auch jemand, der klein ist, seine Interessen wahren und sich durchsetzen kann.

Buchbeispiel für ein Tierbilderbuch mit sachlichen Informationen und einem beinahe philosophischen Grundproblem des Menschen

Jon Blake/Axel Scheffler

„He Duda"

Weinheim und Basel: Beltz & Gelberg Verlag, 1992

Inhalt

„He Duda wußte nicht, was er war." So ist es auf der ersten Seite dieses Bilderbuches zu lesen. Unter dem Text steht ein Kaninchen mit großen Ohren auf seinen großen Hinterpfoten. Eine Vorderpfote im Mund, sieht es mit ratloser Miene den Betrachter an: „‚Bin ich ein Affe?' dachte er. ‚Bin ich ein Koala-Bär? Bin ich ein Stachelschwein?'" Alle drei genannten Tiere sind auf dem Bild über dem Text zu sehen.

He Duda weiß nicht, ob er in einem Nest, einer Höhle oder einem Spinnennetz wohnen soll; und ebensowenig weiß er, ob Fisch, Kartoffeln oder Würmer für ihn die geeignete Nahrung sind. Alle seine Überlegungen sind in der gleichen sehr vereinfachten, etwas karikierenden Weise illustriert.

He Duda überlegt, warum seine Füße so groß sind: „Vielleicht zum Wasserskifahren? . . . Vielleicht als Sitz für Mäuse? Vielleicht als Regenschutz?" Wieder ist auf den Bildern zu sehen, woran He Duda denkt. He

Duda steht unter einem Baum und sieht Vögel darin wohnen. Er beschließt, sich dort niederzulassen und sich wie die Eichhörnchen, die er beim Eichelessen beobachtet hat, zu ernähren. Die Eichhörnchen blicken etwas verdutzt auf den eichelessenden He Duda. „Aber warum er so große Füße hatte, wußte er immer noch nicht."

He Duda sitzt auf seinem Baum und sieht verwundert auf eine Menge aufgeregter Kaninchen herunter, die ihm zurufen: „‚He Duda! Du mußt sofort runterkommen... Dahinten kommt das lange Luder!' ‚Lange Luda?' fragte He Duda. ‚Wer ist denn das?'" Aber niemand antwortet ihm mehr, denn die Kaninchen „rannten in alle Richtungen davon und verschwanden in ihren Löchern".

He Duda sitzt unterdessen seelenruhig auf seinem Baum, „knabberte noch eine Eichel und dachte über seine großen Füße nach."

In der Zwischenzeit nähert sich „Lange Luda", über die Wiese schleichend, He Dudas Baum. „Ihre Zähne waren so scharf wie Glassplitter, und ihre Augen waren so schnell wie Flöhe."

Aufgerichtet, die Zähne fletschend, steht Lange Luda schließlich unter dem Baum. Freundlich winkt He Duda ihr zu. Während „Lange Luda" den Baum hinauf klettert, fragt He Duda ganz neugierig, ob es denn ein Dachs, oder ein Elefant, oder ein „schnabeliges Schnabeltier" sei. „‚Nein, mein Freund', flüsterte sie. ‚Ich bin ein Wiesel.'"

He Duda will nun von Lange Luda – die immer näher an ihn heranrückt – wissen, ob sie in einem Teich, auf einem Damm, oder in einer Hundehütte wohnt. „‚Nein, mein Freund', zischte sie. ‚Ich wohne in der dunkelsten Ecke des Waldes.'"

Jetzt interessiert He Duda noch, was Lange Luda frißt, ob Kohl, ob Insekten oder Obst.

„Lange Luda kam direkt auf He Duda zu. ‚Nein, mein Freund', fauchte sie. ‚Ich fresse Kaninchen! Kaninchen wie *dich*!' He Duda wurde blaß. ‚Bin ich ... ein Kaninchen?' stotterte er. „Lange Luda" nickte ... und leckte sich die Lippen ... und sprang!" – Der letzte Satz ist entlang des gestreckten, zum Sprung ansetzenden Rückens des Wiesels plaziert. Dadurch und durch die sichtbar scharfen Zähne von „Lange Luda" wirkt das Bild sehr dramatisch. –

Plötzlich weiß He Duda, wozu er seine Riesenfüße hat. Mit Genugtuung schlägt er blitzschnell damit aus und völlig verblüfft segelt „Lange Luda" „durch die Luft, weit weit weg, dahin zurück, wo sie hergekommen war". Voller Freude hüpfen die anderen Kaninchen auf der Wiese herum und umarmen sich. „‚He Duda, du bist ein Held!' riefen sie."

Fast so ratlos wie zu Beginn der Geschichte sieht man He Duda mit der Pfote im Mund dastehen. „Komisch", überlegt er „. . . Ich dachte, ich wäre ein Kaninchen."

Bedeutung für die Kinder

Dieses Bilderbuch ist für Kinder ab etwa vier Jahren geeignet. Die witzige Darstellung macht den Kindern Spaß und die einfache Gestaltung von Text und Illustration überfordert die intellektuellen Fähigkeiten der Kinder dieses Alters nicht.

Die Geschichte wirkt auf den ersten Blick etwas schlicht. Bei näherer Betrachtung jedoch erkennt man, daß hier viele wichtige Impulse für die Entdeckung der eigenen Identität enthalten sind.

„He Duda" vermittelt in Wort und Bild eine ganze Reihe von Informationen. Es werden verschiedene Tierarten genannt und abgebildet. Die Kinder erfahren, daß Tiere in unterschiedlichen Behausungen leben, daß sie ganz verschiedene Dinge fressen, und daß das Wiesel der Feind der Kaninchen ist. Insofern kann man dieses Buch den sachlich orientierten Tierbilderbüchern zuordnen. Allerdings erschöpft sich die Bedeutung dieses Bilderbuches nicht in seinem Informationswert. Weit bedeutender ist eine andere Botschaft, wie die folgenden Ausführungen zeigen werden.

„He, du da?" sagt man zu jemandem, den man nicht kennt, dessen Namen man nicht weiß; so geht es auch diesem Kaninchen mit den großen Füßen, es weiß nicht, wer es ist. Deshalb ist es für sich selbst und andere He Duda. Er weiß zwar nicht, wer er ist, aber er ist deshalb nicht mutlos und beläßt es auch nicht dabei. Unverdrossen ist er auf der Suche nach seiner Identität. Er vergleicht sich mit anderen Tieren und er ist auf der Suche nach der für ihn geeigneten Bleibe und Nahrung.

Zunächst findet er noch nicht heraus, wer er ist, und so probiert er kurz entschlossen aus, wie es sich auf einem Baum lebt und ob Eicheln für ihn die geeignete Nahrung sind. Sie scheinen ihm zu schmecken.

Offensichtlich fühlt er sich in dem Baum ganz wohl, nur wofür er seine großen Füße hat, weiß er immer noch nicht.

Die Situation He Dudas zeigt den Kindern – wenn auch weitgehend unbewußt –, daß es gar nicht selbstverständlich ist, daß man von vorneherein weiß, „wer man ist", daß das aber auch kein Unglück ist und kein Grund zu verzweifeln. Man muß sich eben auf die Suche danach machen, wohin man gehört und wofür man sich eignet. He Duda lamentiert nicht, er wartet nicht auf die Hilfe von irgendjemand, sondern er wird selbst aktiv, um sein Problem zu lösen. He Duda zeigt den Kindern damit: Wenn ihr ein Problem habt, hängt nicht herum, sondern nehmt es selbst in die Hand und versucht es zu lösen. Als He Duda im Baum wohnt und Eicheln ißt, probiert er eine für ein Kaninchen nicht übliche Lebensweise aus. Den Kindern wird hier vermittelt, daß man sein Ziel nicht immer auf Anhieb erreicht, daß man auf der Suche nach sich selbst erst einmal ausprobieren muß, was zu einem paßt und schließlich läßt He Dudas Zufriedenheit in seinem Baum erkennen, daß es nicht nur *einen* Weg gibt, sein Glück zu finden.

Die Kaninchen auf der Wiese warnen He Duda zwar vor dem Wiesel, dem „langen Luder", wie sie es nennen, aber da er nicht weiß, daß er ein Kaninchen ist, kennt er auch die Gefahr, in der er schwebt, nicht, und versteht auch den Namen nicht richtig. Für sich nennt er das Wiesel harmlos „Lange Luda".

Ganz arglos begegnet er dem gefährlichen Feind, und das Wiesel glaubt auch schon am Ziel seiner Wünsche zu sein. Bei dieser Gelegenheit erfährt der erschrockene He Duda, daß er ein Kaninchen ist.

Jetzt zeigt sich auch, wie gut es war, daß He Duda soviel über seine großen Füße nachgedacht hat. Im Augenblick der Gefahr wird ihm blitzartig klar, daß er sich damit verteidigen und den spitzen Zähnen des Wiesels entgehen kann.

Die Erlebnisse He Dudas zeigen den Kindern, daß die Auseinandersetzung mit der eigenen Person schießlich dazu führt, daß man weiß, warum man so ist und nicht anders. Die großen Füße, die He Duda soviel Kopfzerbrechen bereitet haben, erweisen sich als wichtiger Bestandteil seiner Persönlichkeit. Die Kinder erleben auch, wie wichtig die eigene Erfahrung ist, denn nur durch sie findet man heraus, wer man ist und wozu man in der Lage ist.

Zuletzt erscheint He Duda ein wenig einfältig. Es verwirrt ihn sehr, daß alle Kaninchen ihm zurufen, er sei ein Held, wo er doch eben erst erfahren hat, daß er ein Kaninchen ist. In dieser Szene steckt eine sehr wichtige Botschaft für die Kinder. Da glaubt He Duda endlich seine Identität gefunden zu haben und nun erklärt man ihm, er sei ein Held und er weiß wieder nicht, wer er ist. Die Erkennntis, daß er *beides* ist und sein kann, muß sich mit der Zeit in ihm entwickeln. Die Kinder ahnen hier, daß die Ich-Findung ein Prozeß ist, der nie abgeschlossen ist, und daß eine Persönlichkeit verschiedene Facetten hat.

Die Erzieherin hat die Möglichkeit, den Kindern einen Teil der Botschaft dieses Bilderbuches zu erschließen. Sie kann die Situation und das Verhalten He Dudas thematisieren und den Kindern dadurch Denkanstöße geben. Jedes Kind hat dann die Möglichkeit, sich seiner eigenen Entwicklung entsprechend mit He Duda auseinanderzusetzen. Die Erzieherin sollte allerdings wirklich nur Anstöße geben und nicht den Versuch machen, alles herauszuarbeiten, was in diesem Bilderbuch steckt.

Buchbeispiel für eine Tiergeschichte

Martin Waddell, Barbara Firth
„Kannst du nicht schlafen, kleiner Bär?"
Wien; München: Annette Betz Verlag, 1989

Inhalt

Auf der ersten Doppelseite des Buches sieht man eine verschneite Waldlichtung im Sonnenschein, auf der sich ein kleiner und ein großer Bär gegenüberstehen; im Hintergrund ist ein Höhleneingang zu erkennen. „Es waren einmal zwei Bären. Der große hieß großer Bär, und der kleine hieß kleiner Bär." Tagsüber spielen die beiden zusammen im Freien, und am Abend kehren sie nach Hause in ihre Höhle zurück.

Nachdem der große Bär den kleinen Bären „dort, wo die Bärenhöhle ganz dunkel ist", ins Bett gebracht hat, macht er es sich in seinem kuscheligen „Bärenlehnstuhl" vor dem Kaminfeuer bequem.

Mit der Brille auf der Nase liest er in einem großen Buch, auf dem ein großer und ein kleiner Bär in einem verschneiten Wald abgebildet sind. Im Hintergrund der Bärenhöhle kann man den kleinen Bären im Bett mit seinem Kopfkissen spielen sehen: „. . . der kleine Bär konnte nicht schlafen." Als der große Bär das bemerkt, legt er sein Buch beseite – Buch und Brille sind unterhalb des Textes abgebildet – obwohl es gerade sehr spannend ist, und geht zum kleinen Bären.

Der sitzt im Bett und hält seine Hinterpfoten mit den Vorderpfoten fest. Mit treuherziger Miene erklärt er dem großen Bären, der ihn liebevoll anschaut, daß er sich fürchtet, weil er die Dunkelheit nicht mag. „‚Was für eine Dunkelheit?' fragt der große Bär. ‚Die Dunkelheit rundherum', sagt der kleine Bär. „Als sich der große Bär umsieht, findet er auch, daß es in diesem Teil der Bärenhöhle sehr dunkel ist. Er zündet dem kleinen

Bären die kleinste Laterne an, die er finden kann und stellt sie ihm ans Bett. „„Jetzt schlaf schön, kleiner Bär', sagt der große Bär, tapst zurück zum Bärenlehnstuhl und macht es sich gemütlich, um im Schein des Kaminfeuers sein Bärenbuch zu lesen."
Obwohl er es versucht, kann der kleine Bär immer noch nicht schlafen. „„Kannst du nicht schlafen, kleiner Bär?' fragte der große Bär gähnend. Er legt sein Bärenbuch zur Seite (es fehlten gerade noch vier Seiten bis zum spannenden Ende) und tapst hinüber zum Bett." Wieder erklärt der kleine Bär dem großen Bären, daß er sich fürchtet, daß er die Dunkelheit rundherum nicht mag und daß die Laterne zu klein ist für die große Dunkelheit. Der Große Bär sieht das ein, und stellt ihm eine größere Laterne angezündet ans Bett, um dann zu seiner Lektüre zurückzukehren. Er sitzt dabei wieder beim Schein des Kaminfeuers in seinem Bärenlehnstuhl. Im Hintergrund macht der kleine Bär einen Kopfstand in seinem Bett. „„Kannst du nicht schlafen, kleiner Bär?' stöhnte der große Bär, legte sein Bärenbuch zur Seite (Es fehlten nur noch drei Seiten) und tapste hinüber zum Bett."
Der kleine Bär kann immer noch nicht schlafen und wieder macht er die „Dunkelheit rundherum" dafür verantwortlich. Obwohl er schon zwei Laternen an seinem Bett stehen hat, ist die Dunkelheit „. . . noch immer sehr groß." Der große Bär hängt nun die „allergrößte Laterne" über dem Bett des kleinen Bären auf. „Mit der wirst du dich nicht mehr fürchten.' ‚Danke, großer Bär', sagte der kleine Bär, kuschelte sich in die Kissen und sah zu, wie die Schatten auf den Wänden tanzten. ‚Jetzt schlaf schön, kleiner Bär', sagte der große Bär, tapste zurück zum Bärenlehnstuhl und machte es sich gemütlich, um im Schein des Kaminfeuers sein Bärenbuch zu lesen."
Den kleinen Bären sieht man in seinem Bett schaukeln, einen Purzelbaum machen, mit dem Kopf voran aus dem Bett hängen. „Der kleine Bär versuchte es . . . wieder und wieder . . ., aber er konnte nicht schlafen. ‚Kannst du nicht schlafen, kleiner Bär?' brummte der große Bär, legte sein Bärenbuch zur Seite (es fehlten noch zwei Seiten) und tapste hinüber zum Bett." Wieder fürchtet sich der kleine Bär, weil er die Dunkelheit nicht mag. In der Bärenhöhle ist es zwar jetzt ganz hell, aber „sagte der kleine Bär, ‚da – da draußen!'"
Er steht mit anklagender Miene auf seinem Bett „. . . Und zeigte zum Ausgang der Bärenhöhle, hinaus in die Nacht."
Der große Bär sieht die Dunkelheit draußen, und „daß der kleine Bär recht hatte. Der große Bär war ratlos: Nicht einmal alle Laternen der

Welt hätten diese Dunkelheit erhellen können." Entschlossen nimmt der
große Bär den kleinen Bären „an den Tatzen und führte ihn aus der
Höhle, hinaus in die Nacht. Und es war ... *Finster!*" Die beiden stehen,
der kleine Bär eng an den großen Bären gedrückt, vor der Bärenhöhle.
Die ringsum herrschende Dunkelheit wird durch den warmen Lichtschein,
der aus dem Eingang der Bärenhöhle leuchtet, durchbrochen und auch
der Schnee erhellt die Waldlichtung. Schließlich steht der große Bär, den
kleinen Bären auf dem Arm – mit dem Rücken zum Betrachter – in der
verschneiten Landschaft dem riesengroßen Mond und den vielen Sternen
am Himmel gegenüber. „,Ich hab dir den Mond gebracht, kleiner Bär',
sagte der große Bär. ‚Den leuchtenden Mond und die funkelnden Sterne.'
Doch der kleine Bär antwortete nicht, denn er war eingeschlafen. Er
schlief tief und fest und geborgen in den Armen des großen Bären."
Liebevoll sieht der große Bär den schlafenden kleinen Bären an, vor dem
Hintergrund des prächtigen Vollmondes. Den kleinen Bären behutsam im
Arm haltend kehrt der große Bär in die Bärenhöhle zurück.
„Der große Bär setzte sich in seinen Bärenlehnstuhl. Mit der einen Tatze
hielt er den kleinen schlafenden Bären und in der anderen sein Bären-
buch. Jetzt war es endlich richtig gemütlich im warmen Schein des Kamin-
feuers. Und der große Bär konnte sein Bärenbuch lesen – bis zum *Ende*."
Die in diesem letzten Textabsatz beschriebene Szene ist genauso im Bild
wiedergegeben. Auf der letzten Seite unter dem „*Ende*" sieht man beide
Bären zurückgelehnt im Bärensessel schlafen.

Bedeutung für die Kinder

Dieses Bilderbuch ist für Kinder ab drei Jahren geeignet; man kann
allerdings davon ausgehen, daß auch ältere Kinder es mit Freude betrachten werden. Die liebevolle Geschichte mit ihren stark das Gemüt anregen-
den Bildern spricht Erlebnisse, Erfahrungen und Wünsche vieler Kinder
an.
Der große Bär wirkt mit seinem beige-braunen Fell kuschelig und ver-
trauenerweckend und der kleine Bär mit seiner treuherzigen Unschulds-
miene, seinen ängstlichen oder anklagenden Blicken ist so niedlich, daß
beide auf der Stelle das Herz der Kinder (und auch vieler Erwachsener)
erobern.
Welches Kind wünscht sich nicht eine Bezugsperson, die den ganzen Tag
Zeit hat, mit ihm zu spielen, so wie es die Geschichte zu Beginn erzählt?
Wie schön ist es, jemanden zu haben, der sich wie der große Bär mit einer

nicht nachlassenden liebevollen Aufmerksamkeit um einen kümmert, wenn man, wie der kleine Bär, nicht schlafen kann und die „Dunkelheit rundherum zu groß" ist! Der große Bär stöhnt oder brummt freilich ein wenig, wenn er immer wieder aus seinem Bärenlehnstuhl aufstehen und seine spannende Lektüre unterbrechen muß, aber er tut es unverdrossen und ohne dem kleinen Bären den geringsten Vorwurf zu machen. Er denkt auch ganz ernsthaft über das Problem des kleinen Bären nach und sucht nach einer brauchbaren Lösung.

Nicht alle Kinder werden als Reaktion auf ihre Ängste so positive Erfahrungen machen wie der kleine Bär. Daß es aber so etwas gibt, kann auch diese Kinder zuversichtlich stimmen. Das Bedürfnis nach einer solch zuverlässigen Liebe wird wenigstens während der Betrachtung des Bilderbuches durch die Identifikation mit dem kleinen Bären befriedigt.

Das Problem des kleinen Bären ist eigentlich ein zweifaches: *Zum einen* kann er nicht schlafen (und), *zum anderen* mag er die Dunkelheit nicht. Aus den Bildern geht deutlich hervor, daß der kleine Bär noch nicht müde ist. Er turnt in seinem Bett herum, macht Kopfstand und Purzelbaum, spielt mit seinem Kasperle, der eigentlich schlafen will, und macht nicht den Eindruck eines von Angst geplagten Bärenkindes.

Diese Erfahrung haben alle Kinder schon gemacht: Sie werden ins Bett gebracht und sie sind noch gar nicht müde.

Nun wird der kleine Bär gefragt, ob er nicht schlafen kann, und da muß er eine plausible Antwort finden. Seinen eigentlichen Zustand kann er nicht in Worte fassen, und jetzt fällt ihm auf, daß es so dunkel ist, und daß er sich davor fürchtet. Es werden durch den kleinen Bären also zwei typische kindliche Erfahrungen widergespiegelt.

Das Verhalten des großen Bären ist für alle Kinder tröstlich. Ihre Furcht vor der Dunkelheit wird ernst genommen und immer mehr Licht in das Dunkel gebracht. Die Furcht vor der großen Dunkelheit außerhalb der Höhle – oder außerhalb des Kinderzimmers – läßt sich dadurch jedoch nicht endgültig lösen; sie ist auch durch viele Laternen nicht zu beseitigen.

Da hilft nur die Nähe einer vertrauten Person. In ihren Armen aufgehoben und beschützt, kann der kleine Bär die Dunkelheit betrachten, sie ist nicht mehr bedrohlich und kann ihm nichts mehr anhaben; er kann beruhigt schlafen. Daß der Mond und die Sterne die dunkle Nacht erhellen, ist zwar schön, aber nicht so wichtig wie die Geborgenheit in den Armen des großen Bären. Die betrachtenden Kinder können sich im Erleben des kleinen Bären wiederfinden und offene Wünsche werden hier – unbewußt – zumindest teilweise erfüllt.

Ganz offensichtlich gefällt es auch dem großen Bären, mit dem schlafenden kleinen Bären auf dem Schoß vor dem warmen Kaminfeuer sein Bärenbuch fertig zu lesen. Daß nicht nur der kleine Bär diese Nähe braucht, sondern sich auch der große Bär dabei wohlfühlt – er bringt den kleinen Bären nicht sofort in sein Bett, als dieser eingeschlafen ist –, ist für die Kinder besonders wohltuend.

Die Wirkung dieses Bilderbuches wird durch den einfachen Text unterstützt. Der beruhigende Rhythmus der sich wiederholenden Zwiegespräche zwischen dem großen und dem kleinen Bären verstärkt bei den Kindern das Gefühl, angenommen und verstanden zu werden.

Beispiel für eine Tiergeschichte

Francine Oomen

„Sami kann das selbst"

Hamburg: Carlsen, 1996

Inhalt

Das kleine Kaninchen Sami wird am Abend von seiner Mami geweckt, weil es in die Schule muß. „Du brauchst mich nicht zu wecken", sagt Sami. „Ich kann selbst aufwachen." Auch beim Anziehen, Essen und Zähneputzen lehnt Sami die Hilfe der Mutter ab. Sein Wahlspruch ist: „Das kann ich selbst." Sami will auch nicht in die Schule begleitet werden und singt auf dem Weg durch den Wald: „Ich kann allein überall hin, weil ich ein großes Kaninchen bin!" Aber jetzt wird es aufregend. Kaninchen Sami fällt in eine Fuchshöhle, dieser kaum entflohen, kommt eine Eule ihm sehr nahe, schließlich wird es von einem Auto geblendet und ein Mensch will es mitnehmen. Unverdrossen erklärt Sami aber allen, daß ein großes Kaninchen alles selbst kann, obwohl es den Heimweg nicht mehr findet. Da purzelt Sami einen Berg hinunter, und an dessen Ende ist der Weg nach Hause und Sami denkt: „Hab ich's nicht gewußt, daß ich ihn selbst finden kann." Die Mutter hat schon nach Sami Ausschau gehalten und sich Sorgen über das lange Ausbleiben ihres Kindes gemacht. Sami erklärt: „Hab mich nur ein bißchen verlaufen … Da waren kleine Füchse und eine Eule und ein großer Mann, und alle wollten mir helfen. Aber ich kann schon alles selbst." Später im Bett denkt Sami: „Nur eines kann ich nicht selbst, …

Mami, kommst du mir ein Küßchen geben?" Mami kommt natürlich und wünscht nach dem Küßchen „Schlaf gut, großes Samikind!"
Die Illustrationen in diesem Buch sind großflächig und einfach, die Farben kräftig. Die einzelnen Bilder enthalten nicht sehr viele Details. Auf jedem Bild ist genau das abgebildet, was im Text beschrieben ist.
Der Einband des Buches ist aus festem Karton und die einzelnen Seiten sind aus festem, schmutzabweisendem Papier.

Bedeutung

Das Thema dieses Bilderbuches ist für Kinder ab etwa 3 Jahren von großem Interesse. Die Kinder entdecken in diesem Alter die eigene Persönlichkeit, den eigenen Willen und der Ablösungsprozeß von der Mutter ist in vollem Gange. Alle Eltern kennen diese energischen, manchmal sogar zornigen Ausrufe: „Alleine!" oder „Selber!" ihrer Kinder. Deshalb ist Sami eine wunderbare Identifikationsfigur. Da außerdem nicht deutlich wird, ob es sich bei Sami um ein Mädchen oder einen Jungen handelt – weder der Name, noch die Kleidung geben darauf Hinweise, es ist eben ein Kaninchen –, können sich alle Kinder problemlos in dieser Figur wiederfinden.
Kaninchen Sami betreibt seinen Wunsch nach Selbständigkeit und Ablösung sehr zielstrebig und energisch und die Mutter läßt ihm diesen Raum, obwohl sie immer zur Verfügung steht und sich auch um Sami kümmert. (Als Sami z. B. spät nach Hause kommt, wartet sie bereits und hat sich doch etwas Sorgen gemacht. Sami bekommt aber keine Vorwürfe zu hören.)
Sami zeigt den Kindern, wie sie die (ihre) Welt erobern können. Das geht nicht ohne Aufregung ab und manchmal sieht die Situation nicht ganz ungefährlich aus (z. B. als Sami vor den aufgeblendeten Scheinwerfern eines Autos sitzt oder große Menschenhände es ergreifen wollen), aber Sami geht unerschrocken seinen Weg und beharrt auf seiner Selbständigkeit. Aus der Distanz des Zuschauers und aufgrund der äußeren Sicherheit bei der Betrachtung (z. B. auf dem Schoß einer vertrauten Person, oder gemeinsam mit anderen Kindern) können sich auch kleine Kinder auf die für dieses Alter doch sehr spannenden Situationen einlassen und die Spannung sogar genießen.
Samis Erlebnisse können die eigenen Erfahrungen der Kinder bestätigen und ergänzen und vor allem bieten sie Ermutigung. Kindern, die eher ängstlich sind und sich auf den Ablösungsprozeß von der Mutter noch

nicht so recht einzulassen wagen, demonstriert Sami, daß dieser Prozeß ohne den Verlust der geliebten Mutter möglich ist. Die Kinder, deren Mütter dieser Ablösung noch ablehnend gegenüberstehen, erfahren, daß mit Entschlossenheit und Mut dieser Weg zu bewältigen ist. Alle Kinder lernen, daß das selbständige Erobern der Welt ein aufregendes und spannendes Erlebnis ist. Sami zeigt ihnen aber auch, daß die Geborgenheit zu Hause (die Mama) den schützenden Hintergrund für diesen Weg ins eigene Leben bietet und daß da jemand ist, der einem Küßchen gibt, denn alles kann man doch nicht selbst.

Da diese Geschichte auf der „Kaninchenebene" spielt und damit realistische Details, die in einer realen Alltagsgeschichte notwendig wären, fehlen, bleibt für die Kinder ein großer Raum, ihre Geschichte und ihr Thema hineinzudenken. Außerdem brauchen die Kinder auch keine störenden Vergleiche anstellen: Was darf Sami, was darf ich? Solche Überlegungen würden vom Wesentlichen dieses Themas nur ablenken. Der Lebensraum eines Kaninchens unterscheidet sich eben trotz der Identifikation der Kinder mit Sami und trotz der Gemeinsamkeiten, die sie entdecken, von ihrem eigenen Leben.

Es ist schade, daß die Geschichte die letzte Sorgfalt vermissen läßt, denn sie ist unvollständig. Am Beginn der Handlung begibt sich Sami auf den Weg zur Schule, dort kommt es nie an und diese Tatsache wird auch mit keinem Wort erwähnt, als es nach Hause kommt. Auch Kindern in diesem jungen Alter wird dies auffallen. Sie können natürlich bei der Betrachtung gemeinsam mit anderen eine plausible Erklärung für diese Ungereimtheit finden, aber es ist doch bedauerlich, daß solche Ungenauigkeiten nicht vermieden werden.

Trotz dieser Kritik kann „Sami kann das selbst" für die Entwicklung der genannten Altersgruppe eine wichtige Unterstützung sein. Sami ist eine selbstbewußte und liebenswerte Figur, die den Kindern Mut macht, ihren Weg zu gehen.

Beispiel für eine Tiergeschichte

Sam McBratney · Anita Jeram
„Weißt du eigentlich, wie lieb ich dich hab?"
Aarau; Frankfurt am Main; Salzburg: Sauerländer, 1995

Inhalt

„Der kleine Hase sollte ins Bett gehen, aber er hielt sich noch ganz fest an den langen Ohren des großen Hasen." Er hat nämlich noch etwas auf dem Herzen und wollte „… ganz sicher sein, daß der große Hase ihm auch gut zuhörte. ‚Rate mal, wie lieb ich dich hab‘, sagte er. ‚Oh‘ sagte der große Hase, ‚ich glaube nicht, daß ich das raten kann.‘" Auf dem Bild sieht man den kleinen Hasen mit weit ausgebreiteten Armen auf einem Baumstumpf stehen, „… ‚So sehr‘, sagte der kleine Hase." Der große Hase steht hoch aufgerichtet im gegenüber und schaut interessiert zu. Der große Hase hatte viel längere Arme. „Aber ich hab dich sooo sehr lieb", sagte er. Auf dem Bild ist nun der große Hase mit weit ausgebreiteten Armen zu sehen. „Hm, das ist viel", dachte der kleine Hase. Auf den folgenden Seiten sieht man, was sich der kleine Hase alles einfallen läßt, um dem großen Hasen seine Liebe zu zeigen: Er streckt die Arme hoch, er macht einen Handstand an einem Baum, er hüpft so hoch er kann (seine lustigen Hüpfversuche sind in sieben kleinen Einzelbildern über eine Doppelseite verteilt.), aber da der große Hase eben größer ist, sind die Demonstrationen seiner Liebe zum kleinen Hasen immer viel eindrucksvoller. So sieht man z. B. den großen Hasen, nach den vergnügten Hüpfversuchen des kleinen Hasen, bis zum untersten Ast eines Baumes hüpfen, „… daß seine Ohren die Zweige berührten. ‚Tolle Hüpferung‘, dachte der kleine Hase. ‚Wenn ich nur auch so hüpfen könnte.‘" Schließlich sitzen beide auf einer Anhöhe und schauen in die abendliche Landschaft auf den Fluß, der sich zwischen den Hügeln schlängelt. „Ich hab dich den ganzen Weg bis zum Fluß runter lieb", sagte der kleine Hase. „Ich hab dich bis zum Fluß und über die Berge lieb", sagte der große Hase. „Oh, das ist sehr weit", dachte der kleine Hase. Er war schon so müde, daß er sich gar nichts mehr ausdenken konnte. Auf dem Bild sieht man ihn Augen reibend auf den Hinterläufen sitzen. Mittlerweile ist es Nacht geworden. Der große Hase nimmt den müden kleinen Hasen auf den Arm und schon halb schlafend sagt der kleine Hase: „Ich hab dich lieb bis zum Mond", … und macht die Augen zu. „Oh, das ist

weit", sagte der große Hase. „Das ist sehr weit." Als beide dann aneinandergekuschelt im Blätterbett liegen, flüstert der große Hase: „Bis zum
Mond ... ...und wieder zurück haben wir uns lieb."
Die Illustrationen dieses liebenswerten Bilderbuches sind realistisch, aber
nicht von naturalistischer Genauigkeit. Der kleine und der große Hase
sind weder verniedlicht noch vermenschlicht, obwohl sie natürlich auf einigen Bildern menschliche Verhaltensweisen zeigen. Die Umgebung ist auf
manchen Bildern nur skizziert, aber trotzdem eindeutig zu identifizieren
und weitgehend naturgetreu. Der einfache, sprachlich schöne Text beschreibt fast ausschließlich das, was auf den Bildern zu sehen ist. Die Illustrationen stehen in diesem Bilderbuch im Vordergrund.

Bedeutung

Bereits dreijährige Kinder – vielleicht sogar noch jüngere, wenn sie bilderbucherfahren sind – werden den Inhalt dieses Bilderbuches verstehen und
ihre Freude daran haben, ebenso wie ältere Kinder bis ins Schulalter hinein. Das Thema dieses Buches ist für Kinder aller Altersstufen wichtig und
auch viele Erwachsene sind von dem kleinen und dem großen Hasen, die
versuchen, sich das Ausmaß ihrer gegenseitigen Liebe zu beweisen, angetan und berührt. Die Betrachter erleben mit, wie ein kleines Wesen – das
auch ein Kind sein könnte – und ein großes Wesen – das Vater, Mutter,
Oma, Opa oder eine andere geliebte Person sein könnte – auf liebevollste
und spielerische Art und Weise zueinander in Konkurrenz um die Größe
der gegenseitigen Liebe treten. Die Bereitschaft und Geduld, in der der
große Hase auf das Spiel des kleinen Hasen eingeht – der sollte ja schließlich ins Bett gehen – möchte man jedem Kind gönnen.
Ohne zu sehr betonte oder gar dramatisierte Emotionen – weder die Bilder noch der Text enthalten Gefühlsduselei oder Sentimentalität – wirft
der kleine Hase seine ganze kleine Persönlichkeit in dieses Spiel, um seiner Liebe Ausdruck und Gewicht zu verleihen. Der große Hase tut es ihm
gleich und ist, weil er eben der große ist, immer um ein paar Nasenlängen
vorne. Aber – die Ideen zu diesem Konkurrenzspiel stammen alle vom
kleinen Hasen. Er möchte zwar schon auch so lange Arme und Beine haben und so hoch hüpfen können wie der große Hase, aber es macht ihn
nicht wütend oder traurig, daß er noch klein ist. Schließlich zeigt sich, wie
gut es ist, daß es diesen Größenunterschied gibt, denn wer sollte denn den
müden kleinen Hasen ins Bett bringen, wer ihm einen Gutenachtkuß geben und auf ihn aufpassen, wenn beide gleich groß wären? Am Ende hat

der große Hase auch die Lösung für beide gefunden: „Bis zum Mond...
...und wieder zurück haben wir uns lieb...", gibt er dem kleinen Hasen in
den Schlaf mit. Das Konkurrenzspiel ist zu Ende, aber daß beide einander
sehr lieb haben, das bleibt unverrückbar bestehen.

Dieses Bilderbuch kann für die Kinder unserer von audiovisuellen Medien
geprägten Zeit von besonderer Bedeutung sein. Es enthält keine aufregende, spannende oder gar sensationelle Handlung, es erzählt im eigentlichen Sinne gar keine Geschichte, sondern es zeigt, wie schön und
beglückend es ist, seine Gefühle einer geliebten Person zu zeigen und sie
erwidert zu bekommen. Mit seiner ruhigen und liebevollen Ausstrahlung
stellt dieses Bilderbuch ein Gegengewicht zu der oft chaotischen Medien-
welt der Kinder dar. Es stellt unaufdringlich eine Botschaft in den Mittel-
punkt, die in den meisten Medienprodukten fehlt oder ihr sogar zuwider
läuft, daß die Liebe zwischen Menschen, die zueinander gehören, das Zen-
trum unseres Lebens – und vor allem des Lebens der Kinder – ist.

2.6 Das Sachbilderbuch

Sachbilderbücher haben einen festen Platz im Bilderbuchangebot unserer
Zeit.

Bilderbücher aus allen Wissensbereichen wie Natur, Wissenschaft und
Technik, Arbeitswelt, allen Bereichen der Umwelt, in der die Kinder
leben, fremde Länder, Kulturen und Lebensweisen, sowie für Kinder
gestaltete Lexika werden angeboten. Sie alle enthalten Informationen in
Bild und Text über einen mehr oder weniger begrenzten Ausschnitt der
Wirklichkeit.

Die Gestaltung der Sachbilderbücher ist fast ebenso vielfältig wie die
Themen, die behandelt werden.

Da gibt es einfach gestaltete Bilderbücher wie *„Vom Korn zum Brot",*
„Vom Baum zum Tisch", „Vom Zement zur Brücke", „Von der Baum-
wolle zur Hose" von Ali Mitgutsch. Alle diese Bilderbücher sind etwa
postkartengroß. Sie sind nicht festgebunden, sondern die einzelnen Blätter werden mit einer Spirale zusammengehalten. Die Bilder zeigen nur
das zum Verständnis notwendige und der knappe, aber präzise Text
erklärt Fertigungsprozesse verschiedenster Art. Schon vierjährige Kinder
erfassen durch diese Büchlein, daß z. B. der Tisch, an dem sie mit ihren
Eltern essen, nicht von vornherein diese Form hatte, und daß es ein

langer Weg ist, bis aus dem Korn, das sie beim Spaziergang auf dem Feld sehen, Brot geworden ist.

Sehr viel aufwendiger ausgestattet ist z. B. *„Alle Jahre wieder saust der Preßlufthammer nieder oder Die Veränderung der Landschaft"* von Jörg Müller, das aus einer Mappe mit sieben Bildern besteht. Auf jeder dieser ca. 85 × 31 cm großen, aufstellbaren Bildertafeln ist der gleiche Landschaftsausschnitt und seine Veränderung im Laufe von 20 Jahren zu sehen. Aus einer idyllischen Landschaft wird eine von Schnellstraßen durchzogene Betonwüste. Die sehr detaillierten Illustrationen geben den sich vollziehenden Wandel mit Betroffenheit auslösender Genauigkeit wieder.

Wunderschöne und naturgetreue Darstellung von Pflanzen findet man in den *„Uhr"*-Bilderbüchern, wie z. B. in der *„Heil- und Giftpflanzen-Uhr"* von Thomas Müller und Christine Henle oder eher vereinfachte, aber dennoch eindrucksvolle Bilder in *„101 Dinosaurier von A bis Z"* von Rupert Matthews und Chris Forsey, das bei Kindern im Vorschulalter ein „echter Renner" ist.

Ausgesprochen amüsant und lehrreich sind die Bücher, die im Carlsen Verlag unter dem Motto: *„Witzig*Wahr*Wissenswert"* erschienen sind. Die Illustrationen in diesen Büchern sind sehr lebhaft und lustig, und Antworten auf Fragen z. B. über den menschlichen Körper sind hinter Bildern zu finden, die man umklappen muß.

Der Überraschungseffekt, der dadurch entsteht, erhöht sicher den Reiz und damit möglicherweise auch die Wirkung.

Der Text in den genannten Beispielen ist je nach Thema und Zielgruppe – wie auch die Bilder – entweder ganz knapp und enthält nur die wichtigsten Informationen, oder aber er vermittelt bereits Detailwissen. In allen Fällen jedoch ist er verständlich und kindgerecht – die Kinder werden z. B. teilweise direkt angesprochen – und über die z. B. im Bild dargestellten Tiere, Pflanzen oder Vorgänge sind die notwendigen Informationen enthalten.

Diese Anforderungen an ein gutes Sachbilderbuch sollte man bei der Auswahl immer berücksichtigen.

Wegen der Vielfalt und der Unterschiede in der Gestaltung sowohl der Bilder als auch des Textes ist das Alter der Kinder, in dem man ihnen Sachbilderbücher anbieten kann, nicht eindeutig festzulegen. Diese Bilderbuchart ist wohl diejenige, die die größte Altersstreuung aufweist. Man findet Sachbilderbücher, die bereits für dreijährige Kinder geeignet sind, und solche, die erst acht- bis neunjährige interessieren, wie z. B.

„Meine Kamera kann zaubern", ein Fotoratgeber für Kinder von Gisela Degler-Rummel und Jochen Blume. Dieses Sachbilderbuch zeigt und erzählt viel Wissenswertes zum Thema Fotografieren. Die Illustrationen bestehen aus einer Mischung zwischen Fotos und gezeichneten Bildern.

Auch für zehn- bis zwölfjährige gibt es noch Bücher, bei denen das Bild einen so hohen Anteil hat, daß man es noch als Bilderbuch bezeichnen kann wie z. B. „Die Torstraße" von Hans-Joachim Draeger, in dem eine Straße in einer Stadt – man könnte diese Stadt für Lübeck halten – im Wandel eines Jahrtausends dargestellt wird.

Der Text enthält Informationen über die wichtigsten geschichtlichen Daten der Zeit, die sich auf dem jeweiligen Bild widerspiegelt.

Sehr interessant ist das „Mammutbuch der Technik" von David Mac Aulay, das einen geradezu atemberaubenden Einblick in die Welt der Technik bietet und vieles enthält, was oft auch dem Erwachsenen unbekannt ist. (Einziger Nachteil ist dessen hoher Preis, der allerdings wegen seines Umfanges und seiner aufwendigen Gestaltung berechtigt ist.)

Die Beschreibung unterschiedlicher Sachbilderbücher ließe sich beliebig fortsetzen. Als Überblick mag das Vorausgegangene genügen.

Wichtig ist noch zu erwähnen, daß es neben den reinen Sachbilderbüchern auch solche gibt, die ihre Informationen in eine Geschichte einbauen. Bei diesen Bilderbüchern ist die Zuordnung zum Sachbilderbuch nicht immer ganz eindeutig, da sie von ihrem Aufbau z. T. auch zu den realistischen Bilderbüchern gerechnet werden können. In „Linnea im Garten des Malers" von Christina Björk z. B. entdeckt ein kleines Mädchen zusammen mit einem alten Gärtner den Maler Claude Monet.

Bedeutung für das Kind

Neugierde und Wissensdurst gehören zu den typischen kindlichen Eigenschaften. Welcher Erwachsene wurde nicht schon ungeduldig, wenn ihn das – etwa dreijährige – Kind mit immer wieder neuen „Warum"-Fragen gefordert hat. Schon sehr früh beginnen die Kinder durch Hantieren und manchmal auch durch Zerstören – z. B. Zerreißen einer Zeitung, oder Auseinandernehmen eines Weckers oder Spielzeugautos – die Umwelt im wörtlichen Sinne zu be„greifen". Dieses Wissenwollen weitet sich im Laufe der Entwicklung auf Gebiete aus, die nicht mehr mit den Sinnen begreifbar sind, sondern mehr und mehr intellektuell erfaßt werden müssen. Dieser Entwicklung kommen die Sachbilderbücher entgegen.

Die Kinder unserer sehr kompliziert gewordenen Welt sind einer Fülle von Eindrücken und Erlebnissen ausgesetzt, die sie gar nicht alle auf einmal verarbeiten können, und die mehr Fragen aufwerfen, als sie beantworten können. Auch der Erwachsene hat nicht mehr in alle Bereiche Einblick und hat auf die Fragen der Kinder oft keine befriedigende Antwort.

Vor diesem Hintergrund kommt den Sachbilderbüchern besondere Bedeutung zu. Sie bieten den Kindern die Informationen, die sie haben wollen, auf eine ihnen angemessene Weise. Die Bücher sind immer verfügbar und man kann sie so oft ansehen, wie das Interesse an einem Gegenstand vorhanden ist und bis das Kind alle Details erfaßt und die Zusammenhänge begriffen hat.

Die Kinder lernen hier unter anderem unbewußt, daß komplexe Sachverhalte in der Regel nicht auf Anhieb vollkommen durchschaut werden können, daß sie wiederholter Betrachtung bedürfen, und daß vollständiges Erfassen komplizierter Zusammenhänge oft nur schrittweise möglich ist. Mit dieser – wenn auch unbewußten – Erfahrung wird ein wichtiger Beitrag zum „Lernen-Lernen" geleistet.

Das analytische Denken der Kinder wird spielerisch entwickelt, und die Freude, Dingen auf den Grund zu gehen, wird unterstützt.

Durch das nachvollziehen z. T. schwieriger, z. B. technischer Zusammenhänge werden Denkprozesse in Gang gesetzt. Durch all diese Vorgänge wird die intellektuelle Entwicklung der Kinder günstig beeinflußt.

Durch Sachbilderbücher wird also das Wissen der Kinder erweitert und vertieft und die Welt für die Kinder durchschaubarer und begreifbarer. Sie gewinnen dadurch mehr Sicherheit und können sich auf die Welt, in der sie leben, besser einlassen und sie mit der Zeit auch nach ihren Bedürfnissen mitgestalten und verändern.

In der Auseinandersetzung mit einem bestimmten Thema entdecken die Kinder häufig neue Wissensbereiche, die Interesse wecken. Es wird ein Prozeß in Gang gesetzt, der zu immer umfangreicherem Wissen führt.

Mit den Informationen, die die Kinder bekommen, wird ja nicht nur Faktenwissen aufgenommen, sondern es werden auch Zusammenhänge mit der eigenen Lebenssituation hergestellt. Dadurch werden die Denkstrukturen der Kinder geprägt und ihre Persönlichkeitsentwicklung positiv beeinflußt. Sachbilderbücher können somit auch erzieherische Wirkung haben.

Je mehr die Kinder z. B. über Vorgänge in der Natur erfahren und wissen, desto mehr Achtung kann vor ihr entstehen und desto sorgsamer beginnen sie mit ihr umzugehen. Erst wenn ihnen die Zusammenhänge zwischen Natur, Technik und ihrer eigenen Existenz deutlich werden, können Gedanken z. B. des Umweltschutzes verstanden und umgesetzt werden.

Viele Sachbilderbücher regen die Kinder auch zum eigenen Handeln an, vor allem solche, die sich mit der Natur oder Tieren befassen. Wenn einem Kind z. B. in einem Bilderbuch erklärt wird, wie bestimmte Pflanzen wachsen, ist es leicht, sein Interesse zu wecken, diesen Vorgang selbst zu beobachten. Häufig kommt nach der Betrachtung eines Bilderbuches der Wunsch, etwas zu pflanzen, von den Kindern selbst.

Ganz entscheidend für die Wirkung dieser vielfältigen Sachbilderbücher sind freilich wieder Eltern und Erzieher. Wissensdurst und Neugierde sind bei den Kindern vorhanden; wie sich diese allerdings entwickeln, hängt sehr davon ab, wie die Erwachsenen mit ihnen umgehen. Ein Kind, dessen Fragen – ob im Alltag oder bei der Betrachtung eines Bilderbuches – immer abgewehrt werden, das das Gefühl hat, dem Erwachsenen lästig zu fallen, wird mit der Zeit mit dem Fragenstellen aufhören.

Ebenso negativ auf die Neugierde der Kinder wirkt sich ein sehr frühzeitiger und intensiver Fernsehkonsum aus, vor allem dann, wenn das Kind alleine vor dem Gerät sitzt, der Fernsehapparat also als Babysitter benützt wird. Speziell die kleineren Kinder – und um die geht es in diesem Zusammenhang – werden von der Fülle der Bilder und Vorgänge so in Anspruch genommen und zum Teil verwirrt, daß sie für das, was sie umgibt – und das ist der Ausgangspunkt allen Wissenwollens beim Kind –, gar kein Interesse mehr aufbringen können.

Eltern und Erzieher können durch ihr Verhalten, indem sie auf Fragen der Kinder eingehen und mit ihnen gemeinsam auch im Medium Sachbilderbuch die „Welt" entdecken, das natürliche Interesse ihrer Kinder erhalten und weiterentwickeln.

Buchbeispiel für ein Sachbilderbuch

Veronika Zacharias

„24 Stunden sind ein Tag"

Ein Bilderbuch über die Zeit
München: Verlag Heinrich Ellermann, 1992

Dieses Sachbilderbuch über die Zeit wendet sich an die älteren Vorschulkinder und Grundschulkinder ab etwa sechs Jahren. Es ist in zehn Kapitel
unterteilt; Jedes Kapitel befaßt sich mit einem eigenen Bereich der Zeit.
Um die Vielfalt der Informationen und die Methode, wie sie dem Betrachter nahegebracht werden, deutlich zu machen, soll jedes einzelne
Kapitel dieses Bilderbuches beschrieben werden.

Ein Geschenk für Laura

Laura, die Hauptperson, hat Geburtstag und bekommt von ihrem Großvater einen Gutschein für eine Armbanduhr.
„,Bald fahren wir zusammen in die Stadt. Du darfst dir die Uhr aus-
suchen, die dir am besten gefällt', verspricht Opa. Laura strahlt." Der
Großvater lädt Laura außerdem zu einer „Reise durch die Zeit" ein. Er
will ihr ein dickes Fotoalbum zeigen, in dem sein Vater noch ein Kind
war.
Auf den einfach und bunt gezeichneten Bildern sieht man auf der ersten
Seite Laura in ihrem Zimmer, wie sie gerade aufgestanden ist und aus
dem Fenster schaut, auf dem zweiten Bild sitzt die Familie um den
Geburtstagstisch und Laura – einen Schulranzen auf dem Rücken, den sie
gerade geschenkt bekommen hat – packt Geschenke aus. Text und Bild
haben etwa den gleichen Anteil.

Das Fotoalbum

Der Großvater und Laura sitzen am Tisch und betrachten ein großes
Fotoalbum. Im Text darunter erzählt der Großvater zu den Fotografien –
es handelt sich dabei um richtige Schwarzweiß-Fotos vom Ende des letz-
ten und vom Beginn dieses Jahrhunderts – die auf der gegenüberliegenden
Seite zu sehen sind.
„Auf einem Bild entdeckt Laura ein Baby in einem Kinderwagen mit
hohen Rädern. ,Das ist dein Urgroßvater, also mein Vater', erzählt Opa.
,Er ist über hundert Jahre vor dir geboren, nämlich 1885 ... Und das

Mädchen mit den Schleifen im Haar, auf dem Foto ganz oben rechts, ist deine Urgroßmutter mit ihren Geschwistern. Auf dem Foto darunter siehst du, wie sich die Kinder früher zu Fasching verkleideten.'"
Laura sieht noch den Großvater als Dreijährigen auf einem Dreirad, ein Klassenfoto, auf dem er zu sehen ist und den Urgroßvater mit Schulranzen, an dem ein Schwamm hängt. „,Damit putzten die Schulkinder früher ihre Schiefertafeln, auf denen sie schreiben lernten." erklärt der Großvater.

Der Stammbaum

Auf diesem Bild ist ein gezeichneter Stammbaum zu sehen, an dessen oberster Spitze ein Foto der Urgroßeltern steht. Bis auf ein weiteres Foto einer Großtante sind alle anderen Familienmitglieder gezeichnet. In dem kurzen Text sprechen Laura und Opa über diesen Stammbaum.

Eine Reise durch die Zeit

Einige Zeichnungen zeigen, wie Autos und Flugzeuge zu Beginn des Jahrhunderts aussahen. Der Großvater erzählt Laura von Ereignissen aus der Geschichte, z. B., daß im Geburtsjahr des Großvaters, 1927, Charles Lindbergh mit einem Propellerflugzeug den ersten Flug über den Atlantik wagte, oder daß im Geburtsjahr seines Sohnes – dem Vater Lauras – 1957, der erste Satellit – der russische Sputnik – die Erde umkreiste.
Ein Bild zeigt Autos und Flugzeuge, wie sie heute aussehen, und auf dem letzten Bild sind drei Fragezeichen zu sehen.
„,Das soll die Zukunft sein', antwortet Großvater auf Lauras Frage. ,Niemand weiß, was morgen sein wird, in einem Jahr oder in hundert Jahren.'"

Frühling, Sommer, Herbst und Winter

Laura sieht auf einem Spaziergang mit dem Großvater einen blühenden Baum. „,Opa, seit wann hat denn dieser Baum Blüten?' wundert sich Laura. Im Winter war er doch ganz kahl.'"
Der Großvater erklärt Laura nun den Kreislauf der Natur, der sich jedes Jahr wiederholt. Er nennt die Daten des Frühlings-, Sommer-, Herbst- und Winterbeginns; er erklärt, wie und warum sich die Temperaturen im Laufe des Jahres verändern und daß auch die Länge der Tage und Nächte nicht immer gleich bleibt. „,. . . Am 21. Juni ist Sonnenwende. Das ist der

Tag mit der kürzesten Nacht. Abends, wenn du ins Bett mußt, ist es
draußen noch hell...'"

Im Gespräch mit dem Großvater erfährt Laura auch, wie sich die Pflan-
zen- und Tierwelt in der jeweiligen Jahreszeit verhält. „,... Wenn der
Herbst am 23. September beginnt, sind Tag und Nacht wieder gleich lang.
Es ist Erntezeit. Auch die Tiere legen ihre Vorräte für den Winter
an...'"

In diesem Kapitel steht der Text in der oberen Hälfte der Seite und geht
über die ganze Breite des aufgeklappten Bilderbuches. Auf der unteren
Hälfte sieht man vier nebeneinanderliegende Bilder mit je dem gleichen
Baum im Vordergrund, der in einem Garten steht. Man sieht das Erd-
reich, auf dem der Baum wächst, mit Gängen, in denen Mäuse herumlau-
fen. Im Hintergrund des Gartens sind eine Wiese, einige Häuser und
Bäume zu sehen. Jedes Bild zeigt den Baum und seine Umgebung in einer
anderen Jahreszeit.

24 Stunden sind ein Tag

Als Laura mit dem Großvater eines Tages im Bus sitzt, um in den
Tierpark zu fahren, wird sie in einer Kurve plötzlich von der Sonne
geblendet. Sie kneift die Augen zusammen. „Dann blinzelt sie in den
Himmel und fragt den Großvater: ,Warum ist die Sonne eigentlich nur am
Tag zu sehen? Wo ist sie denn nachts, nachdem sie untergegangen ist?'"
Er erklärt ihr, daß die Sonne eine „riesige glühende Kugel" ist, die gar
nicht untergeht, sondern, daß es die Erde ist, die sich dreht. Da die Erde
eine Kugel ist, scheint auf der anderen Seite der Weltkugel die Sonne,
während bei uns Nacht ist. Laura erfährt außerdem, daß die Sonne im
Osten auf- und im Westen untergeht, daß ein Tag 24 Stunden hat"... Er
dauert von einer Mitternacht zur nächsten. Jede der 24 Stunden hat 60
Minuten und jede Minute 60 Sekunden. Stunden, Minuten und Sekunden
kannst du auf einer Uhr ablesen." Während Laura und der Großvater sich
noch darüber unterhalten, was man auf einer Uhr alles ablesen kann, sind
sie schon im Zoo angekommen, „... und sehen sich viele Tiere an. Besonders gern bleibt Laura bei den Affen stehen."

Der Text zu diesem Kapitel nimmt etwa drei Viertel einer Seite ein und
über ihm ist eine kleine Stadt zu sehen, über der fünf Sonnen abgebildet
sind, die den Lauf der Sonne vom Aufgang bis zum Untergang zeigen.
Auf der dem Text gegenüberliegenden Seite ist ein Ausschnitt aus dem
Leben und Treiben der Stadt zu sehen. Der Stand der Sonne zeigt die
Mitte des Vormittags an.

Vom Neumond zum Vollmond

Auf dem Heimweg vom Ausflug in den Zoo geht bereits die Sonne unter und bis sie zu Hause sind, ist es ganz dunkel geworden. Vor dem Zubettgehen bewundert Laura noch den Vollmond. Sie bedauert, daß er nicht immer so groß und schön am Himmel zu sehen ist und wundert sich, wie es kommt, daß er ständig seine Form verändert. Der Großvater erklärt ihr, daß nicht der Mond seine Form verändert. „Es sieht bloß von der Erde so aus. Der Mond leuchtet nämlich nicht selbst, sondern wird von der Sonne angestrahlt. Und je nachdem wie Sonne, Erde und Mond zueinander stehen, sehen wir den Mond als Vollmond, als Halbmond oder als Mondsichel. Die übrigen Teile des Modes liegen dann im Schatten. Deshalb können wir sie von der Erde aus nicht sehen."
Die Aufteilung von Bild und Text entspricht der des vorherigen Kapitels. Auf dem kleineren Bild über dem Text sind die verschiedenen Mondphasen zu sehen. Über eine ganze Seite sieht man den gleichen Ausschnitt aus der kleinen Stadt, wie auf dem vorherigen Bild, jetzt allerdings bei Nacht. Im obersten Stockwerk des Hauses im Vordergrund brennt noch Licht, und man sieht ein Kind im Bett liegen. Auf der kleinen Grünfläche laufen einige Nachttiere, wie Igel, Katzen und Mäuse herum. In einem Baum sitzt ein Uhu, während ein zweiter gerade davonfliegt.

Die Jahresringe

Der Großvater nimmt Laura mit in einen Wald, in dem ein Baum steht, den sein Vater für ihn zu seiner Geburt gepflanzt hat. Auf dem Weg sehen sie viele gefällte Baumstämme und der Großvater zeigt seiner Enkelin an einem besonders dicken Stumpf die Jahresringe. „...Bei jedem Baum wachsen in einem Jahr ein schmaler, dunkler und harter Ring im Frühjahr und ein breiter, heller und weicher im Sommer..." und gemeinsam zählen sie die siebzig Ringe des Stumpfes. Großvaters Baum ist eine große Buche und Laura schaut bewundernd in deren Krone. „Dann schaut sie auf das kleine Bäumchen daneben. ‚Wenn du erst einmal so alt bist wie ich, wird aus dem kleinen Bäumchen auch ein großer Baum gewachsen sein', versichert der Großvater."
Auch hier gleicht die Verteilung von Text und Bild den beiden vorhergegangenen Kapiteln. Über dem Text ist ein Baum zu sehen und daneben der Querschnitt eines großen Baumstumpfes mit Jahresringen. Auf dem großen Bild daneben sieht man den Großvater und Laura im Wald vor einem Baum.

Turmuhren

Der Großvater geht mit Laura in die Stadt, um die versprochene Armbanduhr zu kaufen. Sie sehen einen hohen Kirchturm, den sie über eine enge Treppe besteigen, und genießen von oben die schöne Aussicht. Laura zählt zehn Türme, die sie von ihrem Standpunkt aus sehen kann. (Es ist unschwer zu erkennen, daß es sich bei der Stadt um München handelt.) „„Warum haben denn alle Türme Uhren?' will sie wissen. ‚Früher, als die meisten Menschen noch keine eigene Uhr hatten, zeigten ihnen diese Turmuhren mit ihren lauten Glockenschlägen die Zeit an‘, erklärt der Großvater." Da es gerade elf Uhr ist, fangen alle Glocken an zu läuten. Laura und der Großvater machen sich auf den Weg, die Armbanduhr zu kaufen.

In diesem Kapitel überwiegt die Illustration. Der Blick über die Dächer und Türme einer Stadt nimmt beide Seiten ein. Jeweils im oberen Viertel des Bildes ist der Text plaziert.

Die schönste Armbanduhr der Welt

In einem Uhrenladen sucht Laura sich eine Armbanduhr aus. Nachdem der Uhrmacher sie aufgezogen hat, darf sie sie auch gleich anziehen. Als Laura sich im Laden umsieht, entdeckt sie einen Glasschrank mit ungewöhnlichen Uhren. Bereitwillig zeigt der Uhrmacher ihr und dem Großvater seine Sammlung alter Uhren und weist auf die Veränderungen der Uhren über die Jahrhunderte hin. An der Wand sieht Laura eine Landkarte hängen. „„Das ist eine Weltzeitkarte‘, erklärt der Uhrmacher. ‚Auf ihr kannst du sehen, wie spät es überall auf der Erde ist. Wenn bei uns mittags die Sonne hoch vom Himmel scheint, ist es in manchen Ländern schon Abend, und in anderen Teilen der Welt fängt der Tag erst an . . .‘" Laura liest die Zeit von ihrer Uhr ab und stellt fest: „Das ist die schönste Uhr der Welt."

In diesem Kapitel ist der Anteil von Bild und Text etwa gleich. Auf einem Bild sieht man den Uhrenladen mit dem Uhrenverkäufer, dem Großvater, Laura und allen Dingen, die auch im Text erwähnt sind. Auf einem kleineren Bild darunter sind verschiedene alte Uhren, wie z. B. eine Sonnenuhr, eine Brennglasuhr und eine Sanduhr zu sehen. Darunter stehen etwas kleiner gedruckt als der übrige Text die Erklärungen zu den abgebildeten Uhren.

Der Text der Geschichte nimmt etwa die Hälfte einer Seite ein.

Das letzte Bild zeigt – eine Doppelseite groß – die Weltzeitkarte, die in dem Uhrenladen an der Wand zu sehen war. Eingerahmt ist sie von Orts-

und Ländernamen aus der ganzen Welt, mit der jeweiligen Zeitangabe. Auf der Weltzeitkarte sind nicht nur alle Kontinente zu sehen, sie enthält auch kleine Bilder mit Szenen, die zumeist für das jeweilige Land typisch sind.

Bedeutung für die Kinder

Wie alle Sachbilderbücher, enthält *„24 Stunden sind ein Tag"* Informationen und vermittelt Wissen. Die Kinder erfahren in diesem Bilderbuch alles, was in irgendeiner Weise mit dem Thema Zeit zu tun hat. Die Fülle der enthaltenen Themenkreise macht deutlich, daß die Erzieherin dieses Bilderbuch Kindern nicht in einem Durchgang zeigen kann. Vielmehr bietet es sich durch die Unterteilung in abgeschlossene Kapitel an, jeweils nur ein Kapitel oder einige gut verknüpfbare mit den Kindern zu besprechen.

Wie die ausgewählten Textbeispiele zeigen, sind die Informationen fast ausschließlich in Gespräche zwischen Laura und ihrem Großvater eingebettet und daher auch sehr kindgerecht. Immer wieder wird neues Wissen in Beziehung zu Lauras Erfahrungen und ihrem Lebenshintergrund gebracht. Die Kinder, für die sich das Bilderbuch eignet, werden sich oft in einer ähnlichen Situation befinden wie Laura und es wird dadurch auch für sie leichter, die theoretischen Wissensinhalte besser mit ihrem eigenen Leben in Verbindung zu bringen.

Bemerkenswert und bedeutsam ist, daß in diesem Bilderbuch ein Mädchen die Hauptperson ist. Die Bilderbücher, in denen Jungen als Hauptakteure agieren, und in denen vor allem oft sie es sind, die sich aktiv, neugierig und wißbegierig verhalten, sind immer noch in der Überzahl. Es ist deshalb besonders bei einem Sachbilderbuch wichtig, zu zeigen, daß auch Mädchen „wissen wollen" und sich für viele Dinge interessieren.

Buchbeispiel für ein Sachbilderbuch

Lars Klinting
„Kasimir näht"
Hamburg: Verlag Friedrich Oetinger, 1996

Inhalt

Biber Kasimirs Schürze ist alt und kaputt und so beschließt er, eine neue
zu nähen. In Tante Sieglindes altem Nähzimmer, in dem Kasimir nun immer näht, ist es ziemlich unordentlich, und so muß er eine Weile suchen,
was er braucht. Schließlich findet er die Stoffe, die er gesucht hat. Der erste Stoff ist „zu dünn!" findet Kasimir. Der nächste Stoff: „Zu kariert!" findet Kasimir. Aber der blaue Stoff, „der ist genau richtig", findet Kasimir.
Der Stoff muß nun gewaschen werden. Auf einer Seite ist abgebildet und
benannt, was Kasimir mit in die Waschküche nimmt: „den Stoff, eine Wäscheleine und Wäscheklammern." Über einen hölzernen Waschzuber gebeugt sieht man Kasimir, wie er den blauen Stoff wäscht. Die Wäscheleine
ist bereits gespannt und die Wäscheklammern sind daran befestigt. Der
nasse Stoff wird dann zum Trocknen aufgehängt. Weil der Waschzuber
schon bereit steht, nimmt Kasimir gleich noch ein Bad, während der Stoff
trocknet.
Jetzt muß der Stoff gebügelt werden. Wieder sind auf einer Seite die
benötigten Utensilien, ein Bügelbrett und das Bügeleisen, abgebildet und
benannt. Auf der gegenüberliegenden Seite sieht man Kasimir den Stoff
bügeln.
Anschließend muß er maßnehmen und ein Schnittmuster anfertigen, dieses wird dann auf dem Stoff mit Stecknadeln befestigt und ausgeschnitten.
Die notwendigen Säume werden mit großen Stichen geheftet und auch die
Schürzentaschen werden auf die gleiche Weise auf dem Stoff befestigt.
„Aua! Kasimir hat sich mit der Nadel gestochen." Die „Wunde" wird mit
einem Pflaster versorgt. „Jetzt tut es schon nicht mehr weh. Die Kanten
sind geheftet, und die Taschen sind da, wo sie hingehören." Jetzt kommt
die Nähmaschine zum Einsatz. Mit ihr näht Kasimir die Säume und auch
die Taschen fest. Nun fehlen nur noch die Schürzenbänder. Auf dem Bild
sieht man Kasimir mit verschiedenfarbigen Bändern behängt. „Er kann
sich schwer entscheiden, denn er hat viele Bänder." Schließlich wählt er
ein blaues Band, weil es gut zur blauen Schürze paßt. Als auch die Bänder

angenäht sind, probiert Kasimir die Schürze und stellt fest, daß sie viel zu lang ist. Er „schneidet ein Stück ab und näht einen neuen Saum. Jetzt ist die Schürze fertig. Und paßt genau. Kasimir findet, sie steht ihm sehr gut." Auf der entsprechenden Seite sieht man Kasimir, wie er sich vor dem Spiegel in seiner neuen Schürze bewundert.

Auf den Bildern ist immer genau zu sehen, was Kasimir macht und womit. Die Gegenstände, wie Maßband, Bleistift, dickes Papier, Nadelkissen mit Stecknadeln, Schere, Faden, Nähnadeln, Fingerhut und Nähmaschine sind je nach Fortgang der Schürzenproduktion auf der einen Seite abgebildet und benannt, während man auf der gegenüberliegenden Seite Kasimir in Aktion sieht. (Wie auch oben bereits beschrieben.) Die oben genannten Utensilien sind so groß und deutlich abgebildet, daß man sie genau erkennen kann. Auch, was Kasimir mit ihnen macht, kann anhand der Bilder gut nachvollzogen werden. Am Ende des Buches ist in „Kasimirs Nähtips" auf einer Seite noch einmal zusammengefaßt, was für das Nähen einer Schürze wichtig ist und auf der gegenüberliegenden Seite ist „Kasimirs Schnittmuster" abgebildet.

Bedeutung

Die liebenswerte Figur des etwas pummeligen Biber Kasimir werden die Kinder mögen. Er ist nicht sehr groß und deshalb ist eine Identifikation mit ihm gut möglich. Kasimir sagt den Kindern nicht, was sie zu tun haben, er belehrt sie nicht, sondern er zeigt ihnen, wie er eine einfache Schürze näht und was er dazu braucht. Die meisten Gegenstände, die man dazu benötigt, werden die Kinder kennen. Die Beschreibungen dessen, wie Kasimir vorgeht und was er tut, sind so einfach und kindgerecht, daß fünfjährige Kinder damit keine Schwierigkeiten haben dürften. Verstehen können die Geschichte von Kasimirs Schürze sicher auch schon jüngere Kinder. Es ist jedoch fraglich, ob sie bereits über die manuellen Fähigkeiten verfügen, um dem Vorbild Kasimirs folgen zu können.

Die Nähtips und das Schnittmuster am Ende der Geschichte von Kasimirs Schürzenproduktion fassen die wichtigsten Schritte noch einmal zusammen und können als Gebrauchsanweisung dienen. Mit Unterstützung ihrer Bezugspersonen ist es für Kinder ohne weiteres möglich, sich auch an eine solche Aufgabe zu wagen.

Was das für das Selbstwertgefühl eines Kindes bedeutet, muß hier nicht weiter ausgeführt werden.

So liebenswert wie Kasimir sind auch die Illustrationen. Die Farben sind meist eher zart und angenehm anzuschauen. Was von Kasimirs Wohnung gezeigt wird, sieht gemütlich aus und löst beim Betrachter Wohlbehagen aus.

Kinder mögen Sachbilderbücher und Lexika aller Art und auch rein sachlich informierende Bilderbücher finden bei ihnen großen Anklang. Es ist aber für die meisten Kinder sicher ein besonderes Vergnügen, einer liebenswerten kindlichen Figur zu folgen, die ihnen zeigt, wie sie selbständig imstande ist, in diesem Fall eine Schürze anzufertigen. Neben rein sachlichen Informationen über bestimmte Gegenstände und Arbeitsvorgänge, spielt hier auch die emotionale Ebene eine große Rolle. Das ist ein nicht zu vernachlässigender Faktor in der Entwicklung unserer Kinder, die immer häufiger mit Medienprodukten ganz anderer Art konfrontiert werden.

Wie viele Bilderbücher hilft auch „Kasimir näht" den Kindern, ihre Welt besser zu verstehen, Zusammenhänge zu erfassen und das Gesehene in eigene Erfahrungen umzusetzen.

2.7 Das Märchenbilderbuch

Als Märchenbilderbücher bezeichnet man Bilderbücher, in denen bekannte und weniger bekannte Märchen illustriert sind.

Es sind dies Volksmärchen, wie sie z. B. von den Brüdern Jakob und Wilhelm Grimm gesammelt und aufgeschrieben wurden, oder Kunstmärchen, wie sie Hans Christian Andersen geschrieben hat; aber auch neue, märchenhafte Erzählungen sind dieser Bilderbuchkategorie zuzuordnen. Zwischen der phantastischen Bilderbuchgeschichte und diesen märchenhaften Erzählungen sind die Übergänge fließend, so daß eine eindeutige Zuordnung oft nicht möglich, zumindest aber schwierig ist.

Viele der bekannten Märchen gibt es z. T. mit wunderschönen Illustrationen, die den Märchencharakter gut erfassen und ihm gerecht werden, so wie die Darstellung des Volksmärchens „Der goldene Vogel" von Lilo Fromm.

Das Märchenbilderbuch „Der Froschkönig" von Binette Schroeder besticht durch seine hohe künstlerische Qualität und schöne farbliche Gestaltung. Die Atmosphäre ist manchmal fast beklemmend eindrucksvoll. Als z. B. die Prinzessin den Frosch mit in ihr Zimmer nehmen muß, sieht man sie in einem langen Gang, den hohe Wände in düsteren Farben begrenzen. Die Stimmung der Prinzessin ist deutlich spürbar, ihr Widerwille gegen den Frosch wird sichtbar: sie hält ihn mit spitzen Fingern an einem Bein weit von sich gestreckt; ihre Haltung (sie ist von hinten zu sehen) drückt Trotz und Ablehnung aus.

Die Verwandlung des Frosches, als die Prinzessin ihn gegen die Wand schleudert, ist faszinierend illustriert. In vier verschiedenen Phasen kann man sehen, wie der zu Boden fallende Frosch immer menschenähnlicher wird und schließlich als freundlich blickender, hübscher junger Prinz am Boden sitzt und zur Prinzessin aufsieht. Obwohl die einzelnen Stadien der Verwandlung fließend ineinander übergehen, kann man die Veränderung des Frosches deutlich erkennen. Die Darstellung dieser Szene wird dadurch sehr lebendig und eindrucksvoll.

Die Personen in diesem Bilderbuch sind stilisiert dargestellt und wirken wie die Figuren eines Puppenspiels. Märchenhafte Züge in der Gestaltung der Umgebung – so haben einige Bäume angedeutete Gesichter – verstärken die unwirkliche Atmosphäre.

Die Bilder stehen bei diesem Märchenbilderbuch im Vordergrund. Der Text ist in die Bilder integriert, d. h. er ist so plaziert, daß er die Wirkung des Bildes nicht stört, es wird ihm kein eigenes, von den Bildern abgegrenztes Feld eingeräumt. Der farbige Hintergrund des Textes paßt zu den Farbtönen, die auf dem jeweiligen Bild vorherrschen.

Das Kunstmärchen *„Die Schneekönigin"* von Hans Christian Andersen wurde von Bernadette illustriert. Auch in diesem Bilderbuch überwiegen die Bilder. Der stark gekürzte Text ist von den Bildern deutlich abgesetzt. Die Illustrationen sind – wie alle dieser Künstlerin – leicht verschwommen und farblich sehr intensiv. Die Farben der einzelnen Bilder spiegeln immer die in dem jeweiligen Handlungselement vorherrschende Stimmung wider. So wird z. B. das Schloß im Eis, in das Kay von der Schneekönigin entführt wurde, über eine Doppelseite in verschiedenen Blau-, Grün- und Weißtönen gehalten. Der Betrachter kann dadurch die Kälte und die leblose Starre dieser Umgebung fühlen. Auch Gefahr und Freundlichkeit, denen die kleine Gerda auf der Suche nach ihrem Kay begegnet, sind nicht nur durch die inhaltliche Gestaltung erkennbar, sondern sie werden auch durch Farben spürbar. Als Gerda mit dem erlösten Kay nach Hause kommt, ist es Sommer, und die Rosen blühen. Das ganze Bild strahlt in Gelb-, Braun- und Rottönen und löst beim Betrachter allein durch die Farbgebung Wohlbehagen aus.

Nicht so bekannt ist *„Die wunderbare Geschichte vom Mädchen mit dem Einhorn"* von Erich Jooß und Erich Hölle.

Diese Geschichte erzählt von einer reichen und schönen Stadt, die an einem wunderbar klaren und fischreichen See liegt, dessen Wasser auch die umliegenden Felder fruchtbar macht. Alle Bewohner sind glücklich und zufrieden.

Mit einem Mal wird das Wasser des Sees trübe und ein fürchterlicher Gestank steigt daraus auf. Ein Traum der kleinen Sophie verspricht Hilfe durch ein Einhorn. Der See wird gerettet und die Erwachsenen nehmen das Einhorn gefangen. Jetzt verhilft Sophie zusammen mit dem alten, kranken König dem Einhorn zur Freiheit.

Die Illustrationen entsprechen dem märchenhaften Inhalt und geben einzelne Szenen der Geschichte atmosphärisch gut wieder. Text und Bild haben in diesem Bilderbuch je den gleichen Anteil. Immer eine Seite Text steht einem Bild gegenüber, das eine im Text beschriebene Situation zeigt.

„Mausemärchen – Riesengeschichte" ist eine in Text und Bild von Annegert Fuchshuber liebevoll gestaltete, märchenhafte Geschichte um eine furchtlose, kleine Maus und einen äußerst furchtsamen, großen Riesen. Beide suchen einen Freund.

Die kleine Maus Rosinchen hat vor nichts und niemandem Angst, und das macht sie ihren Artgenossen, die sich vor so manchem fürchten, unheimlich. Rosinchen ist nämlich gar nicht besonders groß oder stark: „Aber schnell war sie! Wie die Feuerwehr. Und vor allem: sie war nicht dumm. Sie wußte genau, vor welchen Feinden sie sich verstecken mußte und welche zu langsam waren, sie zu fangen . . ."

Sie ist anders als die anderen Mäuse. Es haben zwar alle großen Respekt vor ihr, aber niemand will ihr Freund sein. Deshalb beschließt Rosinchen auszuwandern. „Ich gehe so lange, bis ich einen Freund finde. Ohne Freunde ist das Leben nicht lebenswert."

Unterwegs begegnet sie vielen Tieren, aber niemand will ihr Freund sein. „Jeder sagt nur höflich: ‚Ach ja, du bist die starke und mutige Haselmaus. Von dir habe ich schon viel gehört.' Und dachte dabei: ‚Mit der will ich lieber nichts zu tun haben. Wer weiß . . .'"

Am Ende des Tages findet Rosinchen „ein so warmes, kuscheliges Plätzchen, daß sie sich ganz glücklich und zufrieden zusammenrollte und dachte: ‚Hier ist es schön, hier bleibe ich ein Weilchen. Morgen ist auch noch ein Tag. Dann suche ich weiter nach einem Freund.' Sie seufzte voll Behagen. Und seltsam, es kam ihr auf einmal vor, als ob ein großer, großer Finger sie streichelte. Was war das nur?"

An dieser Stelle endet das Mäusemärchen. Dreht man das Bilderbuch um, beginnt die Geschichte des Riesen Bartolo. „Er ist sehr groß und sehr stark, er hat Riesenfüße und Riesenhände. Er hat eine Riesennase und Riesenohren und einen Riesenschnurrbart, wie ein Besen sieht er aus." Aber Bartolo ist ein Angsthase. Er „fürchtet sich nicht nur vor Spinnen und Wespen, wie du und ich. Nein, er fürchtet sich auch vor Löwen und Tigern und Drachen. Dabei hat in unserem Wald seit urewigen Zeiten niemand mehr auch nur die Schwanzspitze von einem Löwen oder Tiger oder Drachen gesehen." Die Ängstlichkeit des Riesen wird im weiteren Verlauf der Geschichte dargestellt. Bartolo merkt gar nicht, daß sich alle Waldbewohner vor ihm fürchten, weil er so groß und stark ist. Er wünscht sich nichts sehnlicher als einen Freund: „. . . ‚Er müßte gar nicht groß sein: gerade so, daß man ihn in die Hand nehmen und streicheln kann und ein bißchen mit ihm reden.' Er machte die Augen zu und stellte sich vor, wie schön das wäre. Dabei hatte er auf einmal das Gefühl, etwas Warmes, Weiches kuschelte sich in seine ausgestreckte Hand. Was war das nur?" Über eine Doppelseite sieht man Bartolo über eine Waldlichtung ausgestreckt, in seiner Hand liegt zusammengerollt Rosinchen und sein Finger berührt ganz sacht ihr Fell.

Bartolo und Rosinchen haben sich gefunden. Wie die Geschichte weitergeht, können sich die Kinder, die das Bilderbuch anschauen, selbst ausdenken. Wie die Textbeispiele zeigen, ist die Sprache für die Kinder gut zu verstehen. Das Bild steht in diesem Bilderbuch eindeutig im Vordergrund. Die Handlung ist weitgehend den eindrucksvollen und farblich wunderschönen Bildern zu entnehmen. Der Text ergänzt die Bilder und verdeutlicht die Zusammenhänge.

Diese Geschichte spricht sehr stark die Gefühle der Kinder an. Sie fühlen sowohl mit Rosinchen, als auch mit Bartolo und können den Wunsch der beiden, einen Freund zu haben, gut nachvollziehen. Daß die beiden sich am Schluß finden, wird den Kindern Mut machen, die sich auch alleine fühlen und gern einen Freund hätten.

Das Bilderbuch ist für Kinder ab etwa vier Jahren geeignet.

Für Kinder etwa ab sechs Jahren ist *„Der Wunderkasten"* von Rafik Schami und Peter Knorr geeignet.

Dieses Bilderbuch erzählt die Geschichte eines Geschichtenerzählers. Es handelt sich dabei um einen alten Mann, der einmal im Monat mit seinem Guckkasten nach Damaskus kommt. Während die Kinder in diesen Kasten schauen, dreht der alte Mann Stäbe zu beiden Seiten des Kastens, so daß wechselnde Bilder vor ihren Augen vorüberziehen, und erzählt dazu die Geschichte von Sami, dem Hirtenjungen. „Er war – wie ihr seht –

schöner als der Mond und mutiger als ein Panther. Aber er war arm wie ein Bettler." Sami erblickt nun eines Tages „. . . die junge Leila. Schöner als eine Rose und anmutiger als eine Gazelle war sie." Der Vater von Leila ist der reichste Bauer des Dorfes und will natürlich von Sami als Schwiegersohn nichts wissen.

Im weiteren Verlauf der Geschichte – in der eine Entführung, Löwinnen, die sich von Sami melken lassen, eine verzauberte Taube, ein Sultan, ein Hexenmeister, Dämonen und viele wundersame Vorgänge beschrieben werden – wird Samis abenteuerlicher Weg, seine Leila zu gewinnen, geschildert.

„Solche und andere herrliche Abenteuer hat der alte Mann erzählt. Mit der Zeit verblaßten die Bilder in seinem Wunderkasten. Aber er fand neue Bilder."

Doch mit diesen neuen Bildern verändern sich auch die Geschichten des alten Mannes. Aus Leila wird Kolgata, die ihre schönen weißen Zähne zeigt; aus ihrem Vater, dem reichen Bauern, wird ein Autohändler. Die schönen alten Bilder werden mehr und mehr von Werbeplakaten ersetzt und dementsprechend wandeln sich auch die Geschichten. Sie werden immer seltsamer und schließlich kommen die Kinder nicht mehr zu dem alten Mann, um in seinen Wunderkasten zu sehen, und er geht traurig weiter. Nach zwei Jahren ist er aber plötzlich wieder da. In seinem Guckkasten ist es dunkel, aber „. . . da hörte ich die Stimme des alten Mannes so warm und schön wie nie zuvor, und er fing an zu erzählen: ‚Es war einmal ein Hirtenjunge, der hieß Sami . . .' Und plötzlich sah ich einen Jungen, der war schöner als der Mond und mutiger als ein Panther . . ." Damit endet die Geschichte des Wunderkastens.

Diese Geschichte zeigt sehr schön, wie wenig die Bilder, die nur darauf abzielen, uns ein bestimmtes Produkt schmackhaft zu machen und die unsere Welt beherrschen, geeignet sind, die Phantasie zu beflügeln und zu entfalten.

Der Wunderkasten, der die alten Bilder verloren hat, bleibt dunkel, und jetzt kann jeder sich zu der Erzählung des alten Mannes eigene Bilder machen. Alle, die das erlebt haben, sind ganz verzaubert. „‚Wahnsinn! Ein Wunder ist das' flüsterten sie."

Die Illustrationen sind in warmen Farben sehr schön gestaltet und vermitteln ein orientalisches Flair. Sie geben auch die Veränderung, die sich innerhalb der Geschichte vollzieht, sehr gut wieder. Der Text ist umfangreich und ist für das Verständnis der Geschichte unbedingt notwendig. Bild und Textanteil halten sich jedoch die Waage. Da der Hintergrund, auf dem der Text gedruckt ist, auf beigem Grund ein zartes Muster aus verschiedenen Pastelltönen aufweist, setzen sich Text und Bild nicht so deutlich voneinander ab. Es entsteht so der Eindruck einer harmonischen Zusammengehörigkeit von Bild und Wort.

Diese schöne Geschichte wird die Erzieherin oder Lehrerin in verschiedene Abschnitte unterteilen und sie den Kindern als Fortsetzungsgeschichte anbieten. Wie groß die einzelnen Abschnitte sein dürfen, richtet sich nach dem Alter und der Aufnahmefähigkeit der Kinder. An diesem Bilderbuch werden vor allem auch Grundschulkinder Vergnügen haben.

Bedeutung für die Kinder

Auf die große Bedeutung der Märchen für die Kinder soll hier nicht näher eingegangen werden, da diese den Rahmen dieses Buches sprengen würde.

Bevor ein Kind ein Bilderbuch angeboten bekommt, in dem ein Volksmärchen in Bildern dargestellt ist, sollte es das betreffende Märchen bereits kennen und „ausgelebt" haben. Bei den Volksmärchen handelt es sich um Symboldichtung, d. h. in den meist einfachen und geradlinigen Handlungselementen sind Bilder verborgen, die das ganze Spektrum des menschlichen Lebens beinhalten. Die Botschaft des Märchens ist nicht intellektuell erfaßbar, sondern sie spricht das Unbewußte des Kindes an. Um dem Kind bei der ersten Begegnung mit Märchen die Möglichkeit zu geben, eigene Vorstellungen zu entwickeln, die seinem Entwicklungsstand und seiner individuellen Situation entsprechen, sollte das Märchen zuerst erzählt oder vorgelesen werden. Erst wenn das Kind dann die Bilder und Botschaften des Märchens für sich erfaßt hat, kann das Märchenbilderbuch zu einer Bereicherung des Märchenerlebens werden.

Die Illustrationen, die von den Gefühlen geprägt sind, die das Märchen in dem gestaltenden Künstler ausgelöst haben, beleben die Vorstellungskraft des Kindes neu, und seine eigenen, bereits verinnerlichten Erfahrungen mit dem Märchen werden so ergänzt. Das Kind erlebt das Märchen sozusagen noch einmal „durch die Brille" eines anderen und kann dessen Empfindungen mit den eigenen Erlebnissen verknüpfen.

Viele Kunstmärchen sind zwar nicht von so tiefgründiger Symbolhaftigkeit wie die Volksmärchen, doch auch ihre Handlung ist in der Regel so bildhaft und die Sprache so voll Poesie, daß Bilder auch dieses Märchenerlebnis zunächst nur stören oder die Flügel der Phantasie beschneiden würden, wie folgendes Beispiel aus *„Das Meerweibchen"* (bekannt auch als „*Die kleine Meerjungfrau*") von Hans Christian Andersen verdeutlichen soll:

„Weit draußen im Meere ist das Wasser so blau wie die Blätter der prächtigsten Kornblume, und so klar wie das reinste Glas, aber außerordentlich tief, tiefer als irgendein Ankertau reicht; viele Kirchtürme müßten übereinandergestellt werden, um vom Grunde bis über das Wasser emporzureichen. Dort wohnt das Meervolk."

Hinzuzufügen ist noch, daß viele Kunstmärchen sich für Vorschulkinder noch nicht eignen, da sie z. T. sehr lang sind, und außerdem oft so traurig, daß man so kleine Kinder damit nicht belasten sollte.

Anderes gilt für die neuen märchenhaften Geschichten, die oben beschrieben wurden. Diese Bilderbuchgeschichten sind für Kinder gemacht, und Text und Bild sind von vornherein aufeinander abgestimmt. Auch in diesen Märchenbilderbüchern sind Botschaften enthalten, wie die genannten Buchbeispiele zeigen.

Diese Botschaften sind aber sehr viel mehr durch den Intellekt erfaßbar und nicht so verschlüsselt und vielschichtig, wie das in den Märchen der Fall ist. Das Erfassen und Erleben der Geschichte wird durch die Bilder deshalb nicht gestört, sondern eher begünstigt.

Da diese Art von Märchenbilderbüchern mit dem phantastischen Bilderbuch sehr eng verwandt ist, muß hier nicht mehr näher auf ihre Bedeutung eingegangen werden.

Beispiel für eine märchenhafte Geschichte

Arcadio Lobato
„Die Zauberkugel"
Zürich, Recklinghausen, Wien: bohem press 1989

Inhalt

„Die Menschen in dem kleinen Dorf im Süden lebten glücklich und zufrieden. Die Kinder spielten und lachten in den schattigen Gärten hinter den Häusern. Die Erwachsenen trafen sich in den engen Gassen, um miteinander zu plaudern."

So beginnt die Geschichte Manolos, der als Ziegenhirte mit seinen Eltern und der Großmutter etwas außerhalb des Dorfes lebte. Tagsüber suchte er Futterplätze für seine Ziegen und am Abend traf er sich mit den Leuten aus dem Dorf. Wenn er dann nach Hause kam, mochte er es am liebsten, wenn seine Großmutter ihm von den Sternen erzählte. Eines Tages hütete er wie immer seine Ziegen und blies auf seiner Hirtenflöte: „Da sah er ein merkwürdiges Licht" hinter einem Strauch. Er schob die Zweige auseinander und erblickte eine wunderschöne, durchsichtige Kristallkugel. Sie leuchtete in allen Farben."

Während Manolo die Kugel verwundert in den Händen hielt, hörte er eine leise Stimme im Innern der Kugel sagen: „Du hast einen Wunsch frei... Was immer du dir wünschst, es wird geschehen." Der überraschte Manolo begann zu überlegen. Er hatte viele Wünsche. „... Aber es sollte etwas ganz Besonderes sein. Vielleicht fliegen können, oder auf einem Schiff die Meere kreuzen..."

Manolo packte die Kristallkugel in seine Hirtentasche und beschloß, mit seinem Wunsch noch zu warten und niemand von seinem Fund zu erzählen. Die Tage vergingen und nichts schien dem Jungen wertvoll genug, es zu wünschen. Er hütete weiter seine Ziegen, drehte die Kugel in seinen Händen und lauschte der Flüsterstimme aus ihrem Innern. Am Abend ließ er sich wie immer von seiner Großmutter Geschichten erzählen. Er war glücklich.

Seine Fröhlichkeit verwunderte die Leute aus dem Dorf und eines Tages schlich ihm ein Junge nach und beobachtete ihn, wie er die Kugel betrachtete. Als Manolo eingeschlafen war, entwendete der Junge die Kugel und lief mit ihr ins Dorf, um sie allen Bewohnern zu zeigen. „Erstaunt drehten die Leute sie in ihren Händen. Da hörten sie die Stimme, die ihnen die Erfüllung eines Wunsches versprach. Derjenige, der gerade die Kugel in seinen Händen hielt, rief schnell: ‚Ich will einen Sack voll Gold!' Sein Nachbar riß ihm die Kugel aus der Hand und schrie: ‚Ich will zwei Kisten voll Edelsteine!' Jetzt gab es kein Halten mehr. Die Leute wünschten sich Schlösser anstelle ihrer alten Häuser, Zimmer voll von Diamanten, goldene Möbel, mit Perlen gefüllte Säcke. Alle Wünsche waren erfüllt worden."

Allerdings hatten die Leute vergessen, sich zu ihren Schlössern Parks zu wünschen und so gab es keine schattigen Plätze mehr. Da jeder jedoch damit beschäftigt war, seine Schätze zu hüten und den anderen um seine zu beneiden, wurden die Menschen böse aufeinander und bemerkten die Veränderung gar nicht.

Die Kinder, die keine Gärten mehr zum Spielen hatten, langweilten sich und waren traurig.

Alle wunderten sich, daß Manolo und seine Familie unverändert glücklich und zufrieden waren. Jeder wollte wissen, was Manolo, der sich ganz vom Dorf zurückgezogen hatte, sich wohl gefühlt hatte, daß er weiterhin so fröhlich auf seiner Hirtenflöte blies.

Eines Tages gingen die Kinder und die Eltern zu Manolo. Sie gaben ihm die Zauberkugel zurück und klagten ihm ihr Leid: „,Als wir noch unser altes Dorf hatten, waren wir fröhlich und zufrieden ... Warum ist das jetzt nicht mehr so?' Und die Eltern meinten: ,Was nützen uns die kostbaren Paläste und die Juwelen, wenn wir doch nicht glücklich sind?'" Manolo, der ja seinen Wunsch noch offen hatte, bot an, den alten Zustand und die alte Gestalt des Dorfes zurückzuwünschen.

„Alle stimmten freudig zu ... Schnell rannten alle zurück. Die alten Häuser standen wieder da, in den Gärten blühten die Blumen, und die Bäume waren schwer von Früchten. Die Menschen arbeiteten wieder mit Freude, und die Kinder spielten in den schattigen Gärten, abends breiteten sich die zarten Melodien der Hirtenflöte wie ein Lächeln über dem Land aus."

Die Illustrationen in diesem Bilderbuch sind in Aquarelltechnik gestaltet. Sanfte Gelb- und Brauntöne, rötlich, z. T. in Lila übergehende Grautöne geben sehr gut die Kargheit einer südlichen Landschaft wieder. Die strahlend weißen Häuser, die sich um einen Hügel gruppieren und die grünen Gärten dazwischen heben sich lebhaft von ihr ab. Eindrucksvoll präsentiert der Künstler das aus Schlössern bestehende Dorf. Die mit dem Hügel ansteigenden Türme und Zinnen wirken wie eine Trutzburg. Alles sieht prächtig und stolz aus, aber ohne tröstliches Grün.

Die unterschiedlichen Stimmungen der Menschen im Verlauf der Geschichte spiegeln sich nicht nur in ihren Gesichtern wieder, sondern auch in der farblichen Gestaltung der einzelnen Bilder. Die Kristallkugel ist ein weißer, glänzender Ball, der von einer strahlenden Aura umgeben ist. Menschen, Tiere, Häuser und die Natur sind in einfacher stilisierter Weise abgebildet, aber gut und deutlich erkennbar.

Die Geschichte und ihre Illustration passen gut zueinander.

Bedeutung für die Kinder

Die Geschichte der Zauberkugel zeigt den Kindern in einfacher Form, daß der Besitz von Gold und Edelsteinen nicht glücklich macht, sondern eher Mißgunst und Unzufriedenheit fördert.

Während Manolo sich darüber freut, einen Wunsch frei zu haben und darauf wartet, das Besondere zu finden, das wert genug ist, es sich zu wünschen, stürzen sich die Dorfbewohner ohne Überlegung mit ihren Wünschen in Neid und gegenseitiges Belauern. Das macht sie böse und unglücklich.

Die Kinder im Bilderbuch merken, daß die Erfüllung der ausschließlich materiellen Wünsche nicht dazu beiträgt, das Leben schöner zu machen. Sie langweilen sich und werden traurig. Für die betrachtenden Kinder wird diese Situation nachvollziehbar sein: Was nützen alles Gold und alle Edelsteine, wenn es keinen Platz zum Spielen gibt! Das entsprechende Bild zeigt deutlich die Tristesse und Kargheit der neuen Umgebung.

Die Kinder sind es auch, die Manolo aufsuchen wollen. Im Text heißt es: „Da hielten es die Kinder nicht länger aus. Sie beschlossen, Manolo die Kugel zurückzugeben und ihm alles zu erzählen. Auch die Eltern kamen mit."

Kinder wollen den Zustand verändern. Sie ergreifen hier die Initiative und übernehmen die Führung. Da Kinder meistens die umgekehrte Situation erleben, wird es ihrem Selbstwertgefühl gut tun, zu sehen, daß Kinder dazu in der Lage sind.

Die wichtigste Botschaft steckt in diesem Bilderbuch wohl in der Person und dem Verhalten Manolos. Er ist mit seinem Leben zufrieden, das macht ihn fröhlich und glücklich. Das Bewußtsein, einen Wunsch frei zu haben, ist für ihn ein beglückendes Gefühl. Er kann sich viele Wünsche vorstellen und immer von neuem darüber nachdenken; das befriedigt ihn mehr als die Erfüllung *eines* Wunsches.

Diese Botschaft ist sicher in unserer sehr stark konsumorientierten Welt von besonderer Bedeutung. Das Überangebot an Spielsachen und anderen Konsumgütern, und die schon auf Kinder ausgerichtete aggressive Werbung lösen ein ständiges Habenwollen und Unzufriedenheit aus. Ein Bilderbuch kann die Wirkung dieser Einflüsse natürlich nicht ausschalten, aber eine korrigierende Wirkung kann man doch von ihm erhoffen. In Manolo und seinem Verhalten begegnen die Kinder einer anderen Denkweise als der, mit der sie sonst meistens konfrontiert werden. Er zeigt ihnen, daß Zufriedenheit und Glück nicht von materiellen Dingen abhängen, sondern der Mensch sie nur in sich selbst finden kann. Seine Arbeit, das Spiel auf der Hirtenflöte, das Leben mit seinen Eltern und der Großmutter, die ihm wundersame Geschichten erzählt, sind wichtiger für ihn und nicht mit Gold und Edelsteinen aufzuwiegen.

Schließlich setzt Manolo seinen freien Wunsch nicht für sich selbst ein, sondern wünscht für seine Freunde den alten Zustand ihres Dorfes zurück. Das Besondere, das er sich wünschen wollte, hat er damit gefunden. Daß ihn dieser Wunsch glücklich macht, geht sowohl aus dem letzten Bild – die Dorfbewohner kehren froh in ihr Dorf zurück – als auch aus dem Text hervor: „Abends breiteten sich die zarten Melodien der Hirtenflöte wie ein Lächeln über dem Land aus." Manolo ist es, der die Flöte spielt. Manolo zeigt, daß für andere etwas zu tun und sie glücklich zu machen, die eigene Zufriedenheit und das eigene Glück fördert. Auch religiöse Elemente – Nächstenliebe, Genügsamkeit – sind zu erkennen. Man kann deshalb diese märchenhafte Geschichte auch der zweiten Gruppe des religiösen Bilderbuchs zuordnen.

2.8 Das religiöse Bilderbuch

Religiöse Bilderbücher befassen sich mit Geschichten aus dem Alten und Neuen Testament, sie beinhalten Legenden von Heiligen oder sie vermitteln in realistischen oder phantastischen Geschichten religiöse Weltanschauungen und christliches Denken.

Der Einsatz des religiösen Bilderbuches in der pädagogischen Arbeit ist nicht ganz unproblematisch. Nicht alle Eltern sind an einer christlichen oder überhaupt religiösen Erziehung ihrer Kinder interessiert oder damit einverstanden. Häufig haben Eltern selbst ein sehr gebrochenes Verhältnis zur christlichen Religion und wollen deshalb auch ihre Kinder nicht damit konfrontiert wissen. In vielen Kindergärten werden heute außerdem Kinder ganz unterschiedlicher Konfession betreut und auch deren Eltern lehnen verständlicherweise eine religiöse Erziehung im Sinne eines christlichen Glaubens ab.

Es erscheint deshalb sinnvoll, diese Bilderbuchart in zwei Gruppen – die im Folgenden ausgeführt werden – zu unterteilen: Bilderbücher mit religiösen (christlichen) Inhalten und Bilderbücher mit religiösem Charakter.

In Kindergärten, deren Träger christlich orientierte Institutionen (wie z. B. Caritas Verband oder Diakonisches Werk) sind, kann die Erzieherin ohne Bedenken beide Gruppen dieser religiösen Bilderbücher anbieten. Eltern, die ihr Kind in einer solchen Einrichtung erziehen lassen, sind über deren konfessionelle Ausrichtung informiert und erklären sich durch die Anmeldung ihrer Kinder damit einverstanden.

Arbeitet eine Erzieherin in einem Kindergarten mit nicht-konfessioneller Trägerschaft, muß sie aufgrund der jeweiligen Situation selbst entscheiden, ob sie religiöse Bilderbücher beider Gruppen anbieten kann, oder nur solche, die der zweiten Gruppe zuzuordnen sind. Durch eine intensive Elternarbeit – die ja nicht nur im Zusammenhang mit dem Einsatz von religiösen Bilderbüchern wichtig ist – sollte es gelingen, den Umgang mit religiösen Bilderbüchern (und mit religiösen Themen generell) so zu regeln, daß der Erziehungsauftrag der Erzieherin, die Bedürfnisse der Kinder und die Wünsche der Eltern berücksichtigt werden können.

Bilderbücher mit religiösen Inhalten

Dieser Gruppe sind alle Bilderbücher zuzuordnen, die Inhalte aus dem Alten und Neuen Testament wiedergeben und die sich mit dem Leben von Heiligen und anderen Legenden befassen.

In einfacher Form und auf das Alter der Kinder im Vorschulbereich zugeschnitten wird von Moses, von Abraham, von Jonas und dem Wal, von dem Turmbau zu Babel, von der Arche Noah, von König David, von der Schöpfungsgeschichte und von vielem mehr erzählt, ergänzt durch meistens sehr passende und ansprechende Bilder.

„Schöpfung" von Masahiro Kasuya und Peter Bloch berichtet in vereinfachter Form und mit schönen Wasserfarbenbildern von der Entstehung der Welt entsprechend der Schöpfungsgeschichte aus der Bibel. Manche Illustrationen haben durch die farbliche Gestaltung eine geradezu mitreißende Ausstrahlung, so z. B. die Darstellung des ersten Schöpfungstages. Wie ein explodierender Feuerball leuchtet ein sternenförmiges Gebilde in kräftigem Gelb und Rot, umgeben von zerfließenden Blautönen, dem Betrachter entgegen. Darunter ist zu lesen:

„Da sprach Gott: ,Der Himmel werde hell! Und er schuf das Licht.'"

Andere Bilder strahlen Ruhe und Stille aus oder wirken zart und transparent.

Das Bilderbuch schließt nicht mit dem siebten Tag, dem Ende der Schöpfungsgeschichte. Auf der vorletzten Doppelseite wird auf die Vermehrung der Menschen und ihre Verbreitung über die ganze Welt hingewiesen und auf dem letzten doppelseitigen Bild sind zwei auf den ersten Blick gleich aussehende Kindergesichter abgebildet. Erst bei näherer Betrachtung erkennt man die Individualität jedes dieser Gesichter.

Darunter ist zu lesen:

„Immer wieder wurden neue Menschen geboren und jedem gab Gott sein eigenes Gesicht – auch dir."

So wird für die betrachtenden Kinder zwischen der Schöpfungsgeschichte und ihrer eigenen Existenz eine Verbindung hergestellt.

Sie werden durch die oben beschriebene Darstellung der Kindergesichter außerdem auch für die Beachtung feiner Unterschiede sensibilisiert.

Dieses Bilderbuch ist bereits für drei- bis vierjährige Kinder geeignet.

Der Text enthält knappe Informationen, die das Verständnis der Kleinen nicht überfordern. Auf den Bildern ist alles Wesentliche gut zu erkennen.

Die Schöpfungsbotschaft: „Und Gott sah an alles, was er gemacht hatte, und siehe, es war sehr gut." (Das erste Buch Mose 1,2 – Matth 19,17); wird den Kindern vor allem durch die schön gestalteten Bilder nahegebracht.

Das Bilderbuch „*Das Sonnenlied*" von Margret Bernard-Kress erzählt in freien Rhythmen die Geschichte des Franziskus von Assisi.

Die kräftigen, leuchtenden Farben der Illustrationen unterstreichen den Text sehr gut. Auf die letzten beiden Seiten des Bilderbuches ist „Das Sonnenlied" (Melodie von Reinhard Horn, Text von Margret Bernard-Kress) nach dem Sonnengesang des Franziskus von Assisi abgedruckt.

„*Martin, der Schuster*" von Masahiro Kasuya erzählt eine Legende nach Leo Tolstoi.

„Es war einmal ein armer Schuster, der hieß Martin und lebte in einem Keller. Durch das kleine Kellerfenster konnte er die Menschen sehen, die draußen auf der Straße vorübergingen. Zwar sah er nur ihre Füße, doch erkannte er jeden an seinen Schuhen. Fast alle dieser Schuhe hatte er schon ein- oder zweimal in seinen Händen gehabt."

Martin, der in seiner Werkstatt auch wohnte, arbeitete fleißig und war bei allen beliebt, „denn er machte seine Arbeit gut und verlangte nicht zuviel Geld dafür."

Am Abend las Martin am liebsten in der Bibel Geschichten von Jesus. „Den ganzen Tag freute er sich auf dieses Buch. Er konnte den Abend kaum erwarten."

Eines Tages hörte er seinen Namen rufen, konnte aber niemanden entdecken. „Doch gleich darauf hörte er die Stimme wieder: ‚Martin Schau morgen hinaus auf die Straße, ich will zu dir kommen.' Martin dachte, er habe geträumt. War es Jesus, der aus der Stille zu ihm sprach?"

Am nächsten Tag – es war Winter und sehr kalt – sah er den alten Stephan beim Schneeschaufeln und lud ihn ein, sich in seiner Werkstatt auszuruhen und bei einer Tasse heißen Tees aufzuwärmen. Er gab einer jungen Mutter, die in einem viel zu dünnen Kleidchen mit ihrem Kind unterwegs war, von seiner Suppe zu essen und seine alte Jacke schenkte er ihr für das Kind. Er besänftigte eine wütende Marktfrau, der ein Junge einen Apfel gestohlen hatte, bezahlte den Apfel und veranlaßte das Kind, sich zu entschuldigen. Der Junge entging dadurch einer Anzeige bei der Polizei und half der Marktfrau schließlich freiwillig ihren schweren Apfelkorb zu tragen.

Am Abend, als Martin wieder vor seiner Bibel saß „. . . Da hörte er die leise Stimme an seinem Ohr: ‚Ich bin bei dir gewesen, Martin. Hast du mich erkannt?‘ ‚Wann? Wo?‘, fragte Martin erstaunt. ‚Schau dich einmal um‘, sagte die Stimme.“ Da sah Martin den alten Stephan, die junge Mutter mit ihrem Kind, die Marktfrau und den Jungen mit dem Apfel.“ ‚Erkennst du mich jetzt?‘ flüsterte die Stimme. Dann waren alle auf einmal verschwunden. Da freute sich Martin.“ In der Bibel las er dann: „Alles, was ihr den Armen getan habt, das habt ihr mir getan.“

Die stimmungsvollen Bilder erfüllen den Betrachter mit Behagen. Sie strahlen sehr viel Ruhe, Geborgenheit und Zufriedenheit aus. Dieses Bilderbuch kann deshalb nicht nur durch seine Geschichte, sondern auch durch die Illustrationen die Kinder zur Ruhe bringen. Es ist gut in unserer – häufig auch für die Kinder schon sehr hektischen und streßgeplagten – Welt, solche Bücher zur Verfügung zu haben. Die Hauptbotschaft dieses Bilderbuches ist die Bedeutung der Nächstenliebe. Die Kinder begreifen vielleicht, daß Geben möglicherweise zufriedener macht als Besitzen und „Habenwollen“.

Ein Bilderbuch, das sich nicht mit Themen aus der Bibel oder mit Legenden befaßt, das aber dennoch religiösen Charakter hat, ist *„Gute Nacht Anna“* von Regina Schindler und Ivan Gantschev.

Abwechselnd erzählen Mutter, Vater und Anna Abendgeschichten, in denen Ereignisse des Tages vorkommen. Wie diese meist ganz alltäglichen Begebenheiten dann in das Abendgebet miteinbezogen werden, zeigt folgendes Beispiel:

„‚Erzähl mir eine Abendgeschichte, Mama.‘ Die Mutter schüttelt den Kopf. ‚Erzähl du mir von dir, Anna!‘ ‚Eine Geschichte von heute?‘ ‚Ja, deine eigene Abendgeschichte.‘“ Anna denkt nach und erzählt: ‚Heute mittag wurde es dunkel, fast schwarz am Himmel. Es rumpelte und pumpelte und krachte da von oben. Der liebe Gott macht Lärm, dachte ich. Ich hatte Angst. Ich machte die Augen zu. Doch der Blitz war so hell, daß er durch meine Augendeckel hindurchleuchtete. Und dann tropfte es ... Ich hab die Augen aufgemacht. Da hast du gesagt: „Das ist ein Gewitter!" Es regnete, regnete ...'

‚Ja, Anna, der Regen war gut. Wollen wir deine Geschichte mitnehmen in unser Abendgebet?'

‚Großer Gott, du hast den Himmel gemacht und den Donner, den Blitz und den Regen. Wir hören dich nicht. Aber du bist bei uns. Wir danken dir, daß der Blitz nirgends eingeschlagen hat. Wir danken dir für den Regen und für die Sonne. Gute Nacht, mein Gott. Amen.

Gute Nacht, Anna! Gute Nacht, Mama!'"

Zehn weitere Geschichten, in denen von Samen, Käfern, Hunden, Katzen, der Feuerwehr, Krankenwagen, Rollenverhalten von Jungen und Mädchen, Fremdenfeindlichkeit, dem Mond usw. erzählt wird, haben den gleichen Aufbau wie das oben gezeigte Beispiel. Der Text jeder Geschichte umfaßt eine Seite. Zwei Geschichten sind auf zwei gegenüberliegenden Seiten abgedruckt und nur sparsam illustriert. Die jeweils darauffolgende Doppelseite ist den Illustrationen vorbehalten, die Motive aus den Geschichten wiedergeben. Die Bilder, mit ihren schönen kräftigen Farben, sind sehr ausdrucksstark, wie z. B. das erste Doppelbild, das eine Landschaft bei Gewitter zeigt.

Dieses Bilderbuch eignet sich vor allem für die religiöse Erziehung in der Familie für Kinder ab fünf bis sechs Jahren. Doch ist es sicher auch in der Kindergartenarbeit einzusetzen. Auch in diesem Bereich ist es möglich, mit den Kindern aus den alltäglichen Erlebnissen religiöse Gedanken zu entwickeln und bewußt zu machen. Die Kinder und die Erzieherin – und natürlich die Eltern – können nach der Auseinandersetzung mit den Geschichten von Anna und ihren Eltern eigene Geschichten erzählen und in ihre Gebete einbeziehen. Wenn sie sich mit Annas Gebeten befaßt haben, erleben sie, daß in diesen Gebeten nicht nur Bitten und Wünsche enthalten sein sollten, sondern daß auch Dankbarkeit und Fragen hier ihren Platz haben.

Als letztes sei hier noch die „Kinderbibel" von Werner Laubi und Annegert Fuchshuber genannt. Es handelt sich dabei nicht um ein Bilderbuch im eigentlichen Sinne, sondern um eine mit 200 Bildern illustrierte kindgerechte Darstellung der Bibel.

Bedeutung für die Kinder

Die Bedeutung des religiösen Bilderbuches liegt auf der Hand. Es soll Kinder über religiöse Inhalte informieren und ihnen eine christliche Weltanschauung vermitteln.

Religiöse Bilderbücher sind wichtig, weil die Entwicklung eines Werte- und Normensystems und die Gewissensbildung bereits beim kleinen Kind beginnt und diese Bilderbücher in einer der kindlichen Entwicklung angemessenen Art und Weise dazu beitragen können.

Betrachtet man die Lebenssituation vieler Kinder, stellt man fest, daß sie mit religiösen Fragen und Themen kaum noch oder gar nicht mehr in Berührung kommen. Wie eingangs bereits erwähnt, ist die Einstellung vieler Eltern der Kirche gegenüber kritisch, wenn nicht ablehnend.

Häufig werden christliches Denken und die Religion, die durch Institution der Amtskirche vertreten wird, gleichgesetzt und deshalb ebenso abgelehnt wie die Kirche selbst. Vielfach widersprechen christliche Grundwerte auch den sehr stark auf Äußerlichkeiten und materielles sowie kommerzielles Denken ausgerichteten Werten, die in unserer Gesellschaft vorherrschen.

Die Defizite, die sich daraus für die kindliche Entwicklung ergeben, müssen als schwerwiegend und nachhaltig bezeichnet werden.

Immer noch ist die Bibel das „Buch der Bücher". Man mag zur Religion und zur Kirche stehen, wie man will, es ist unbestritten, daß sie das Abendland und damit auch unsere Gesellschaft entscheidend mitgestaltet haben.

Erfahren Kinder die Geschichten aus der Bibel nicht mehr und hören sie nichts mehr vom Leben der Heiligen, dann geht ihnen der Zugang zum eigenen kulturellen Hintergrund verloren und viele Zusammenhänge bleiben verschlossen oder ohne Sinn.

Religiöse Geschichten vermitteln Werte und Normen, wie Nächstenliebe, die Achtung vor dem Leben und dem Gut anderer, Wahrheitsliebe, Rücksicht, Bescheidenheit, Verzeihenkönnen u. v. m., die unverzichtbar für unser Zusammenleben sind. Diese christlichen Werte haben unsere Kultur geprägt. Die Erhaltung eines solchen Wertesystems muß uns allen mehr denn je am Herzen liegen, denn oft entfällt mit der religiösen Erziehung auch die Vermittlung notwendiger moralischer Grundwerte.

Mit den Konsequenzen, die sich aus den entstehenden Defiziten ergeben, werden alle im pädagogischen Bereich Tätigen täglich konfrontiert.

Dem Einsatz religiöser Bilderbücher im Kindergarten kommt unter den genannten Gesichtspunkten eine wichtige Bedeutung zu. Sie können wenigstens einen Teil dieser pädagogischen Mangelerscheinungen ausgleichen.

Bilderbücher mit religiösem Charakter

Diese Bilderbücher befassen sich mit Geschichten, die christliche Tugenden darstellen, in denen aber ein direkter Bezug zu Gott oder zur Religion nicht hergestellt wird.

„Jakobs Schäfchen" von Caroline Rothe und Annette Kreuzinger-Herr erzählt die Geschichte des Schäfers Jakob, der mit seinen beiden Hunden eine Schafherde von hundert Schafen hütet. „Jeden Morgen zählt Jakob Wohlgemut, der alte Hirte, seine hundert Schafe: ‚97, 98, 99, 100. Hundert Schafe ist eine ganze Menge. Jakob muß gut auf sie aufpassen ... Er liebt seine Tiere und kennt sie alle ganz genau ... Er paßt auf, daß er kein Schäfchen verliert." Doch eines Tages fehlt ihm ein Schaf. Sofort packt Jakob seinen Rucksack und macht sich auf die Suche nach dem verlorenen Schäfchen. Die Kinder von Freunden, die Geschwister Tobias und Mira, kommen mit ihm, um ihm zu helfen. Sie müssen weit gehen und treffen unterwegs immer wieder Menschen, die das kleine Schaf gesehen haben. Wie Jakob vermutet hat, ist es zur Schlucht gelaufen. Der alte Hirte und die Kinder finden immer wieder ein paar Flöckchen weißer Wolle, aber das Schaf sehen sie nicht. Sie müssen die ganze Schlucht durchqueren und in der Zwischenzeit ist es dunkel und kalt geworden. An einem Feuer teilt Jakob sein Brot mit den Kindern. „Als sie aufbrechen, zucken die ersten Blitze. Der Donner grollt in der Ferne. Plötzlich sagt Jakob Wohlgemut: ‚Ich höre etwas!' Die Kinder halten den Atem an und lauschen. ‚Da ist es wieder. Ein feines Läuten. Das ist das Glöckchen von meinem Schaf.'" In Gewitter und Regen bergen sie schließlich das Schäfchen aus einer Grube, in die es gefallen war. Der Hirte ist überglücklich. Da es schon sehr spät ist, müssen sie im Wald übernachten. Sie „finden alle in Jakobs Mantel Schutz und träumen unter dem dichten Dach einer Tanne." Am nächsten Tag kehren sie bei Sonnenschein zurück nach Hause und Jakob ruft allen zu: „Freut euch mit ... Wir haben mein Schaf wiedergefunden! Kommt alle zu meinem Fest auf der Schafswiese am Bach." Alle kommen und mit Apfelkuchen und Milch feiern sie „... und alle tanzen und singen bis in die Nacht hinein. Für Jakob ist es das schönste Fest, das er je gefeiert hat."
Die bunten und lebhaften Bilder stehen in diesem Bilderbuch eindeutig

im Vordergrund. Der knappe, gut verständliche Text (je Bild nur wenige Zeilen) ergänzt die Illustrationen und ist meist eher unauffällig plaziert. Die Bilder, auf denen sich Jakob und die Kinder in der Schlucht und am Lagerfeuer befinden, und die, auf dem sie in Regen und Gewitter das Schäfchen suchen und dann im Wald übernachten – dieses Bild nimmt die ganze Größe des Bilderbuches ein – sind atmosphärisch sehr eindrucksvoll gestaltet. Die Bewegtheit und Buntheit des letzten Bildes, auf dem Jakob, seine Gäste, die Schafe und Hunde zu sehen sind, spiegeln die Fröhlichkeit und Freude der Menschen wider.

Diese Geschichte nimmt nicht ausdrücklich Bezug auf religiöse Inhalte, obwohl ihr ein Gleichnis von Jesus (Matthäus 18,12–14) zugrunde liegt.

Die Bedeutung dieses Bilderbuches für die Kinder liegt zunächst in der Botschaft, daß jeder wichtig ist und niemand aufgegeben wird. Diese Botschaft enthält viel Tröstliches für die Kinder, denn sie können diese unbewußt auf sich übertragen.

Andererseits erfahren die Kinder durch das Verhalten Jakob Wohlgemuts aber auch, wie wichtig es ist, Verantwortung für die zu übernehmen, die einem anvertraut sind.

Als Jakob das Schäfchen in einer Grube findet, braucht er die Hilfe von Tobias, um es bergen zu können. Die Kinder erfahren dadurch, daß man ein Problem gemeinsam besser lösen kann; es ist befriedigend für sie, daß der erwachsene Hirte die Hilfe der Kinder braucht, um das Schäfchen zu finden und zu retten.

Bedeutung für die Kinder

Bei dieser zweiten Gruppe der religiösen Bilderbücher geht es nicht um die Vermittlung religiöser Themen und Glaubensfragen. Hier stehen nicht in erster Linie Gott und Jesus oder die Heiligen im Vordergrund, sondern der Mensch und wie es ihm möglich ist, christliches Denken im Leben umzusetzen.

Ebenso wie die erste Gruppe der Bilderbücher mit religiösem Inhalt, vermitteln auch die Bilderbücher mit religiösem Charakter ein christliches Wertesystem, das gleichzeitig die wichtigsten moralischen Grundsätze enthält, die für alle Menschen verbindlich sein sollten. Den Kindern bieten diese Bilderbücher eine für ihre Entwicklung dringend notwendige Orientierungshilfe.

Die Wirkung dieser Bilderbücher auf die Kinder kann gegenüber denen mit religiösem Inhalt möglicherweise noch intensiver sein, da die Handlungsträger Menschen wie du und ich sind und damit die Identifikation leichter fällt. Die Bilderbücher über Jesus und die Heiligen in den Legenden zeigen Vorbilder, denen man nacheifern kann. Wegen ihrer hohen moralischen Ansprüche sind sie aber oft weiter weg von den alltäglichen Menschen und eher aus der Ferne zu bewundern.

Buchbeispiel für ein Bilderbuch mit religiösem Inhalt

Margarete Bernard-Kress
„Davids Stern"
Hamburg: Wittig, 1989

Inhalt

Der kleine David erzählt seinem Seepferdchen vor dem Einschlafen immer lustige Geschichten. Eines Tages strahlt ein leuchtender Stern am Himmel, der sie unruhig macht. Sie können nicht einschlafen und schließlich „... fliegen die beiden in die wundersame Nacht mit ihren tausend funkelnden Lichtern. Wie von einem Magneten werden sie von diesem Stern angezogen".

Auf einer blühenden Wiese landen sie, und ein „sehr alter Mann aus längst vergangenen Tagen", der Prophet Samuel – „... ein kluger und weitsichtiger Priester aus der Zeit des König David" – erzählt dem kleinen David und seinem Seepferdchen die Geschichte „des berühmten König David aus Israel: David spielte immer die schönsten Melodien auf seiner Harfe, wenn er die Schafe seines Vaters hütete".

Samuel erzählt, daß er von Gott gesandt war, David, den kleinen Hirtenjungen „unter den acht Söhnen Isais auszuwählen und zu salben ... David wurde König über die zwölf Stämme Israel. Doch vorher sollte er noch sehr viel Mut beweisen. David war der einzige des Stammes Israel, der keine Angst vor dem gefürchteten Riesen Goliath hatte. Der kleine David besiegte den großen Prahlhans mit List und Klugheit. Eine Steinschleuder war seine einzige Waffe."

König Saul war stolz auf David und nahm ihn in seinen Palast auf. Jonathan, der Sohn des Königs, wird Davids Freund und mit seiner wunderschönen Musik tröstet der kleine Hirtenjunge den oft trübsinnigen König.

David war beim Volk bald beliebter als König Saul, der ihm deshalb nach dem Leben trachtete. Doch Jonathan verhilft ihm zur Flucht. In schwer zugänglichen Berghöhen findet er Zuflucht und sammelt viele Männer um sich. Nach König Sauls Tod wird er König von Israel und läßt nach vielen Jahren „die Gesetzbücher Moses in einer Truhe nach Jerusalem bringen. Bei diesem Triumphzug war sein Herz voll Lob und Dank. Gott zu Ehren spielte König David auf seiner Harfe und sang und tanzte vor Freude." So erzählt der Prophet Samuel und „noch viel, viel mehr von dem berühmten König David… doch David und sein Seepferdchen können nichts mehr verstehen, denn sie schlummern schon tief und fest".

Damit endet die Geschichte wieder da, wo sie begonnen hat, nämlich im Bett und im Zimmer des kleinen Jungen David von heute.

Bei diesem Bilderbuch überwiegen die Bilder im Vergleich zum Text. Wie man es manchmal bei mittelalterlichen Schriften sehen kann, ist hier oft der erste Buchstabe eines neues Kapitels in die Illustration miteinbezogen, die Seite hat nur wenige Textzeilen. Die gegenüberliegende Seite zeigt ein weiß eingerahmtes Bild.

Die phantastisch anmutenden Illustrationen, in kräftigen Farben gehalten, haben durch die Kleidung der Personen, durch deren Haartracht und andere Attribute z. T. morgenländisch-orientalischen Charakter. Der Hintergrund der Bilder ist entweder in kräftigem Grün oder Blau/Blaugrau gehalten, wodurch die Illustration einen sehr einheitlichen Charakter bekommt. Wichtig zu erwähnen ist auch, daß David, der kleine Junge mit dem Seepferdchen, und David, der Hirtenjunge, sehr große Ähnlichkeit miteinander haben, z. T. sogar ganz identisch aussehen.

Der Beginn und das Ende der Geschichte, in der es um den kleinen David sein Seepferdchen und um den erzählenden Propheten Samuel geht, ist in normaler Druckschrift geschrieben. Die Erzählung von König David ist in Kursivschrift wiedergegeben.

Bedeutung für die Kinder

Das Bilderbuch eignet sich für Kinder, ab etwa vier Jahren.

Die anfangs phantastische Geschichte, die in diesem Teil ein wenig an „den kleinen Häwelmann" von Theodor Storm erinnert, spricht Kinder vor allem auch wegen der märchenhaft-geheimnisvollen Illustration sicher sehr an. In den kleinen David mit seinem Seepferdchen, auf dem er durch den Nachthimmel reitet, kann sich ein Kind gut hineinversetzen. Die Stimmung, die durch diese Einführung entsteht, trägt dazu bei, daß die kleinen Zuhörer sich gut auf die Erzählung von dem Hirtenjungen David, der zum König von Israel wird, einlassen können.

Auf kindgerechte Weise wird den Kindern eine Geschichte aus dem Alten Testament angeboten, die dazu beiträgt, religiöses Basiswissen zu erwerben.

König David, der ja zunächst ein armer Hirtenjunge war, zeigt den Kindern aber auch, welche Perspektiven das Leben bieten kann. Zutrauen und Zuversicht können dadurch gefördert werden. Am meisten aber wird den Kindern sicher der Sieg des kleinen Davids über den großen Goliath gefallen. Sein Mut, seine Unerschrockenheit und Klugheit werden sie beeindrucken und können sich auch auf ihr eigenes Selbstvertrauen positiv auswirken. Daß jemand, der klein ist, etwas schafft, was den „Großen" nicht gelingt, läßt doch auch für Kinder berechtigte Hoffnungen für ihr eigenes Leben zu.

Buchbeispiel für die Bilderbuchversion einer Legende

Caroline Rothe
„Karis Christnacht" – Nach einer schwedischen Legende
Hamburg: Wittig, 1989

Inhalt

„Mein Großvater hat mir diese Geschichte erzählt":
Das sind die ersten Zeilen in dem Bilderbuch *„Karis Christnacht"*. Im Norden von Schweden lebte in einem kleinen Dorf ein freundlicher alter Doktor, der bei allen Bewohnern, aber vor allem bei den Kindern beliebt war. Da er der einzige Arzt weit und breit war, hatte er viel zu tun. Im Sommer fuhr er mit der Kutsche und „im Winter mit dem Schlitten landauf, landab, um seine Kranken zu besuchen".

Als einmal der Winter besonders streng und sehr schneereich war, erkrankte in einer Siedlung hinter den Bergen Kari, die Tochter eines Bauern, schwer. Die besorgte Mutter ruhte nicht eher, bis sich der Vater wider besseres Wissen mit dem Pferd auf den Weg ins Dorf machte, um vom Doktor Medizin zu holen. „Doch war er kaum bis an den Waldrand gekommen, als sein Pferd bis zum Leib im Schnee versank und ihn ein Rudel Wölfe umkreiste. Nur mit Not konnte er wieder zu seinem Haus zurückkommen. Entmutigt kam er daheim wieder an. ‚Frau, es geht nicht, ich bin nicht einmal bis zum Wald gekommen. Außerdem wird es bald finster.' Da weinte die Frau und ging in die Stube, wo die fiebernde Kari lag." Auf die Frage von Kari, warum sie denn weine, erzählte ihr die Mutter, daß es unmöglich sei, beim Doktor Medizin zu holen, weil so viel Schnee läge. „‚Mutter, weine nicht! Wenn du meinst, daß wir den Doktor brauchen, dann will ich es dem Christkind sagen. Es soll doch heute kommen . Du hast selbst heute morgen gesagt: Am Abend kommt das Christkind.' ‚Aber Kari, das ist doch nur ein alter Brauch, es ist eine Erinnerung daran, daß Christus als Kind in diese Welt gekommen ist.' ‚Nein ich bin sicher, wenn ich darum bete, dann wird das Christkind auch selber kommen.' Da ging die Mutter hinaus und sagte zu ihrem Mann: ‚Das Kind spricht schon wieder im Fieber.'"

Als die Mutter, während sie das Weihnachtsessen richtete, einmal nach dem Kind schaute, teilte ihr Kari mit, daß sie mit dem Christkind gesprochen hätte und dieses ihr versprochen habe, den Doktor zu holen. Der Vater glaubte, daß das Fieber schlimmer geworden sei, doch die Mutter schöpfte etwas Hoffnung.

Mittlerweile war es Abend geworden und der alte Doktor saß vor seinem Kaminfeuer und las. Zu seinen Füßen hatten es sich seine beiden Hunde bequem gemacht. Da klopfte es an der Tür und ein kleiner Junge, den der Doktor noch nie gesehen hatte – und er kannte doch alle Kinder im Umkreis – bat den alten Mann, mit ihm in das Dorf hinter den Bergen zu kommen, weil man dort seine Hilfe brauche. Zunächst glaubte der Doktor, daß er zum Besten gehalten wurde. Er hielt es für ausgeschlossen, daß man bei den Schneeverhältnissen durch den Wald kommen konnte und vor allem glaubte er nicht, daß man bei diesem Wetter ein Kind diesen gefährlichen Weg geschickt hätte.

Aber der Junge wiederholte, daß er eine kranke Schwester hätte, die des Doktors Hilfe brauche und versuchte, dessen Einwände zu zerstreuen. Auf den Hinweis, daß die wilden Tiere über sie herfallen werden, meinte der Junge: „‚Aber wißt ihr denn nicht, daß wir Christnacht haben und daß die wilden Tiere niemand etwas zuleide tun?' ‚Das ist doch nur eine alte Legende, die sich die Leute erzählen. Die Tiere wissen nicht, was im Kalender steht'", antwortete der Doktor. „Da sah ihn der Junge lange und ernst an, dann fragte er ihn: ‚Habt Ihr Angst?' ‚Ja.' ‚Habt Ihr kein Vertrauen auf Gott?' ‚Du hast recht. Es soll geschehen, wie Gott will, und wenn du Vertrauen hast, so will ich es auch haben...'" Der Doktor holte seine Tasche und seine Flinte, obwohl ihm der Junge versicherte, daß letztere überflüssig sei. Vor der Türe stand ein

Schlitten mit einem großen Elch als Zugtier, der sich mit Riesenschritten in Bewegung setzte. Als der Doktor die ersten Wölfe sah und nach seinem Gewehr greifen wollte, „... drehte sich der Junge um und sagte: ‚Laßt nur euer Gewehr. Ihr versteht nicht, mit Tieren umzugehen.‘ Da fügte sich der Doktor und dachte: ‚Der Junge weiß mehr als du selbst.‘“ Nachdem der Junge den Wölfen etwas zugerufen hatte, liefen sie vor dem Schlitten her, um den Schnee festzutrampeln und schon bald war der Bauernhof, in dem Kari lebte, erreicht.

Karis Eltern waren über das Eintreffen des Arztes sehr verwundert, und der wiederum wunderte sich, als er hörte, daß Kari gar keinen Bruder habe. Nur Kari wunderte sich nicht, ihr hatte das Christkind schon alles erzählt. „Dem Doktor soll ich sagen, daß der Junge leider keine Zeit hat, ihn heimzubringen; aber der Elch findet seinen Weg auch allein, und der Doktor soll sich nicht fürchten."

Am nächsten Tag hatte Kari kein Fieber mehr und der Doktor machte sich mit dem Schlitten auf die Heimfahrt. Wieder wollte er beim Anblick der Wölfe zur Flinte greifen, aber der Elch sah ihn an, „als wollte er sagen: ‚Laß das nur! Sie werden uns nichts tun‘". Wieder begleiteten die Wölfe den Schlitten und als der Doktor bei einem Sturz aus dem Schlitten fiel, trug ihn ein Bär vorsichtig zurück. Der alte Doktor erschien den Leuten von diesem Tag an ein wenig wunderlich. „Sie wollen sogar beobachtet haben, wie er im Wald mit wilden Tieren, Bären und Wölfen gesprochen hat. Diese taten ihm nichts zuleide, so daß er auch im Winter ohne Gefahr überall die Kranken besuchen konnte."

Die Bilder sind mit Wasserfarben gemalt. Sie wirken ein wenig altmodisch und sehr anheimelnd. Sie geben die Atmosphäre der jeweiligen Situation sehr gut wieder. Man fühlt auf den Bildern die Stille der schneebedeckten Landschaft und sieht das Farbenspiel des nördlichen Winterhimmels, die Tiere im tief verschneiten Wald, über dem der Mond scheint, die Häuser in den Dörfern, deren Lichter warm und tröstlich in der Dunkelheit leuchten – die Behaglichkeit der bäuerlichen Wohnstuben mit ihrer einfachen Einrichtung und den bunten Fleckerlteppichen, das gemütliche Kaminfeuer, vor dem der alte Doktor in einem behäbigen Lehnstuhl pfeifeschmauchend mit einem Buch in der Hand sitzt, die schlafenden Hunde zu seinen Füßen, den Stall auf dem Bauernhof von Karis Eltern, den sich Kühe, Schafe, Ziegen und ein Pferd teilen und dessen Wärme der Betrachter zu spüren glaubt. Alle diese Szenen illustrieren die Geschichte sehr schön und treffend. Die Illustrationen nehmen in diesem Bilderbuch auch einen größeren Raum ein als der Text.

Bedeutung für die Kinder

Diese wunderbare Geschichte von dem Christkind, das der kranken Kari geholfen hat und die atmosphärisch starken Bilder versetzen die Kinder in eine andere Welt. Alles in diesem Bilderbuch unterscheidet sich von der lärmenden Hektik und den Ansprüchen der Welt, in der ein Großteil unserer Kinder lebt. Es gibt kein Radio, kein Fernsehen und die Einrichtung der Räume ist zwar einfach, strahlt aber sehr viel Geborgenheit aus. Die Kleidung der Menschen ist nicht modisch, aber zweckmäßig und ordentlich. In Karis Zimmer, das durch einen stabilen, großen Holzrahmen – keine Türe – mit der großen Wohnküche verbunden ist, sieht man kein Spielzeug. Vor ihrem Bett steht jedoch eine Kiste, in der ein kleiner Hund zu sehen ist.

Ohne daß dies in der Geschichte angesprochen wird, werden die betrachtenden Kinder mit einer für sie meist völlig fremden Lebensweise konfrontiert. Sie nehmen unbewußt zur Kenntnis, daß es nicht so sehr die Äußerlichkeiten sind, die Wohlbefinden und Geborgenheit auslösen. Es ist sicher nicht anzunehmen – und auch gar nicht notwendig –, daß Kinder nun auf all ihre Habe zugunsten einer solchen Idylle verzichten wollen, aber vielleicht wird die Einstellung zu Konsumgütern und ihre Bedeutung ein wenig zurechtgerückt.

Die wichtigste Botschaft in diesem Bilderbuch ist freilich das unerschütterliche Vertrauen der kleinen Kari auf die Hilfe des Christkindes und damit das Vertrauen zu Gott. Karis Eltern, aber auch der alte Doktor haben damit ihre Schwierigkeiten. Erst seine Erlebnisse mit den Wölfen und dem Bären überzeugen den alten Mann, daß wirklich das Christkind selbst ihn geholt und vor den wilden Tieren beschützt hat, auch wenn das so nicht ausgedrückt wird. Die anderen Menschen, die dieses Gottvertrauen nicht haben, halten ihn für wunderlich, so lange, bis sie es selbst gefunden haben. Für die Kinder ist diese Botschaft – so weit sie Kari betrifft – zugänglich und einfach zu verstehen. Karis Verhalten läßt im Betrachter dieses Bilderbuches gar keine Angst um das Mädchen aufkommen, da ihre Zuversicht und ihr Glaube sich auf ihn überträgt und damit die Botschaft der Geschichte noch verstärkt. Wichtig für die Kinder ist auch in diesem Bilderbuch, daß ein Kind in seinem Denken und Fühlen den Erwachsenen überlegen ist: Kari hat nicht die geringsten Zweifel daran, daß das Christkind ihr hilft, während der alte Doktor erst durch das Verhalten der wilden Tiere davon überzeugt werden muß. Wie die Eltern auf das Erlebnis reagieren, erfährt man nicht.

3. Bilderbücher gehören auch in die Grundschule

Bilderbücher sind für kleine Kinder, bzw. für Kinder im Vorschulalter. Das ist die gängige Meinung, wenn von Bilderbüchern die Rede ist und sie ist natürlich auch nicht falsch. Die meisten Bilderbücher, die auf dem Markt sind, eignen sich tatsächlich für Kinder zwischen etwa einem Jahr bis ca. sechs Jahren, aber eben nicht alle. Eine ganze Reihe von Bilderbüchern ist für jüngere Kinder noch nicht verständlich, sie wenden sich daher eher an Grundschulkinder. Andere Bilderbücher wiederum sind schon für Kinder im Vorschulalter geeignet, aber die Gestaltung und das Thema sind für die ersten Grundschulklassen noch genauso interessant.

Bilderbücher sind Schulanfängern seit langem vertraut und die meisten von ihnen haben durchweg positive Erfahrungen damit gemacht. Alle Kinder, zumindest die in einer Vorschuleinrichtung waren, haben erlebt, daß sie viele Themen durch ein Bilderbuch gut verstehen lernen, oft in unterhaltsamer und oft auch eindrucksvoller Form. Diesem Medium nun in der Schule, die ihnen ja jetzt auf neue Weise Leistung abverlangt, ab und zu wieder zu begegnen, ist sicher ein erfreuliches und entspannendes Erlebnis. Allerdings nur dann, wenn beim Einsatz eines Bilderbuches das spielerische Element und das Vergnügen im Vordergrund stehen und der Lerneffekt, der natürlich seine Berechtigung hat, das wünschenswerte Nebenprodukt ist. Die Freude, die die Kinder an den vertrauten Bilderbüchern haben, läßt sich auf diese Weise behutsam auf die illustrierten Bücher für Leseanfänger lenken, die von vielen namhaften Verlagen angeboten werden. In der Regel ist der Text in diesen Erstlesebüchern sogar weniger umfangreich als in manchen Bilderbüchern. Allerdings werden Bilderbücher im Gegensatz dazu zunächst auch vorgelesen, bevor sich die Kinder selbst daran wagen.

Sieht man sich die Lehrpläne für die Grundschulen an, so sind in den Fächern Deutsch, Heimat- und Sachkunde, wie auch in Religion und Ethik eine ganze Reihe von Themen zu finden, wie z. B. „Kind und Gemeinschaft", „Kind und Familie", „Das Kind und sein Tagesablauf", „Kind und Zeit", die auch in Bilderbüchern behandelt werden. Bedenkt man außerdem, daß vor allem in den ersten beiden Grundschuljahren das Lernen noch besonders lustbetont und anschaulich sein soll, so liegt die Bedeutung der Bilderbücher für diese Altersstufe klar auf der Hand.

„Pony, Bär und Apfelbaum" von Sigrid Heuck z. B., ist ein Bilderbuch, das Kinder auf sehr vergnügliche Weise beim Lesenlernen unterstützen kann. Der Text ist immer wieder durch kleine Bilder unterbrochen, so daß nur ein Teil der einfachen Geschichte wirklich gelesen werden muß. Auf einigen Seiten dieses Bilderbuches sind nur Bilder zu sehen.

Auf der ersten Seite steht in großen, schwarzen Druckbuchstaben „Das ist ein" und unter diesen drei Wörtern ist ein großer, prächtiger Laubbaum zu sehen. Weiter geht es auf der nächsten Seite mit „Ein" – kleiner gemalter Laubbaum – „und ein" – kleiner gemalter Tannenbaum – „und noch ein paar" – ein Tannenbaum und 2 gemalte Laubbäume – „sind zusammen ein" – und jetzt ist ein Wald zu sehen. Auf diese Weise ist das ganze Buch über das Pony gestaltet, dem jemand seine Äpfel gestohlen hat. Pony beschließt, die Äpfel zu suchen. Ein kleiner Bär, dem es auf seinem Weg begegnet und der erste Hinweise auf die Diebe geben kann, schließt sich ihm an. Die beiden machen sich gemeinsam auf die Suche nach den Äpfeln. Sie kommen dabei durch Dörfer „… und an einer" – eine Kirche ist abgebildet. „Sie begegnen einem" – es folgen nun in Bildern ein Kaminkehrer, zwei Kühe, drei Hunde, vier Schweine, fünf Kinder „und" sechs Hühner.

Auf der darauffolgenden Doppelseite sieht man in wunderbar kräftigen Farben eine hügelige Landschaft – die Bäume zeigen ihre schönste Herbstfärbung – mit einem Fachwerkhaus, einer Scheune, einer Kirche, Kühen, Schweinen und Hühnern. Auf einem Weg sind der Bär (auf dem Pony reitend) zu sehen und einige Kinder und Hunde, die neben den beiden herlaufen. Pony und Bär kommen ans Meer und fahren auf einem großen Schiff „in ein Land, wo fast immer die" – Bild einer strahlenden Sonne – „scheint". Sie sehen Elefanten, exotische Vögel und einen Papagei und alle werden gefragt, ob sie wissen, wer Ponys Äpfel gestohlen hat, und immer heißt es , was schon der Bär bemerkt hat. „Irgend etwas ist an mir vorbeigeflogen …" Für diese Hinweise verspricht das Pony allen eine Belohnung, wenn es seine Äpfel wiedergefunden hat. Schließlich finden Pony und der Bär einen ganzen Baum voller Raben, von denen jeder einen Apfel im Schnabel hält. Als die Raben das Pony erblicken, „… krächzen sie vor Schreck". Dabei lassen sie alle ihre Äpfel fallen. „Schnell sammelte der" – der Bär mit einem roten Tuch ist zu sehen – „sie auf". Nachdem Pony nun seine Äpfel wieder hat, macht es sich mit dem Bären wieder auf den Heimweg. Jeder, der geholfen hat, die gestohlenen Äpfel wiederzufinden, bekommt einen zur Belohnung. Als die beiden schließlich wieder zu Hause sind, ist für jeden nur noch ein Apfel übrig. Aber das ist nicht so schlimm, denn im nächsten Herbst gibt es wieder Äpfel.

Die Buchstaben in diesem Bilderbuch sind so groß und heben sich so gut
von dem weißen Hintergrund ab, daß Leseanfänger damit wenig Mühe haben werden. Da nach wenigen Wörtern immer wieder ein Bild statt eines
Wortes folgt, hält sich auch die Anstrengung für die Kinder in Grenzen.
Die Bilder sind, wie oben bereits geschildert, in wunderschönen kräftigen
Farben gemalt und alle Abbildungen sind gut zu erkennen. Neben der Unterstützung beim Lesen lernen können die Kinder in diesem Bilderbuch
auch spielerische Zählübungen machen. Immer wieder werden die dargestellten Personen, Tiere oder Gegenstände in unterschiedlicher Anzahl
präsentiert. Die Kinder zählen automatisch, wie viele Kühe, Hühner,
Matrosen usw. abgebildet sind, weil es sie interessiert. Man muß sie dazu
erst gar nicht auffordern. Sie üben also das Zählen und prägen sich so
nebenbei auch optisch Mengenbegriffe ein.

Ein anderes Bilderbuch, das sehr gut die Situation von Kindern in den ersten Grundschuljahren trifft und dem Lernbereich „Zusammenleben mit
Nachbarn" entspricht, ist *„Mehr Monster, Willi Wiberg!"* von Gunilla
Bergström.
Willi Wiberg ist sieben Jahre alt und wird als Babysitter gebraucht. „Den
ganzen Abend soll er auf den kleinen Benni aufpassen, ihm Abendbrot geben, ihn ins Bett bringen und bei ihm sitzen, während Benni schläft. Bennis Eltern sind auf einem Fest. (Morgen bekommt Willi ein bißchen Geld
und ein Stück Schokoladentorte, wenn er ein guter Babysitter war.)" Willi
ist groß unter dem Text zu sehen, mit Büchern im Arm. Gedankenblasen,
die von seinem Kopf weg auf die nächste Seite führen, sind gefüllt mit seinen Vorstellungen von sich als Babysitter: Willi mit Benni auf dem Schoß,
Willi liest vor, Willi gibt Benni zu essen. Ja, Willi hat die feste Absicht, ein
guter Babysitter zu sein. „Aber so einfach ist das gar nicht. Benni kann
alles ALLEIN! Er kann den Schlafanzug ganz allein anziehen. Und allein
singen. Und das Abendbrot allein essen... Nur Geschichten vorlesen und
sich selbst auf dem Schoß sitzen – das kann er jedenfalls nicht." Benni will
eine Geschichte hören, aber er will keinesfalls auf Willis Schoß sitzen und
es sich auch nicht neben ihm kuschelig machen. Mit hoch erhobenem
Kopf, die Nase keck in die Luft gestreckt, sitzt Benni weit weg von Willi am
anderen Ende der Couch. „Ach so, na, dann eben nicht. Willi will ja nicht
rummeckern. Babysitter müssen doch nett sein." Er will die Geschichte
von einer winzigen Maus vorlesen. Die will Benni nicht hören. Also beginnt Willi von einem winzigen Küken zu lesen. Wieder unterbricht ihn
Benni. „Nein, nicht winzig und winzig! Nicht das und das Buch! Andere

Geschichte! Schreckliche Geschichte!" „Wie meinst du das?", fragt Willi.
„Ungeheuer und gefährlich und Messer und *gefährlich*", sagt Benni. Aha!
Dann will er wohl was richtig gruseliges haben. Er will, daß Willi Wiberg
sich was ausdenkt. „Soll ich dir von dem großen, gefährlichen, bösen-bösen
Monster erzählen?" „Jaaa!", ruft Benni. Auf dem Bild sieht man ihn begeistert auf dem Kissen in seiner Couchecke sitzen, die Arme wie zum
Klatschen weit ausgebreitet. Auch jetzt, wenn eine gruselige Geschichte
kommt, will er allerdings nicht bei Willi auf dem Schoß sitzen. Der beginnt
nun von dem bösen-bösen Monster zu erzählen, das in einem Berg wohnt
und immer, wenn es dunkel wird, herauskommt. „Ungefähr jetzt, gerade
um diese Zeit. Es sieht gräßlich aus … böse Augen, die im Dunkeln leuchten, und… es hat scharfe, giftige Hauer. Das böse-böse Monster ist am
ganzen Körper mit zottigem, pieksigem Haar bedeckt. Und an jedem Finger hat es drei Krallen – damit kann es furchtbar kratzen. Hast du Angst?",
fragt Willi vorsichtig. „Nee. Mehr!", sagt Benni zufrieden. Und so sieht
man ihn auch auf seinem Kissen sitzen. Über der Couch, auf der Benni und
Willi sitzen, ist in einer riesigen Gedankenblase das gräßliche Monster zu
sehen. Willi erzählt weiter, daß das Monster „Dreistiefler" genannt wird,
weil es nämlich drei Beine hat, „… und wenn es seine Stiefel anzieht, bekommt es eine geheime Kraft. Dann wird es das stärkste Monster der
Stadt. Jetzt hat es seine Stiefel angezogen. Wahrscheinlich ist es schon unterwegs. Es muß eben noch seine Waffensammlung prüfen … 1204 Schwer-
ter, Dolche und Messer besitzt das Monster und die muß es schleifen, um
sie schön scharf zu machen, spinnt Willi die Geschichte weiter. Auf dem
Bild sieht man Benni, der von seinem Kissen in der Couchecke ein Stück
in Richtung Willi gerutscht ist. Über den beiden ist wieder das Monster
hinter einem ganzen Berg von Messern zu sehen. Das Monster, so berichtet Willi, muß erst zur Stärkung noch ‚ein paar ordentliche Gläser voll
Blut' trinken, bevor es losgeht. ‚Bluuut?', flüstert Benni und rutscht etwas
näher an Willi Wiberg heran." Bennis Haare beginnen sich bereits etwas
zu sträuben. Und als Willi erzählt, daß das Monster sich nun auf den Weg
macht, sich zum Abendessen zwei Kinder zu besorgen, stehen Bennis
Haare zu Berge und er sitzt mit großen Augen, die Hände zwischen den
Knien, noch ein Stück näher bei Willi Wiberg. Er sagt: „aber… *wir sind*
zwei Kinder …" Mit einem Satz springt Benni auf Willi zu. Er zeigt zur Tür
und flüstert: „Es ist da! Ich hab was gehört!" Aber Willi hat nichts Besonderes gehört. „Och, das war nur die Tür. Die hat kurz geknarrt, als du auf-
gesprungen bist. Das böse-böse Monster kann nicht hierherkommen. Es
hat nämlich gerade ein paar fette Waldtrolle gefunden. Jetzt ist es so müde,

daß es eingeschlafen ist", erklärt Willi. „Benni will auch schlafen", sagt Benni. Willi bringt ihn ins Bett. Nach dem Gutenachtsagen vergewissert sich Benni noch, ob das Monster auch wirklich nicht kommt. Willi erklärt ihm, daß es bereits die Stiefel ausgezogen hat und wahrscheinlich sowieso nie mehr aufwacht. „Du kannst also ganz ruhig schlafen. Du bist doch schon groß und tüchtig und kannst alles ALLEIN", sagt Willi. Da ist Benni sehr zufrieden. Willi ist auch zufrieden. Er war ein guter Babysitter. Als er gerade an das Geld und an die Torte denkt, die er bekommen wird, ruft ihn Benni. Er will jetzt noch eine Geschichte vom winzigen Küken hören und dabei auf Willis Schoß sitzen. „Und Willi Wiberg ist genau so ein Babysitter, wie er sein wollte."

Bei den Kindern in den ersten Grundschuljahren ist der Stolz, Schulkind zu sein, noch besonders groß. Auf alle Nichtschulkinder sehen sie deshalb gelegentlich etwas herab. Andererseits haben diese jungen Schulkinder oft auch das Bedürfnis, jüngere Kinder zu beschützen, für sie Verantwortung zu übernehmen. Diesem Wunsch entspricht die Geschichte von Willi Wiberg sehr genau. Auch er will das, was ihm selbst gut getan hat, – und noch gut täte, wenn er nicht schon viel zu groß dafür wäre! – (auf dem Schoß zu sitzen, vorgelesen zu bekommen, versorgt zu werden), an den kleinen Benni weitergeben. Aber Benni emanzipiert sich gerade, will alles selbst machen und statt „schöner" Geschichten lieber Gruseliges hören. Willi tut Benni den Gefallen und erzählt ihm eine wahrlich grausliche Monstergeschichte, die alles enthält, was so dazugehört. Für junge Schulkinder hat diese Monstergeschichte zweierlei Bedeutung. Einmal fühlen sie sich dem kleinen Benni, der schließlich doch Nerven zeigt, bei Willi Schutz sucht und sich von ihm schließlich versichern läßt, daß das Monster nicht kommen wird, überlegen. Auf der anderen Seite bewältigen sie dabei ihre eigene Angst vor solchen Monstergeschichten, denn sehr oft werden sie sich selbst noch in der Rolle von Benni befinden und sich vor gruseligen Geschichten ängstigen. Kinder *wollen* sich aber solchen gruselig-phantastischen Geschichten ausliefern. Es ist eine Art Wonnegrausen, mit der sie sich darauf einlassen, sie stärken damit ihre eigenen seelischen Kräfte und wollen ihre Angst aushalten und dann überwinden lernen.

In dieser Willi-Wiberg-Geschichte müssen sie sich nicht selbst in der Rolle des Ängstlichen sehen, denn die übernimmt ein jüngeres Kind und nicht einmal vor sich selbst muß sich das Schulkind eingestehen, daß es ihm bei solchen Geschichten oft genauso geht, wie Benni in diesem Bilderbuch.

Es wird den Kindern in diesem Bilderbuch außerdem unaufdringlich vermittelt, daß diese Gruselgeschichten alle *ausgedacht* sind und jeder Realität entbehren. Die Kinder identifizieren sich mit Willi Wiberg, der sich diese Monstergeschichte ausdenkt und sehr souverän damit umgeht. Auch die Art, in der Willi sich als Babysitter verhält, werden sich viele Kinder, die sich dieses Bilderbuch anschauen, zutrauen. Ihr Selbstwertgefühl wird dadurch unterstützt, denn wenn Willi Wiberg das kann, können sie es auch. Außerdem ist Willis Geschichte ein Beispiel für das Leben in einer Gemeinschaft und für Sozialverhalten, wie es Kinder dieses Alters gut nachvollziehen können, und sie entspricht somit auch den Lernzielen von Grundschullehrplänen. Eine weitere Botschaft für die Kinder enthält der Schluß dieses Bilderbuches. Nachdem Benni sein Gruselabenteuer mit Hilfe seines Babysitters gut überstanden hat, will er vor dem Einschlafen noch eine *schöne* Geschichte hören und auf Willis Schoß sitzen. Das zeigt den Kindern, daß Monstergeschichten ihren Reiz und auch ihre Berechtigung haben, aber daß am Ende für einen ruhigen Schlaf Beruhigendes, Geborgenheit und Nähe sehr wichtig, empfehlenswert und auch legitim sind. Diese Bilderbuchgeschichte hat nicht allzuviel Text und die Buchstaben sind so groß, daß Leseanfänger ihn in kleinen Dosen bewältigen können. Die Bilder zeigen die wesentlichen Szenen der Geschichte. Willi Wiberg und Benni sind mit wenigen Strichen sehr individuell gestaltet. Die Maus-, Küken- und Monstergeschichte ist jeweils wie eine Collage in die übrige, einfache Illustration eingefügt.

Von ganz anderer Natur als die vorausgegangenen Beispiele ist der Bilderbuch-Krimi „*Lilly*", mit dem Untertitel „*Ein Fall für John Chatterton*" von Yvan Pommaux. Er eignet sich gut dafür, verschiedene Literaturgattungen (Märchen und Krimi) zu vergleichen und außerdem läßt er sich auch in medienpädagogischem Zusammenhang (Struktur eines Krimis) einsetzen.
John Chatterton ist ein menschlich aussehender schwarzer Kater (Er geht, wie alle anderen, wie Menschen agierende Tiere in diesem Bilderbuch, auf zwei Beinen). Er sieht sehr lässig aus in seinem weißem Hemd mit Krawatte und seinem dunklen, schicken Mantel. John Chatterton ist Detektiv und wird von einer durchgestylten Leopardenlady – sie trägt einen dunklen Hut, auf dem eine große weiße Taube liegt, dazu ein elegantes Kostüm – beauftragt, die verschwundene Stieftochter Lilly zu suchen. Allerdings ist die Dame nicht in Sorge um Lilly, sondern sie beabsichtigt, die Stieftochter von ihrem Gorilla (der wirklich ein riesiger Gorilla in Anzug und Hemd ist) beseitigen zu lassen. Der Spiegel der Leopardendame sagt ihr nämlich: „... Du bist schön, gewiß, aber Lilly ist viel schöner als du!" Wie sehen Sie

das Schorsch?...", fragt sie den Diener, der wie ein normaler, kräftiger Mann aussieht. „Ich kann das nicht beurteilen, gnädige Frau", ist dessen ausweichende Antwort.

John Chatterton bekommt ein Foto Lillys, das der Beschreibung „Ihre Haare sind schwarz wie Ebenholz, ihre Lippen rot wie Blut, ihre Haut weiß wie Lilien. Deshalb heißt sie Lilly", genau entspricht. Außerdem erhält er eine Liste, die alle Bekannten und Lieblingsplätze Lillys enthält. Bevor John Chatterton sich auf den Weg macht, um Lilly zu suchen, klärt der Diener Schorsch ihn über die wahren Absichten der Stiefmutter auf. Schorsch erzählt dem Detektiv, daß Lillys Vater sich auf Reisen befindet und Lilly vor der Stiefmutter geflohen ist. Lilly weiß, daß die Lady sie haßt und ihr etwas Böses antun will, solange der Vater weg ist.

Mit diesen Informationen ausgestattet begibt sich John Chatterton auf die Suche nach Lilly. Der Gorilla heftet sich dicht an seine Fersen. Peter Prinz, ein großer Hund (er ähnelt ein wenig einem Riesenschnauzer), der außerhalb der Stadt ein Autohaus mit Werkstatt besitzt, ist der erste, den der Detektiv aufsucht, um ihn nach Lilly zu befragen. Peter Prinz sieht sich das Foto an und behauptet, das schöne Mädchen auf dem Bild nie gesehen zu haben und droht John Chatterton Prügel an, wenn er nicht sofort verschwindet. Dieser zieht sich zurück und beobachtet, wie Peter Prinz, kaum glaubt er sich alleine, seinen Motorroller startet und davonfährt. Der Detektiv folgt ihm und diesem wiederum der Gorilla. In einem einsamen Waldhäuschen überrascht John Chatterton Lilly und Peter. „Guten Tag, Lilly! Haben Sie keine Angst, ich will Ihnen nichts Böses!" Mit grimmigem Gesicht meint Peter: „Sie schon wieder!!" Als vollendeter Gentleman stellt sich der Detektiv Lilly vor und erklärt ihr: „... Ich habe den Auftrag, Sie nach Hause zu bringen, junge Frau." „KOMMT NICHT IN FRAGE!", knurrt Peter Prinz und Lilly anwortet: „NIEMALS! Eher sterbe ich!" In diesem Augenblick überschlagen sich die Ereignisse. Der Gorilla tritt die Türe ein, daß die Holzlatten nur so durch die Gegend fliegen. Er schlägt John Chatterton und Peter, die sich ihm entgegenstellen, nieder und stürzt sich mit dem Messer auf die in Ohnmacht gefallene Lilly. Aber – er tötet sie nicht.

„Ich... ich kann es nicht! Sie sind zu schön... Verzeihen Sie mir!" stößt er unter Tränen hervor. „Ich muß Ihr Herz in diesem Kästchen zurückbringen... Was soll nur aus mir werden? Die gnädige Frau kennt kein Erbarmen, wenn ihre Befehle nicht befolgt werden", jammert der Gorilla. „Mein Herz?", sagt Lilly, „hier ist mein Herz, mein Herr! (Sie nimmt ein Herz, das sie an einem Samtband um den Hals trägt, ab und reicht es dem Gorilla.) Es ist aus Gold. Verkaufen Sie es, kaufen Sie sich ein Flugticket und verschwinden Sie auf der Stelle." Peter, der in der Zwischenzeit wieder zu sich gekommen ist, sieht den Gorilla bitterböse an, als wolle er sich gleich auf ihn stürzen. John Chatterton aber, der sich ebenfalls erholt hat, legt ihm begütigend die Hand auf die Schulter und rät ihm: „ Nicht einmischen!".

Nachdem sich der Gorilla entfernt hat, beschließt Lilly auf John Chattertons Rat, der Stiefmutter entgegenzutreten und sie zu einem Geständnis zu bringen. Gemeinsam machen sich Lilly, Peter und der Detektiv auf den Weg.

In der Zwischenzeit überreicht Schorsch der gnädigen Frau ein Telegramm, in dem Lillys Vater seine Rückkehr ankündigt. Da er die Machenschaften seiner zweiten Frau durchschaut hat, verweist er sie des Hauses und kündigt gleichzeitig seine Verbindung mit einer anderen Frau an. Die Leopardenlady verläßt das Haus, nicht ohne vorher vor Wut die Spuren ihrer Krallen im Gesicht des armen Schorsch zu hinterlassen. Am Ende aber sind alle zufrieden: Der Vater (ein stattlicher Tiger), seine neue Frau (eine hübsche, elegante Frau) und Lilly, die einander sofort ins Herz schließen, Peter Prinz, der von Lillys Vater wohlwollend begrüßt wird und natürlich John Chatterton, der den Fall bravourös gemeistert hat.

Am Ende der Geschichte bemerkt er: „Wie die Zeit vergeht! Vor sechs Monaten habe ich diesen Fall abgeschlossen. Manchmal gehe ich mit Schorsch in der Atom-Bar etwas trinken und er erzählt mir immer das neueste: Die gnädige Frau ist charmant, der gnädige Herr geht nicht mehr auf Reisen, Peter und Lilly sind glücklich... Aus Dankbarkeit hat mir Lillys Vater diese Figur (ein Gartenzwerg steht auf einem Tisch vor John Chatterton) geschenkt, die der aus einem fernen Land mitgebracht hat. Er hat davon noch sechs andere, die fast genauso aussehen. Es sind Figuren aus einer alten und berühmten Kriminalgeschichte, die der von Lilly in vieler Hinsicht ähnelt."

Die Illustrationen dieses Bilderbuches passen sehr gut zu diesem verfremdeten und zum Krimi umfunktionierten Märchen von Schneewittchen. Sie erinnern an alte Kriminalfilme a la Raymund Chandler mit Humphrey Bogart – allerdings nicht in Schwarz-Weiß, sondern in gedämpften, eher düsteren Farben – und teilweise an alte Modejournale. Der gesamte, nicht sehr umfangreiche Text, besteht ausschließlich aus Dialogen. Die Buchstaben sind groß und heben sich meistens gut vom Hintergrund ab. Für Kinder, die erst in die Welt des Lesens eintreten, bedeuten die Textstellen keine unüberwindlichen Schwierigkeiten.

Das Wiedererkennen eines aus der früheren Kinderzeit bekannten Märchens und seine Verwandlung in eine Kriminalgeschichte wird den meisten

Kindern im Alter von 8/9 Jahren viel Spaß bereiten. Sie haben einerseits das Märchenalter noch nicht ganz hinter sich gelassen und andererseits finden viele Kinder dieses Alters bereits Freude an Kriminalgeschichten. Die in düsteren Farben gehaltenen und teilweise auch sehr dramatischen Bilder sorgen für die notwendige Spannung. Manche Illustrationen sind – allerdings vielleicht nur für den erwachsenen Betrachter – auch sehr komisch, so z. B. das Bild, auf dem der Kater-Detektiv John Chatterton auf der Straße marschiert, auf der Suche nach Lilly und unmittelbar hinter ihm, doppelt so groß und doppelt so breit der Gorilla, der fast drohend auf ihn herabsieht, ohne daß er etwas davon bemerkt. Zwei Bilder weiter ist John Chatterton immer noch auf der Straße unterwegs und der Gorilla lugt, halb verdeckt um eine Hausecke nach ihm. Hinter den beiden steht auf der anderen Straßenseite ein Junge und betrachtet diese Szene ungerührt. Der Gewaltanteil in dieser Geschichte ist eher gering. Nur die Szene, in der der Gorilla in das Waldhaus eindringt und Lilly töten will, zeigt direkte Gewalt. Die Handlung ist spannend, da sie sich zwar an dem Märchen Schneewittchen orientiert, aber sie doch nicht vollständig übernimmt.

Eine schöne Idee ist auch, daß nicht alle Personen Menschen sind. Der „schlaue" Kater, als Detektiv, der „treue" Hund als Freund und Beschützer Lillys, die geschmeidige Leopardin als egozentrisches Luxusweibchen, der mächtige Tiger als starker Vater und last not least der Gorilla. In vielen Krimis kommen solche „Gorillas" vor, Schrankmänner, die Bodyguards schräger Typen sind und die ihnen „unangenehme" Arbeiten abnehmen. Daß diese Sorte von „Begleiter" in diesem Bilderbuch ein wirklicher Gorilla ist, ist einfach herrlich. Er erweist sich auch noch als nicht so verdorben, daß schöne Unschuld ihn nicht zu rühren vermöchte und daß er Lilly trotz seiner Angst vor seiner Auftraggeberin töten könnte. Amüsant ist auch der Schluß der Geschichte.

John Chatterton sitzt an seinem Schreibtisch und vor ihm steht ein Gartenzwerg, den Lillys Vater ihm aus Dankbarkeit geschenkt hat und von dem dieser noch sechs andere zu Hause hat. Dieser Hinweis auf die sieben Zwerge aus Schneewittchen, die ja in dieser Bilderbuchgeschichte ausgespart werden, finden viele Kinder sicher köstlich. Übrigens steht auf John Chattertons Tisch nicht, wie bei vielen anderen Detektiven, eine Flasche Whiskey, sondern eine Kanne (Kaffee?) und daneben liegt ein Buch, auf dem steht: „Berühmte Kriminalfälle".

Insgesamt ist „Lilly" eine gelungene Bilderbuchgeschichte für Grundschulkinder ab etwa 8 Jahren, die ihnen sicher Spaß macht und auch ihre Lesefähigkeit nicht überfordert.

Nach diesen ausführlich dargestellten Bilderbüchern folgen einige kurz beschriebene Beispiele für Bilderbücher, die sich zum Einsatz bei Grundschulkindern eignen.

Jörg Müller

„Der standhafte Zinnsoldat"

Aarau, Frankfurt a. Main, Salzburg: Sauerländer Verlag, 1996

Offenbar bei der Renovierung einer neu zu beziehenden Wohnung findet ein Mann einen Zinnsoldaten, den er seinem Sohn gibt, einem Kleinkind von etwa einem Jahr. Der Junge wächst heran und man sieht ihn mit dem Zinnsoldaten spielen. Aber schon auf dem nächsten Bild fesselt ein Computer seine Aufmerksamkeit und die Spielsachen, darunter auch der Zinnsoldat, liegen unbeachtet durcheinander. Wieder findet ein Umzug statt und der Zinnsoldat landet in einem Rinnstein, in den auch eine Barbiepuppe fällt. Beide werden zusammen in die Kanalisation und von dort ins Meer gespült, wo sie ein Fisch verschlingt. Der Fisch wird gefangen und verarbeitet und mit den Fischabfällen gelangen der Zinnsoldat und die Barbiepuppe auf eine große Müllhalde, die sich auf einer karibischen Insel befinden könnte. Eine dunkelhäutige Frau, die dort nach Brauchbarem sucht, bringt die beiden einem kleinen Jungen (ihrem Sohn?) mit. Ein Mann (der Vater?) baut aus Dosen einen Spielzeugjeep. Der kleine Junge setzt den Zinnsoldaten und die Barbiepuppe – die jetzt in ein buntes Stück Stoff gehüllt ist und eine turbanähnliche Kopfbedeckung trägt – in den Jeep und spielt damit. Dabei wird er von einem Touristen fotografiert, der ihm schließlich das Gefährt mitsamt den Insassen für einen Dollar abkauft. Schließlich landen Jeep, Zinnsoldat und Barbie im ethnologischen Museum einer großen Stadt.
Die Illustrationen dieses textlosen Bilderbuches sind sehr realistisch und detailgenau. Die Originalgeschichte „Der standhafte Zinnsoldat" von Hans Christian Andersen ist dem Buch beigefügt. Auf der Rückseite des Einbandes stehen einige Informationen und Hinweise zu diesem ungewöhnlichen Bilderbuch, das sich unter den unterschiedlichsten Gesichtspunkten in der Grundschularbeit einsetzen läßt. Es wäre z. B. vorstellbar, daß man zunächst das Märchen vom standhaften Zinnsoldaten nach Andersen vorliest und dann mit den Kindern gemeinsam betrachtet, welche Assoziationen zu unserer heutigen Zeit Jörg Müller dazu eingefallen sind.

Da das Bilderbuch textlos ist, besteht außerdem die Möglichkeit, die Kinder entsprechend ihrem eigenen Erfahrungshintergrund die vorliegende Bilderbuchgeschichte erzählen und interpretieren zu lassen. Für Vorschulkinder wäre sowohl die Originalgeschichte, als auch das Bilderbuch eine Überforderung, mit Grundschulkindern können anhand dieses Bilderbuches ganz unterschiedliche und für unsere Zeit typische Vorgänge und Probleme herausgearbeitet werden.

Irmgard Lucht
„Das Raupenabenteuer"
Ravensburg: Ravensburger Buchverlag, 1997

Eine Raupe muß, um ihren Hunger zu stillen, eine breite und lebhaft befahrene Straße überqueren. Autos, Mopeds, Lastwagen gefährden sie; sie begegnet einer Ameise, die zu ihrer Überraschung noch kleiner ist als sie, ein Vogel will sie fressen, sie muß einer Tüte mit Müll, an der sich Wespen gütlich tun, ausweichen, bis sie schließlich doch wohlbehalten auf der anderen Straßenseite ankommt. Endlich kann sie sich sattfressen und dann verpuppen, um am Ende zu einem schönen Schmetterling zu werden.
„Das Raupenabenteuer" ist ein sehr umfangreiches Bilderbuch mit großflächigen, farblich sehr schönen und detaillierten Bildern. Der Text im Verhältnis zu den Bildern nicht so umfangreich, jedoch sprachlich so anspruchsvoll, daß er vor allem jüngeren Grundschulkindern vorgelesen werden muß. Auch dieses Bilderbuch ist vielseitig einsetzbar, da es zum einen die Natur und ihre Wunder zeigt, aber auch die Probleme, die durch die Technisierung unserer Welt entstehen können.

Mary Hoffmann / Jane Ray
„Erde, Feuer, Wasser, Luft"
Hildesheim: Gerstenberg Verlag, 1995

„Erde, Feuer, Wasser, Luft" ist ein Sachbilderbuch, das durch seine wunderschönen, teilweise fast märchenhaft anmutenden Illustrationen besticht und zum Betrachten reizt. Es enthält nicht nur sachliche Informationen über die vier Elemente, sondern erzählt auch von Mythen, Fabelwesen und religiösen Themen, die damit in Verbindung gebracht werden. Naturschützerische und ökologische Aspekte spielen im Text dieses Bilderbuches eine große Rolle.

Daß die vier Elemente in der Menschheitsgeschichte eine elementare Rolle spielen, wissen Kinder im Grundschulalter sicher noch nicht so genau, aber jedes Kind hat mit diesen Elementen schon eigene Erfahrungen gemacht, sodaß das Interesse an dieser Thematik sicher bei allen Kindern vorhanden ist. Die Aufmachung und Gestaltung dieses schönen Bilderbuches läßt es außerdem zu, sich diesem Thema auf ganz unterschiedliche Weise und immer wieder aufs neue zu nähern.

Zum Schluß: Die Botschaft des Bilderbuchs

Haben Bilderbücher eine Botschaft? Was ist das, eine „Botschaft"? Es gibt kaum ein Buch ohne Botschaft, sieht man einmal von Telefonbüchern u. ä. ab. Die Botschaft des Sachbuchs sagt z. B.: „So funktioniert ein Computer, so mußt du ihn bedienen! Folge meinen Anweisungen!" Die Botschaft des Romans lautet: „So denken, fühlen und handeln die Menschen. Laß dich fesseln, amüsiere dich, trauere: nimm Anteil (und lerne daraus)!"

Die Botschaft ist das, was der Autor sagt – wenn er etwas zu sagen hat. Allerdings ist die Botschaft nicht immer das, was der Autor sagen wollte, sondern immer nur das, was er sagt, gleichgültig ob er es so vorhatte oder nicht.

In der Regel wollen die Autoren Aussagen machen, ob ihnen das nun selbst bewußt ist oder nicht.

Beinahe jedes Buch hat damit seine Botschaft(en); ob nun der Autor diese sich oder anderen eingesteht oder nicht, mag für die Literaturwissenschaft interessant sein, ist aber pädagogisch unerheblich. Entscheidend ist nicht, was der Autor wollte oder nicht wollte, sondern welche Botschaft(en) das Buch dem Leser oder Betrachter tatsächlich vermittelt.

Auch Bilderbücher haben – wie an vielen Stellen dieses Buchs zu erkennen war – in der Regel ihre Botschaften. Für die Erziehenden ist es nicht wichtig, ob der Autor etwa aus modischer Furcht vor dem Erheben des belehrenden Zeigefingers betont, er wolle mit seinem Buch „gar nichts sagen", oder ob er in seinem Buch die gesamten Werte des Abendlandes zu vermitteln behauptet. Die übliche Frage „Was will der Autor sagen" ist wörtlich genommen möglicherweise literaturwissenschaftlich bedeutsam, für die Pädagogik ist sie irrelevant. Immer wenn wir diese übliche Formulierung benützen, soll sie eigentlich umgedeutet werden in

„Welche Botschaft(en) vermittelt dieses Buch?"

Auf diese Frage ist jeweils die Antwort zu suchen, auch wenn man – weil es so üblich ist – meist in der Alltagsformulierung bei der Frage nach dem Wollen des Autors bleibt.

Von zentraler Bedeutung ist diese Frage, weil die Botschaften des Bilderbuchs ganz unmittelbar auf den wichtigsten Bereich der kindlichen Persönlichkeit Einfluß nehmen – auf die Formung der kindlichen Weltsicht. Es ist ja keineswegs gleichgültig, ob ein Kind ein optimistisches oder ein pessimistisches Bild von der Welt erhält, ob es das Leben als interessant und aufregend, oder als bedrohlich und mühselig sehen lernt.

Darum liegt auch hier die ganz besondere Verantwortung des Erwachsenen, der einem Kind ein Bilderbuch zeigt: Ein Bilderbuch kann noch so sorgfältig hergestellt, so künstlerisch vollendet gestaltet, so hinreißend getextet sein – wenn seine Botschaft das Kind bewußt oder unbewußt ängstigt oder deprimiert, wenn sie Werte, die für unser Zusammenleben wichtig sind, in Frage stellt oder lächerlich macht, wenn sie sein Vertrauen in sich, seine Familie und in seine Zukunft erschüttert, kurz, wenn seine zentrale Botschaft pädagogisch nicht zu verantworten ist, schadet es dem Kind. Wenn seine Botschaft dagegen dem Kind Mut macht, wenn sie Welt und Leben als gestaltbar und lebenswert zeigt, dann trägt sie positiv zur Erziehung des Kindes bei.

Deshalb ist die Frage nach den Botschaften von solcher Wichtigkeit: In der Botschaft entfaltet sich besonders die Wirkung des Bilderbuchs in der Erziehung.

Liste der besprochenen und erwähnten Bilderbücher

SZ Angela Weinhold
„Auf dem Markt"
Düsseldorf: Patmos Verlag – Edition
Schwann, 1992   47

RE/PB Brigitte Weninger/Alan Marks
„Auf Wiedersehen, Papa!"
Gossau, Zürich, Hamburg, Salzburg:
Neugebauer Verlag AG, 1995   87

RE Paul Maar/Peter Knorr
„Anne macht alles nach"
Hamburg: Oetinger Verlag, 1992   49

SB Jörg Müller
„Alle Jahre wieder saust der
Preßlufthammer nieder
oder die Veränderung der Landschaft"
Aarau, Frankfurt am Main, Salzburg:
Sauerländischer Verlag, 1980   97

PB Martin Auer & Simone Klages
„Bimbo und sein Vogel"
Weinheim und Basel: Beltz Verlag,
Programm Beltz & Gelberg, 1988   14

RE Mirjam Pressler/Jutta Timm
„Das Ding"
München: Ellermann Verlag, 1996   64

TB/SB Irmgard Lucht
„Das Raupenabenteuer"
Ravensburg: Ravensburger
Buchverlag, 1997   169

PB Michael Ende/Annegert Fuchshuber
„Das Traumfresserchen"
Stuttgart-Wien: Thienemann Verlag,
1978   24

RB Margret Bernard-Kress
„Das Sonnenlied"
Hamburg: Verlag Wittig, 1991   119

RB Margarete Bernard-Kress
„Davids Stern"
Hamburg: Verlag Wittig, 1989   125

TB Jörg Müller/Jörg Steiner
„Der Bär, der ein Bär bleiben wollte"
Aarau, Frankfurt am Main, Salzburg:
Sauerländer Verlag, 1980   85

TIB Lilo Fromm/Brüder Grimm
„Der goldene Vogel"
München: Verlag Heinrich Ellermann,
1966, 7. Auflage 1986   107

PB Rosemarie Detzner-Sohn/Helga Höfle
„Der Flug mit der Eule"
München: Verlag Heinrich Ellermann,
1989   63

MB Binette Schröder/Brüder Grimm
„Der Froschkönig oder der eiserne
Heinrich"
Zürich, Hamburg: Nord-Süd Verlag,
1989   107

PB Ursula Kirchberg/Wolfram Eicke
„Der kleine Tag besucht die Erde"
München: Verlag Heinrich Ellermann,
1988   62

RE/PB Annegert Fuchshuber
„Der Spatz in der Hand"
Stuttgart-Wien: Thienemann Verlag,
1988   67

SZ/RE Jörg Müller
„Der standhafte Zinnsoldat"
Aarau, Frankfurt am Main, Salzburg:
Sauerländer Verlag, 1996   168

TB Siegfried P. Rupprecht/Jozef Wilkon
„Der Streit um den Regenbogen"
Zürich, Hamburg: Nord-Süd Verlag,
1989   80

MB Peter Knorr/Schami Rafik
„Der Wunderkasten"
Weinheim, Basel: Beltz & Gelberg,
1990   110

RE Siv Widerberg/Cecilia Torudd
„Die große Schwester"
Hamburg: Oetinger Verlag, 1990   49

PB Lieve Baeten
„Die neugierige kleine Hexe"
Hamburg: Oetinger Verlag, 1992   63

SB Hans-Joachim Draeger
„Die Torstraße"
Zürich: Juventute Atlantis/Walter, 1982 98

PD   Maurice Sendak   EB   Hermann Wernhard
      „Wo die wilden Kerle wohnen"   „Zu Hause"
      Zürich: Diogenes Verlag AG,   Ravensburg: Otto Maier GmbH, 1981   40
      1967   15, 21, 23

Erläuterung

EB = Elementarbilderbuch, SZ = Szenenbilderbuch, RE = Realistisches Bilderbuch,
PB = Phantastisches Bilderbuch, TB = Tierbilderbuch, SB = Sachbilderbuch,
RB = Religiöses Bilderbuch
Die alphabetische Anordnung ist nach dem ersten Wort des Buchtitels ausgerichtet.

Weiterführende und ergänzende Literatur

Pamela Oberhuemer, Helga Müller, Erika von
Engelbrechten
„Kind und Bilderbuch"
Erfahrungen – Beispiele – Informationen für
Praxis, Ausbildung und Fortbildung
Freiburg im Breisgau: Verlag Herder, 1988

Jens Thiele (Hg.)
„Bilderbücher entdecken"
Untersuchungen, Materialien und Empfehlungen
zum kritischen Gebrauch einer Buchgattung
Oldenburg: Verlag Isensee, 1985

Astrid Matthiae
„Vom pfiffigen Peter und der faden Anna"
Zum kleinen Unterschied im Bilderbuch
Frankfurt am Main: Fischer Taschenbuch Verlag,
1986

Claudia Häfner
„Geschlechtsrollenstereotype im Kinderbuch"
Das Verständnis der Mutter- und Vaterrolle in
zeitgenössischen „Aufklärungsbüchern" für Vor-
schulkinder
Frankfurt, Bern, New York: Lang, 1987